高等职业教育经济管理类专业教材

新编会计信息化教程

主　　编　吴　强　新　夫
副 主 编　杨百敏　李洪武
编写人员　吴　强　新　夫
　　　　　李洪武

东南大学出版社
·南京·

内 容 提 要

本书紧扣企业会计信息化实务，比较系统地介绍了会计信息系统的构建与实施。全书共 6 章，以用友通和 U872 系统作为实验平台，围绕小企业、旅游企业、商贸企业、工业企业 4 个信息化综合实训案例循序渐进展开。

本书全部案例都按照新会计准则编写，既有方案设计知识，又强调业务操作，同时还涵盖了纳税申报内容。

本书可作为高职高专院校、各类成人院校财经类专业的教材，也可作为在职会计人员的参考和会计从业资格培训指导用书。

图书在版编目（CIP）数据

新编会计信息化教程 / 吴强，新夫主编. —南京：东南大学出版社，2008.12（2014.1 修订重印）
ISBN 978-7-5641-1514-2

Ⅰ. 新… Ⅱ. ①吴…②新… Ⅲ. 会计—管理信息系统—高等教育—教材 Ⅳ. F232

中国版本图书馆 CIP 数据核字（2008）第 198165 号

东南大学出版社出版发行
（南京四牌楼 2 号　邮编 210096）
出版人：江建中
江苏省新华书店经销　　兴化市印刷厂印刷
开本：787mm×1 092mm　1/16　印张：15.25　字数：380 千字
2008 年 12 月第 1 版　2014 年 1 月修订第 4 次印刷
ISBN 978-7-5641-1514-2/F·159
印数：7 000—10 000 册　　定价：32.00 元
（凡因印装质量问题，请与读者服务部调换。电话：025-83792328）

高等职业教育经济管理类专业教材编委会

主　任　宁宣熙

副主任　(按姓氏笔画排序)

　　　　　王传松　王树进　迟镜莹　杭永宝

　　　　　都国雄　钱廷仙　詹勇虎　王维平

秘书长　张绍来

委　员　(按姓氏笔画排序)

　　　　　丁宗红　王水华　邓　晶　华　毅　刘大纶　刘金章
　　　　　刘树密　刘葆金　祁洪祥　阮德荣　孙全治　孙　红
　　　　　孙国忠　严世英　杜学森　杨晓明　杨海清　杨湘洪
　　　　　李从如　吴玉林　邱训荣　沈　彤　张　军　张　震
　　　　　张建军　张晓莺　张维强　张景顺　周忠兴　单大明
　　　　　居长志　金锡万　洪　霄　费　俭　顾全棍　徐汉文
　　　　　徐光华　徐安喜　郭　村　常大任　梁建民　敬丽华
　　　　　蒋兰芝　缪启军　潘　丰　潘绍来

出 版 说 明

"高等职业教育经济管理类专业教材编委会"自 2003 年 3 月成立以来,每年召开一次研讨会。针对当前高等职业教育的现状、问题以及课程改革、教材编写、实验实训环境建设等相关议题进行研讨,并成功出版了《高等职业教育经济管理类专业教材》近 60 种,其中 33 种被"华东地区大学出版社工作研究会"评为优秀教材和江苏省精品教材。可以看出,完全从学校的教学需要出发,坚持走精品教材之路,紧紧抓住职业教育的特点,这样的教材是深受读者欢迎的。我们计划在"十二五"期间,对原有品种反复修订,淘汰一批不好的教材,保留一批精品教材,继续开发新的专业教材,争取出版一批高质量的和具有职业教育特色的教材,并申报教育部"十二五"规划教材。

"高等职业教育经济管理类专业建设协作网"是一个自愿的、民间的、服务型的、非营利性的组织,其目的是在各高等职业技术院校之间建立一个横向交流、协作的平台,开展专业建设、教师培训、教材编写、实验与实习基地的协作等方面的服务,以推进高等职业教育经济管理专业的教学水平的提高。

"高等职业教育经济管理类专业建设协作网"首批会员单位名单:

南京正德职业技术学院	南京工业职业技术学院
南京钟山职业技术学院	南京金肯职业技术学院
江苏经贸职业技术学院	南通纺织职业技术学院
南京应天职业技术学院	镇江市高等专科学校
无锡商业职业技术学院	常州轻工职业技术学院
南京化工职业技术学院	常州信息职业技术学院
常州建东职业技术学院	常州纺织服装职业技术学院
常州工程职业技术学院	南京铁道职业技术学院
南京交通职业技术学院	无锡南洋职业技术学院
江阴职业技术学院	南京信息职业技术学院
扬州职业大学	黄河水利职业技术学院
天津滨海职业学院	江苏农林职业技术学院
安徽新华职业技术学院	黑龙江农业经济职业学院
山东纺织职业技术学院	东南大学经济管理学院
浙江机电职业技术学院	广东番禺职业技术学院
南京商骏创业网络专修学院	苏州经贸职业技术学校
东南大学出版社	江苏海事职业技术学院

高等职业教育经济管理类专业教材编委会
2014 年 1 月

序

　　高等职业教育是整个高等教育体系中的一个重要组成部分。近几年来,我国高等职业教育进入了高速发展时期,其中经济管理类专业学生占有相当大的比例。面对当前难以预测的技术人才市场变化的严峻形势,造就大批具有技能且适应企业当前需要的生产和管理第一线岗位的合格人才,是人才市场与时代的需要。

　　为培养出适应社会需求的毕业生,高等职业教育再也不能模仿、步趋本科教育的方式。要探索适合高等职业教育特点的教育方式,就要真正贯彻高等职业教育的要求,即"基础理论适度够用、加强实践环节、突出职业技能教育的方针"。为此,有计划、有组织地进行高等职业教育经济管理类专业的课程改革和教材建设工作已成为当务之急。

　　本次教材编写的特点是:面向高等职业教育系统的实际情况,按需施教,讲究实效;既保持理论体系的系统性和方法的科学性,更注重教材的实用性和针对性;理论部分为实用而设、为实用而教;强调以实例为引导、以实训为手段、以实际技能为目标;深入浅出,简明扼要。为了做好教材编写工作,还要求各教材编写组组织具有高等职业教育经验的老师参加教材编写的研讨,集思广益,博采众长。

　　经过多方的努力,高等职业教育经济管理类专业教材已正式出版发行。这是在几十所高等职业院校积极参与下,上百位具有高等职业教育教学经验的老师共同努力高效率工作的结果。

　　值此出版之际,我们谨向所有支持过本套教材出版的各校领导、教务部门同志和广大编写教师表示诚挚的谢意。

　　本次教材建设,只是我们在高等职业教育经济管理类专业教材建设上走出的第一步。我们将继续努力,跟踪教材的使用效果,不断发现新的问题;同时也希望广大教师和读者不吝赐教和批评指正。目前我们已根据新的形势变化与发展要求对教材陆续进行了修订,期望它能在几番磨炼中,成为一套真正适用于高等职业教育的优秀教材。

宁宣熙
2014 年 1 月

修订前言

目前我国会计类本专科院校普遍开设了"会计电算化"、"会计信息系统"等计算机会计课程,计算机会计已经成为会计专业的核心课程,但是计算机会计本身是一门边缘学科,对于它的理论框架和方法体系还存在很多争议,因此各个院校开设的同类课程存在很大的差异。

配合我校精品课程建设,我们在本书的编写方面进行了一些尝试,使其具有如下特点:

(1) 时效性强。本书紧紧围绕企业会计信息化实务,全部内容都按照会计新准则编写,反映了会计信息化实务的最新进展。

(2) 集成度高。通过4个综合性实训案例(小企业方案、旅游企业方案、工业企业方案、商业企业方案),强调了基础理论与实践课程的集成。

(3) 实现了会计电算化课程教学创新。本书从一个小企业会计信息化入门方案着手,让读者实现会计信息化快速入门。然后依次通过旅游企业方案、工业企业方案、商业企业方案,一方面讲解实务操作知识,另一方面介绍会计信息化的基本设计方法,有助于提高会计专业学生的会计信息化理论与实务能力。

(4) 实务参考性强。从编排上看,本书完全摒弃了传统教材按照软件模块编写的架构,按照企业会计信息化业务流程来撰写。

(5) 涵盖内容全。本书将会计信息化相关的纳税申报内容也收纳进来。

(6) 适用性广。实训案例深度、广度都有一定层次,适合不同专业、不同教学对象使用。

时光荏苒,距离教材初版已经过去了5年。我们一点浅薄的尝试与探索得到了兄弟院校老师与同学的热情鼓励与大力支持,5年内本教材的累计使用数近万本,使用院校近20家。借这次修订机会向长期支持我们工作的同行、专家们表示衷心地感谢!

本次修订主要针对全国会计从业资格电算化考试增加了相关理论知识和习题,补充了部分操作实务题。综合实训部分针对用友U872部分进行了改写,以求跟上会计信息化实务的发展。

在本书的编写过程中参考了许多国内外专家的研究成果,未能一一注明,特此感谢;长期以来用友南京公司对我校的计算机会计教学工作给予了大力支持,也一并致谢!

我们的 E-mail 是 yzzdwq@126.com,有关本书的任何意见、建议以及书中相关资料的查询,请与以上邮件地址联系。

编　者

2014 年 1 月

目 录

1 会计信息系统概述 …………………………………………………………………（1）
　1.1 基本概念 ………………………………………………………………………（1）
　　1.1.1 数据和信息 ………………………………………………………………（1）
　　1.1.2 会计数据和会计信息 ……………………………………………………（1）
　　1.1.3 数据处理 …………………………………………………………………（2）
　1.2 会计信息系统的概念、特点及传统工作方式 ………………………………（2）
　　1.2.1 会计信息系统的概念 ……………………………………………………（2）
　　1.2.2 会计信息系统的特点 ……………………………………………………（2）
　　1.2.3 传统手工会计系统的工作方式 …………………………………………（3）
　1.3 计算机会计信息系统 …………………………………………………………（3）
　　1.3.1 计算机会计信息系统的发展阶段 ………………………………………（3）
　　1.3.2 计算机会计信息系统的工作方式 ………………………………………（4）
　　1.3.3 计算机会计信息系统的分类 ……………………………………………（5）
　　1.3.4 会计信息系统与企业管理信息系统的关系 ……………………………（5）
　　1.3.5 计算机会计信息系统的功能结构 ………………………………………（6）
　　1.3.6 计算机会计信息系统应用方案 …………………………………………（7）
　1.4 计算机会计信息系统的基本要求 ……………………………………………（7）
　　1.4.1 会计电算化相关法规制度 ………………………………………………（7）
　　1.4.2 会计核算软件的基本要求 ………………………………………………（8）
　　1.4.3 会计电算化岗位及其权限设置的基本要求 ……………………………（11）
　　1.4.4 计算机替代手工记账的基本要求 ………………………………………（12）
　　1.4.5 会计电算化档案的基本要求 ……………………………………………（12）
　习题与答案 …………………………………………………………………………（13）

2 企业会计信息化入门——小企业财税一体化解决方案 ………………………（21）
　2.1 美丽华公司会计信息化模式选择 ……………………………………………（21）
　　2.1.1 美丽华公司会计信息化基本需求 ………………………………………（21）
　　2.1.2 美丽华公司会计信息系统的功能 ………………………………………（21）
　2.2 美丽华公司会计信息化方案设计 ……………………………………………（22）
　　2.2.1 人员的配备与分工 ………………………………………………………（22）
　　2.2.2 基础信息设计 ……………………………………………………………（22）
　　2.2.3 辅助核算 …………………………………………………………………（23）
　　2.2.4 系统参数设置 ……………………………………………………………（24）
　2.3 美丽华公司会计信息系统实施前的准备工作 ………………………………（24）
　　2.3.1 系统实施前的基本准备 …………………………………………………（24）
　　2.3.2 系统环境及其软件的安装 ………………………………………………（25）

2.4 美丽华公司会计信息系统的初始化 …………………………………………（25）
2.4.1 账套设置 …………………………………………………………（26）
2.4.2 基础信息设置 ……………………………………………………（31）
2.4.3 总账系统初始化 …………………………………………………（38）
2.5 美丽华公司会计信息系统日常处理 …………………………………………（39）
2.5.1 总账日常处理简明流程 …………………………………………（39）
2.5.2 美丽华公司日常账务处理示例 …………………………………（39）
2.5.3 美丽华公司涉税业务处理 ………………………………………（45）
2.5.4 期末处理 …………………………………………………………（49）
2.6 美丽华公司会计信息系统报表编制 …………………………………………（52）
2.6.1 T3报表管理系统的基本概念 ……………………………………（52）
2.6.2 自定义报表 ………………………………………………………（53）
2.6.3 套用报表模板 ……………………………………………………（54）
2.6.4 报表示例 …………………………………………………………（54）
2.7 实训案例——美丽华公司会计信息系统实训 ………………………………（56）
2.7.1 系统管理 …………………………………………………………（56）
2.7.2 基础设置 …………………………………………………………（57）
2.7.3 总账模块 …………………………………………………………（59）
2.7.4 会计信息化日常与期末处理 ……………………………………（61）
2.7.5 编制会计报表 ……………………………………………………（63）
2.7.6 编制纳税申报表 …………………………………………………（64）
习题与答案 ……………………………………………………………………………（64）

3 企业会计信息化进阶——江苏西园大酒店解决方案 ……………………………（74）
3.1 江苏西园大酒店会计信息化模式选择 ………………………………………（74）
3.1.1 江苏西园大酒店会计信息化的基本需求 ………………………（74）
3.1.2 江苏西园大酒店会计信息系统的功能 …………………………（74）
3.1.3 用友U872系统的安装 …………………………………………（75）
3.2 江苏西园大酒店会计信息系统方案设计 ……………………………………（81）
3.2.1 人员配备与分工 …………………………………………………（81）
3.2.2 系统管理员与账套主管的区别 …………………………………（81）
3.2.3 内部控制与权限管理 ……………………………………………（81）
3.2.4 辅助核算 …………………………………………………………（83）
3.2.5 编码设计 …………………………………………………………（85）
3.2.6 现金流量表编制 …………………………………………………（87）
3.3 江苏西园大酒店会计信息系统初始化 ………………………………………（89）
3.3.1 账套的建立 ………………………………………………………（89）
3.3.2 基础性档案设置 …………………………………………………（89）
3.3.3 系统环境参数设置 ………………………………………………（90）
3.3.4 期初余额输入 ……………………………………………………（94）
3.4 江苏西园大酒店会计信息系统日常与期末处理 ……………………………（99）

3.4.1　西园酒店日常会计业务 …………………………………………（99）
　　　3.4.2　总账系统日常与期末处理 …………………………………………（99）
　　　3.4.3　应收应付系统日常处理 …………………………………………（99）
　　　3.4.4　系统期末处理 …………………………………………………（103）
　　　3.4.5　错账更正 ………………………………………………………（107）
　3.5　江苏西园大酒店会计信息系统实训 ……………………………………（110）
　　　3.5.1　基础设置 ………………………………………………………（110）
　　　3.5.2　期初设置 ………………………………………………………（114）
　　　3.5.3　日常业务 ………………………………………………………（122）
　　　3.5.4　错账更正和账簿使用 …………………………………………（124）
　　　3.5.5　期末处理 ………………………………………………………（126）
　　　3.5.6　报表编制 ………………………………………………………（127）
　习题与答案 ………………………………………………………………（127）

4 会计信息化相关子模块 ……………………………………………………（136）
　4.1　薪资系统 …………………………………………………………………（136）
　　　4.1.1　薪资系统概述 …………………………………………………（136）
　　　4.1.2　薪资系统的应用模式 …………………………………………（137）
　　　4.1.3　薪资系统基本流程 ……………………………………………（137）
　　　4.1.4　皇宫公司薪资系统初始化 ……………………………………（138）
　　　4.1.5　薪资系统日常处理 ……………………………………………（143）
　4.2　固定资产系统 ……………………………………………………………（146）
　　　4.2.1　固定资产概述 …………………………………………………（146）
　　　4.2.2　固定资产系统的应用模式 ……………………………………（147）
　　　4.2.3　固定资产系统基本流程 ………………………………………（148）
　　　4.2.4　固定资产系统初始化 …………………………………………（148）
　　　4.2.5　固定资产系统日常处理 ………………………………………（151）
　4.3　实训案例 …………………………………………………………………（154）
　　　4.3.1　薪资系统 ………………………………………………………（154）
　　　4.3.2　固定资产系统 …………………………………………………（158）
　习题与答案 ………………………………………………………………（161）

5 会计信息化综合实训 ………………………………………………………（172）
　5.1　工业企业财务链综合实训 ………………………………………………（172）
　　　5.1.1　账套设置 ………………………………………………………（172）
　　　5.1.2　基础档案设置 …………………………………………………（173）
　　　5.1.3　期初设置 ………………………………………………………（178）
　　　5.1.4　日常业务 ………………………………………………………（181）
　　　5.1.5　报表制作 ………………………………………………………（183）
　5.2　财务链供应链一体化综合实训 …………………………………………（183）
　　　5.2.1　账套设置 ………………………………………………………（183）
　　　5.2.2　基础档案设置 …………………………………………………（185）

  5.2.3 期初设置 ……………………………………………………………(191)
  5.2.4 日常业务 ……………………………………………………………(200)
  5.2.5 期末处理 ……………………………………………………………(209)
  5.2.6 报表制作 ……………………………………………………………(212)
6 网上纳税申报系统 ………………………………………………………………(213)
 6.1 网上纳税申报概述 …………………………………………………………(213)
 6.2 国税网上纳税申报系统 ……………………………………………………(213)
  6.2.1 网上纳税申报办理程序 ……………………………………………(213)
  6.2.2 完成网上报税的条件 ………………………………………………(214)
  6.2.3 业务流程 ……………………………………………………………(214)
  6.2.4 国税申报系统注意事项及常见问题 ………………………………(222)
 6.3 地税网上纳税申报系统 ……………………………………………………(223)
  6.3.1 网上纳税申报办理程序 ……………………………………………(223)
  6.3.2 完成网上报税的条件 ………………………………………………(223)
  6.3.3 业务流程 ……………………………………………………………(223)
  6.3.4 注意事项 ……………………………………………………………(229)
参考文献 ……………………………………………………………………………………(231)

1 会计信息系统概述

【学习目标】

本章介绍会计信息化的基本概念,会计信息系统的构成、特点、主要工作方式、应用方案。通过本章学习,读者可以对会计信息化有个初步认识。

1.1 基本概念

1.1.1 数据和信息

1) 数据

数据是指在对客观实体的属性进行描述时,采用适当的方式记录下来的、可资鉴别的符号。它既包括数量形式表达的定量属性值,也包括以文字形式表达的定性属性值。

2) 信息

信息一般被定义为数据加工后得到的结果,这一结果对人们的决策行为产生影响。

数据和信息从形式上反映的都是客观实体属性的值。但数据强调对事实的客观记录,而信息更强调与人们决策活动的密切联系。在实际工作中,数据和信息往往很难严格区分。这是因为在整个数据处理过程中,经过处理和加工而得到的信息,往往又成为再次数据处理过程中的原料——数据。信息和数据的这种交替过程存在于数据处理的各个领域。

1.1.2 会计数据和会计信息

1) 会计数据

会计数据是指在会计工作中,从不同来源、渠道获得的,记录在"单、证、账、表"上的各种原始会计资料。会计数据具有以下特点:

(1) 会计数据的来源广泛 会计数据的来源既有企业内部生产经营活动产生的资料,也有企业外部与企业相关的各种经济活动产生的资料。

(2) 会计数据的数量繁多 会计数据的数量多,不光是指每个会计期间需要处理的数据量大,更重要的是指会计数据是一种随着企业生产经营活动的持续进行而源源不断产生并需要进行处理的数据。由于会计业务处理的特点,会计数据具有连续性、系统性和周期性的特点。

2) 会计信息

会计信息是指按会计特有的处理方法对数据进行处理后产生的,为会计管理及经济管理所需要的一部分经济信息。由于会计信息在经济管理中有极其重要的作用,因此,准确、及时是对会计信息的基本要求。

1.1.3 数据处理

数据处理是指为了一定的目的,按照一定的规则和方法对数据进行收集并加工成有用信息的过程。数据处理的方式很多,常用的方法有手工、机械和电子处理三种不同的方式。数据处理基本的工作环节可分为:数据的收集和输入、数据的存储、数据的加工及数据的传送和输出。

1) 数据的收集和输入

数据的收集和输入主要包括数据的收集、记录和检验。目的是将时间和空间上分散的数据收集起来以备使用。这是数据加工的基础,必须保证收集的数据完整和准确。没有足够的数据收集就不可能有完整的信息输出。

2) 数据的存储

数据的存储包括对原始数据、中间处理结果和最终处理结果的存储,以便再次加工和查询使用。

3) 数据的加工

数据的加工包括对数据的分类、汇总、排序、检索、计算、更新等处理过程。它是数据处理的中心环节。

4) 数据的传送和输出

数据的传送和输出包括将数据从一个系统(部门、地区)传送到另一个系统(部门、地区),也包括系统内各子系统间数据的互相传送,或把最终结果移交给用户。这是数据处理的目的。

1.2 会计信息系统的概念、特点及传统工作方式

1.2.1 会计信息系统的概念

会计信息系统是指由特定的人员、数据处理工具和数据处理规程组成的有机整体。其目的是加工和利用会计信息对经济活动进行控制,满足经营管理的需要,其中规程既包括会计核算方法的规则,也包括各种会计法令、法规和管理制度。

会计信息系统可以是人工的,也可以是机械的或计算机的。

会计信息系统提供的信息有不同的层次,包括以下几种:

(1) 以日常核算内容为主的会计核算信息层次。
(2) 以经营、管理服务为主的管理信息层次。
(3) 为单位重大决策服务的预测、决策信息层次。

1.2.2 会计信息系统的特点

会计信息系统除了具有一般信息系统的基本特点之外,由于会计工作的特殊性还具有以下几个特点:

(1) 数据来源广泛,数据量大。
(2) 数据的结构和数据处理的流程较复杂。
(3) 数据的真实性、可靠性要求高。

(4) 数据处理的环节多,很多处理步骤具有周期性。
(5) 数据的加工处理有严格的制度规定并要求留有明确的审计线索。
(6) 信息输出种类多、数量大,格式上有严格的要求。
(7) 数据处理过程的安全、保密性有严格的要求。

1.2.3 传统手工会计系统的工作方式

1) 数据处理方式

手工会计系统的数据处理工具是算盘或计算器,计算过程中每运算一次需要重复操作一次。信息的载体是纸张构成的单、证、账、表。纸介质记录的内容具有很强的证据性,对于会计工作这是一个很重要的优点。

2) 数据处理流程

数据处理流程反映了数据从产生、传递到处理、审核以及存档的整个处理过程。手工数据处理过程为:填制和审核会计凭证→登记账簿→编制会计报表。

为了提供详略不同的会计信息,手工系统设置了总分类账户和明细分类账户。通过总账与明细账之间的对账可以发现记账中的问题,及时加以纠正。这种通过低效率、重复处理来换取处理的正确和可靠是传统会计数据处理流程的一个特点。对于发生的账簿登记的错误,手工系统分别采用划线、红字更正、补充登记等留有痕迹的修改方法,以便为日后的查证提供方便。

3) 人员构成和工作组织体制

手工系统中的人员都是专业会计人员,根据会计业务的不同内容分成一系列的专业组(工作岗位),各专业组完成会计数据的一部分处理工作。整个会计数据的处理分散在各个专业组中进行,各专业组间通过信息资料传递、交换建立联系,相互稽核牵制,使系统正常运转。

4) 内部控制方式

对于会计凭证的正确性,手工系统一般从经济活动的内容、数量、单价、金额、对应科目、记账方向等项目来核对,并通过制单、审核等不同岗位分工来相互促进、相互监督账目的正确性。此外还通过账证核对、账账核对、账实核对来保证数据的正确性。

1.3 计算机会计信息系统

计算机会计信息系统以人和计算机的有机结合为系统的主体,构成一个人和计算机紧密结合协同工作的人-机系统。

1.3.1 计算机会计信息系统的发展阶段

电子计算机是20世纪40年代发展起来的新技术,是科学技术高度发展的产物。50年代初,计算机被一些发达国家应用于会计领域,从而引发了会计处理设备的重大变革。70年代末,计算机在我国也开始被用于会计工作,并由此引出了"会计电算化"这一具有强烈中国特色的专有名词。会计电算化这一专有名词通常被用来作为"使用电子计算机代替人工记账、算账、报账以及部分替代人脑完成对会计信息的分析"这一工作的代名词。

目前所说的计算机会计信息系统是建立在计算机网络基础上的,集业务处理、计划进程管理、资源管理、财务会计和人力资源管理于一体的集成化系统。在这种集成化系统中的财务会计处理与基于手工的财务会计处理具有相当大的区别。很多从事这一领域实务和理论研究工作的人员以现代信息技术、计算机技术和网络技术为基础和基本工具,研究和解决现代企业所面临的财务、会计工作的理论和实务,被称为"计算机会计"。从"会计电算化"到"计算机会计"不仅仅是一个名词的变化,这一名词的改变反映了人们对计算机在财务、会计工作中的作用有了更本质的认识,从而为计算机在财务、会计工作中发挥更大的作用奠定了坚实的思想和理论基础。

计算机会计信息系统经历了以下四个主要发展阶段:

1) 模拟手工记账的探索起步阶段

这一阶段的主要特征是会计核算的信息化,它是会计信息化的初级阶段——财务核算和报表核算。

2) 与其他业务结合的推广发展——财务业务信息一体化阶段

这一阶段主要内容是利用计算机对某一管理子系统进行核算,同时使会计电算化不仅仅局限于日常的会计核算,还将企业其他部门的业务处理纳入了计算机管理。企业其他部门的日常核算纳入计算机管理与会计核算的电算化形成一个有机的整体,构成了一套完整的会计核算系统。

3) 引入会计专业判断的渗透融合阶段

2006年2月,我国新《企业会计准则》颁布,引入计算机会计系统会计专业判断。"多方法+判断"模型使得原本由人力完成的复杂的会计专业判断转变成计算机数据库中的公式和模型,当实际业务发生后,把实际数据及时输入计算机,自动与计划、预算或定额标准相对比,如有偏离,及时输出信息,对受控系统进行调节,以保证计划、预算或定额的正常实施。

4) 与内控相结合建立ERP系统的集成管理阶段

与内控相结合建立ERP系统的集成管理阶段要求会计电算化与内部控制相结合,运用计算机实现内部控制的上述要求,建立ERP系统的集成管理。

1.3.2 计算机会计信息系统的工作方式

1) 数据处理方式

计算机会计系统的数据处理工具是电子计算机。在计算机会计系统中所有会计数据以文件的形式组织和存放。其存放介质为硬盘或软盘等磁性介质。查看这些会计资料必须通过程序,将数据显示在显示器上或通过打印机打印成文字资料。磁介质记录的信息复制方便、查找迅速,但也有修改后难以保留痕迹的问题,需要采取措施保留必要的修改痕迹。

计算机会计系统与手工系统一样要从原始凭证中获取会计的原始数据,为了计算机自动处理的需要,计算机会计系统必须对会计原始数据(如记录在各种凭证上的会计数据)、资料(如会计科目及其编码等)进行规范化、标准化处理。所有的数据均由计算机集中进行处理,而原始数据又必须由人工输入计算机。由于存在人工操作,出现差错在所难免,一旦出现输入错误,将会导致一系列错误发生。因此在计算机会计系统中必须加强对采集、输入数据的校验,以保证数据的正确性和可靠性。

2) 数据处理流程

在计算机会计系统中，日常会计数据的处理表现为：人工采集、进行标准化处理并输入计算机；由计算机集中、自动地进行处理；计算机根据使用者的需要自动输出各种会计信息。除输入过程外，数据的计算、处理的过程中几乎没有发生错误的可能性，分类账没有必要区分总分类账和明细分类账，从而调整和取消了由于手工操作限制而人为增加的诸多重复环节，使数据处理流程更加简捷、合理。

3) 人员构成和工作组织体制

计算机会计信息系统中，除了专业会计人员外，还需要计算机操作人员和维护人员共同进行工作。会计工作组织形式发生了较大变化，通常按照数据的处理阶段分工组织。

4) 系统的内部控制

在计算机会计系统中，原来手工系统内部控制制度的基本原则，例如必须有明确的职责分工；账、钱、物三分管等仍然是系统内部控制的基本原则。由于计算机会计系统控制的具体方式为组织管理控制与计算机程序控制相结合的方式，控制的要求更为严格，控制的内容更为广泛。

1.3.3 计算机会计信息系统的分类

1) 按功能层次分类

信息系统的分类有许多方式，按功能层次来分类是一种基本的分类方法。

计算机会计信息系统按功能层次划分，可以分为电子数据处理系统(Electronic Data Processing System，EDPS)、管理信息系统(Management Information System，MIS)和决策支持系统(Decision Support System，DSS)。

(1) 电子数据处理系统　是一种面向业务数据处理的信息系统。主要功能是对业务数据进行登录、编辑、存储，按规定输出信息。它所追求的目标是用计算机代替人工操作，提高处理效率。我国目前大多数会计核算业务的计算机会计系统均属于这一层次。

(2) 管理信息系统　是为实现辅助管理功能而设计的一种信息系统。它是由 EDPS 逐渐发展形成的。主要功能是在电子数据处理的基础上，依靠电子计算机存储的数据和建立的相应经济管理模型，迅速地为管理的规划、实时控制提供必要的参考信息。一般来说，管理信息系统是企业计算机会计信息系统的一个核心子系统。

(3) 决策支持系统　是以提高决策的效果为目标，面向决策者的一种信息系统，它是由 MIS 系统逐渐发展形成的。DSS 的关键组成部分是有一个以计算机为基础的、反映决策者面临的某些方面问题的模型库和对应的方法库。它们利用 MIS 系统数据库中的信息以及大量外部的、往往是半结构化和非结构化的信息，可以使决策者模拟实际经营活动中可能出现的情况，在计算机上试验各种各样的处理方案，并且选择最优方案辅助决策。

2) 按系统的适用范围分类

(1) 专用系统　专为某一单位使用而设计的计算机会计信息系统。

(2) 通用系统　适合于某一行业甚至多个行业的计算机会计信息系统。

3) 按系统的构成分类

按系统的构成可以分为单用户系统、多用户系统和网络系统等。

1.3.4 会计信息系统与企业管理信息系统的关系

会计信息系统是企业管理信息系统的一个核心子系统。由于历史的原因，计算机引入会计工作之初主要用于替代人工进行各种会计数据的处理并提供各种财务会计信息和有关的一些与资金流有关的管理信息,形成了独立的、主要为会计部门使用的会计信息系统。

这种独立于其他业务处理系统及企业生产计划和管理的会计信息系统越来越难以满足企业管理的需要,随着企业管理思想的不断发展和完善,人们根据不同的管理思想和模式设计出各种不同的管理信息系统。比较有代表性的有：20世纪70年代中期在国外制造业得到广泛应用的MRPⅡ(Manufacturing Resource Planning,制造资源计划)系统和90年代在MRPⅡ基础上发展起来的ERP(Enterprise Resources Planning,企业资源计划)系统。

① 管理信息系统作为一种企业管理思想的体现,它是一种全新的管理思想和管理模式。

② 作为一种管理工具,它同时又是一套先进的计算机管理信息系统。

③ 管理信息系统具有计划的一贯性、管理系统性、数据共享性、动态应变性、模拟预见性、物流与资金流统一性等特性,因而易于为企业各级管理人员所接受。

④ 在管理信息系统中,常规的会计与其他采购、生产、销售、技术管理等系统的界限已经不存在了。它们的数据采集、业务处理互相融合,相互支持,形成了一个信息共享、有机结合的全方位管理板块。

⑤ 管理信息系统对加强企业管理,提高企业经济效益具有极大的作用。

1.3.5 计算机会计信息系统的功能结构

计算机会计信息系统的功能结构是指系统由哪些子系统组成,每个子系统完成哪些功能以及各子系统间的相互关系。

财务业务一体化的会计信息系统的功能结构可以分成三个基本部分：财务、购销存和管理分析,每部分由若干子系统所组成。

1) 财务部分

财务部分主要由总账(账务处理)、工资管理、固定资产管理、应付管理、应收管理、成本核算、会计报表、资金管理等子系统组成。这些子系统以总账子系统为核心,为企业的会计核算和财务管理提供全面、详细的解决方案。

需要说明的是：在各种会计信息系统中一般都有成本核算子系统。成本核算系统以生产统计数据及有关工资、折旧和存货消耗数据为基础数据,按一定的对象分配、归集各项费用,以正确计算产品的成本数据,并以自动转账凭证的形式向账务及销售系统传送数据。但是,由于不同企业的生产性质、流程和工艺有很大的区别,单纯为成本核算而设计的系统应用非常有限。

2) 购销存部分

购销存部分以库存核算和管理为核心,包括库存核算、库存管理、采购计划、采购管理和销售管理等子系统。购销存部分可以处理企业采购、销售与仓库管理等部门各环节的业务事项,有效地改善库存的占用情况,有效控制采购环节资金占用,并对应收账款进行严格的管理,尽可能避免坏账的产生。

3) 管理分析部分

管理分析部分一般包括财务分析、利润分析、流动资金管理、销售预测、财务计划、领导查询和决策支持等子系统。目前在我国大多数会计信息系统软件中,有关管理分析部分都还不够完善,多数子系统还处于准备开发和正在开发的阶段。目前比较成熟的主要是财务分析、领导查询等子系统。

1.3.6 计算机会计信息系统应用方案

1）财务应用方案

财务应用方案适用于只希望使用会计信息系统解决企业会计核算与资金管理的企业。在这一方案中，系统构成为：总账、应收管理、应付管理、报表。其扩展子系统为：工资管理、固定资产管理、资金管理和财务分析。

使用方案的过程是：在总账及工资管理、固定资产管理子系统中完成日常财务核算；在报表系统编制有关的财务报表；在固定资产管理子系统中进行固定资产的日常管理及折旧的计提；在资金管理子系统中进行企业内外部存贷款的管理；在财务分析系统中制定各项支出、费用计划并进行相应的考核。

在这一方案中对往来业务一般有两种基本的处理方法。对于往来业务不多，只需要进行简单的往来管理和核算的企业，可以使用总账系统提供的往来管理功能进行往来业务的处理。对于往来业务频繁，需要进行详细和严格的往来管理的企业则可以使用应收、应付子系统与总账系统集成运行来解决往来管理和核算的需要。

2）工业企业应用方案

工业企业应用方案可以全面解决企业会计核算、资金管理和购销存管理的问题。

在工业企业应用方案中，系统的标准构成是：财务应用方案中的各子系统及库存核算、库存管理、采购管理、销售管理、成本核算子系统。其扩展系统为采购计划子系统。

其使用方案的过程是：财务处理过程与财务应用方案相同。在这一方案中针对工业企业的特点增加了处理购销存业务和成本核算的相关子系统，从而使财务系统与购销存业务处理系统集成运行。为消除信息"孤岛"现象，及时传递有关信息对购销存业务的处理过程进行控制，从而为强化企业管理提供了有利条件。

3）商业企业应用方案

商业企业由于没有产品的生产过程，因此商业企业解决方案除了没有成本核算子系统外，系统构成和解决方案与工业企业解决方案基本相同。

4）行政事业单位解决方案

行政事业单位会计核算与财务管理的核心是预算的制定和预算执行情况的统计分析。因此，这一方案中总账、财务分析与报表子系统是其核心子系统。其扩展系统为工资管理和固定资产管理子系统。

在这一解决方案中，财政预算和执行情况统计分析由财务分析子系统进行处理。在总账系统中进行会计核算并根据财务分析子系统中制定的预算进行资金控制。

1.4 计算机会计信息系统的基本要求

1.4.1 会计电算化相关法规制度

1）《中华人民共和国会计法》

1999年10月31日通过的《中华人民共和国会计法》（以下简称《会计法》）以法律的形式规定：

(1) 第十三条 会计凭证、会计账簿、财务会计报告和其他会计资料,必须符合国家统一的会计制度的规定。

使用电子计算机进行会计核算的,其软件及其生成的会计凭证、会计账簿、财务会计报告和其他会计资料,也必须符合国家统一的会计制度的规定。

(2) 第十五条 使用电子计算机进行会计核算的,其会计账簿的登记、更正,应当符合国家统一的会计制度的规定。

2)《会计基础工作规范》

1996年6月17日,财政部发布了《会计基础工作规范》。

3)《会计档案管理办法》

1998年8月21日,财政部制订的《会计档案管理办法》规定:

第十二条 采用电子计算机进行会计核算的单位,应当保存打印出的纸质会计档案。

具备采用磁带、磁盘、光盘、微缩胶片等磁性介质保存会计档案条件的,由国务院业务主管部门统一规定,并报财政部、国家档案局备案。

4) 有关会计电算化的专门法规

财政部1994年制定颁布了《会计电算化管理办法》、《会计核算软件基本功能规范》,1996年制定颁布了《会计电算化工作规范》。

XBRL:专用于企业报告的电子计算机语言,2010.10.19技术规范系列国家标准和企业会计准则通用分类标准。

1.4.2 会计核算软件的基本要求

1) 会计法对会计核算软件的基本要求

(1) 会计核算软件设计应当符合我国法律、法规、规章的规定,保证会计数据合法、真实、准确、完整,有利于提高会计核算工作效率。

(2) 会计核算软件应当按照国家统一的会计制度的规定划分会计期间,分期结算账目和编制会计报表。

(3) 会计核算软件中的文字输入、屏幕提示和打印输出必须采用中文,可以同时提供少数民族文字或者外国文字对照。

(4) 会计核算软件必须提供人员岗位及操作权限设置的功能。

(5) 会计核算软件应当符合GB/T19581-2004《信息技术会计核算软件数据接口》国家标准的要求。

(6) 会计核算软件在设计性能允许使用范围内,不得出现由于自身原因造成死机或者非正常退出等情况。

(7) 会计核算软件应当具备在机内会计数据被破坏的情况下利用现有数据恢复到最近状态的功能。

(8) 单位修改、升级正在使用的会计核算软件,改变会计核算软件运行环境,应当建立相应的审批手续。

(9) 会计核算软件开发销售单位必须为使用单位提供会计核算软件操作人员培训、会计核算软件维护、版本更新等方面的服务。

2) 会计数据输入功能的基本要求——会计核算软件基本功能规范

(1) 初始数据输入 在会计账套启用之前,会计核算软件必须进行初始化设置。

(2) 输入原始凭证

① 输入记账凭证的同时,输入相应原始凭证;输入的有关原始凭证汇总金额与输入的记账凭证相应金额不等时,软件应当给予提示并拒绝通过;在对已经输入的记账凭证进行审核的同时,应对输入的所附原始凭证进行审核;输入的记账凭证通过审核或登账后,对输入的相应原始凭证不能直接进行修改。

② 记账凭证未输入前,直接输入原始凭证,由会计核算软件自动生成记账凭证;会计核算软件应当提供对已经输入但未予审核的原始凭证进行修改和审核的功能,审核通过后,即可生成相应的记账凭证;记账凭证审核通过或者登账后,对输入的相应原始凭证不能直接进行修改。

③ 在已经输入的原始凭证审核通过或者相应记账凭证审核通过或者登账后,若原始凭证确需修改,会计核算软件应当在留有痕迹的前提下,提供修改和对修改后的机内原始凭证与相应记账凭证是否相符进行校验的功能。

(3) 会计核算软件输入记账凭证的相关要求

① 会计核算软件应当提供输入记账凭证的功能。

② 在输入记账凭证过程中,会计核算软件必须提供以下提示功能:

A. 正在输入的记账凭证编号是否与已输入的机内记账凭证编号重复;

B. 以编号形式输入会计科目的,应当提示该编号所对应的会计科目名称;

C. 正在输入的记账凭证中的会计科目,当借贷双方金额不平衡或没有输入金额时,应予以提示并拒绝执行;

D. 正在输入的记账凭证有借方会计科目而无贷方会计科目或者有贷方会计科目而无借方会计科目的,应提示并拒绝执行;

E. 正在输入的收款凭证借方科目不是"库存现金"或"银行存款"科目、付款凭证贷方科目不是"库存现金"或"银行存款"科目的,应提示并拒绝执行;

F. 会计核算软件应提供对已经输入尚未记账的记账凭证进行修改和审核的功能;

G. 对同一张记账凭证,应当具有权限控制功能。

(4) 会计核算软件审核、修改记账凭证的相关要求

① 采用直接输入原始凭证由会计核算软件自动生成记账凭证的,在生成正式机内记账凭证前,应当进行审核确认。

② 由账务处理模块以外的其他业务子系统生成会计凭证数据的,应当经审核确认后生成记账凭证。

③ 发现已经输入并审核通过或者登账的记账凭证有错误的,应当采用红字凭证冲销法或者补充凭证法进行更正,红字可用负号"—"表示。

④ 会计核算软件应当分别提供对审核功能与输入、修改功能的使用权限进行控制,即对同一张记账凭证,应当分别对审核功能与输入、修改功能的使用权限进行控制。

⑤ 对已经输入但未登记会计账簿的机内记账凭证,应提供修改和审核的功能。审核通过后,不能再对机内凭证进行修改。在修改的过程中,也应该给出前面要求的各项提示。

(5) 会计核算软件对处理外币核算业务的相关要求

① 适用于外国货币核算业务的会计核算软件,应当提供输入有关外国货币凭证的功能。通用会计核算软件还可以在初始化功能中提供选择记账本位币的功能。

② 采用统账制核算外国货币的会计核算软件,应当提供在当期外国货币业务发生期

初和业务发生时,输入期初和当时的外汇牌价的功能。记账凭证中外国货币金额输入后,会计核算软件应当立即自动折合为记账本位币金额。

3) 会计数据处理功能的基本要求

(1) 会计核算软件记账的相关要求

① 根据审核通过的机内记账凭证或者计算机自动生成的记账凭证或者记账凭证汇总表登记总分类账。

② 根据审核通过的机内记账凭证和相应机内原始凭证登记明细分类账。

③ 总分类账和明细分类账可以同时登记或者分别登记,可以在同一个功能模块中登记或者在不同功能模块中登记。

④ 会计核算软件可以提供机内会计凭证审核通过后直接登账或成批登账的功能。

⑤ 机内总分类账和明细分类账登记时,应当计算出各会计科目的发生额和余额。

(2) 会计核算软件对账、结账的相关要求

① 会计核算软件应当提供自动进行银行对账的功能,根据机内银行存款日记账与输入的银行对账单及适当的手工辅助自动生成银行存款余额调节表。

② 会计核算软件应当提供机内会计数据按照规定的会计期间进行结账的功能。结账前,会计核算软件应当自动检查本期输入的会计凭证是否全部登记入账,确认已全部登记入账后才能结账。

③ 机内总分类账和明细分类账可以同时结账,也可以由处理明细分类账的功能模块先结账、处理总分类账的功能模块后结账。

④ 机内总分类账结账之前,应当与机内明细分类账进行核对,如果不一致,总分类账不能结账。

(3) 会计核算软件生成报表的相关要求　会计核算软件应当提供符合国家统一会计制度规定的自动编制会计报表的功能。

(4) 会计核算软件提供的其他数据处理功能　通用会计核算软件应当同时提供国家统一会计制度允许使用的多种会计核算方法以供用户选择。会计核算软件对会计核算方法的更改过程在计算机内应有相应的记录。

会计核算软件应当采取加密存储、用户身份验证等多种手段确保会计数据安全保密,防止对数据的未授权访问、复制、篡改和删除。

4) 会计数据输出功能的基本要求

查询输出和打印输出是最基本的输出形式。

(1) 会计核算软件提供查询的相关要求

① 查询机内总分类会计科目和明细分类会计科目的名称、编号、年初余额、期初余额、累计发生额、本期发生额和余额等项目。

② 查询本期已经输入并登账和未登账的机内记账凭证、原始凭证。

③ 查询机内本期和以前各期的总分类账和明细分类账簿。

④ 查询往来账款项目的结算情况。

⑤ 查询本期和以前各期的会计报表。

(2) 会计核算软件对机内数据的打印输出要求

① 会计核算软件应当提供机内记账凭证打印输出的功能,打印格式和内容应当符合国家统一会计制度的规定。

② 会计核算软件可以提供机内原始凭证的打印输出功能,打印输出原始凭证的格式和内容应当符合国家统一会计制度的规定。

③ 会计核算软件必须提供会计账簿、会计报表的打印输出功能,打印输出的会计账簿、会计报表的格式和内容应当符合国家统一会计制度的规定。

会计核算软件应当提供日记账、总分类账和明细分类账的打印输出功能,其中明细分类账应当以三栏账、多栏账、数量金额账等各种会计账簿的方式打印输出。

④ 在机内总分类账和明细分类账的直接登账依据完全相同的情况下,总分类账可以用总分类账户本期发生额对照表替代。

⑤ 在保证会计账簿清晰的条件下,计算机打印输出的会计账簿中的表格线条可以适当减少。

⑥ 会计核算软件可以提供机内会计账簿的满页打印输出功能。

⑦ 打印输出的机内会计账簿、会计报表,如果是根据已结账数据生成的,则应当在打印输出的会计账簿、会计报表上打印一个特殊标记,以示区别。

(3) 会计核算软件提供的其他数据输出要求

① 根据机内会计凭证和据以登记的相应账簿生成的各种机内会计报表数据,会计核算软件不能提供直接修改功能。

② 会计年度终了进行结账时,会计核算软件应当提供在数据磁带、可装卸硬磁盘或者软磁盘等存储介质的强制备份功能。

1.4.3 会计电算化岗位及其权限设置的基本要求

1) 会计电算化岗位的分类

实行会计电算化的工作岗位可分为基本会计岗位和电算化会计岗位。

基本会计岗位可分为:会计主管、出纳、会计核算各岗、稽核、会计档案管理等工作岗位。

(1) 电算主管　电算化主管可由会计主管兼任。

(2) 软件操作　负责输入记账凭证和原始凭证等会计数据,输出记账凭证、会计账簿、报表和进行部分会计数据处理工作,达到会计电算化初级知识水平。

(3) 审核记账　负责对输入计算机的会计数据(记账凭证和原始凭证等)进行审核,操作会计软件登记机内账簿,对打印输出的账簿、报表进行确认。达到会计电算化初级知识培训水平,可由主管会计兼任。

(4) 电算维护　负责保证计算机硬件、软件的正常运行。经过会计电算化中级知识培训。

(5) 电算审查　负责监督计算机及会计软件系统的运行,防止利用计算机进行舞弊。达到会计电算化中级知识培训的水平。此岗位可由会计稽核人员兼任。

(6) 数据分析　达到会计电算化中级知识培训的水平。由主管会计兼任。

(7) 会计档案保管　上述电算化会计岗位中,软件操作岗位与审核记账、电算维护、电算审查岗位为不相容岗位。

2) 中小企业实行会计电算化后的岗位设置

绝大多数单位是中小企事业单位,这些单位会计部门的人数常常不足10人,会计业务比较简单,实行会计电算化后的岗位划分,应根据实际需要对电算化岗位进行适当合并,设置一些必需的岗位,一人可以兼任多个工作岗位。

即使是中小企事业单位,实行会计电算化后的电算化会计岗位设置也应该注意满足内部牵制制度的要求,例如:出纳和记账审核不应是同一人,软件开发人员不能操作软件处理会计业务。

较小单位电算化岗位的设立,可由会计主管兼任电算主管和审核记账岗位,由会计人员担任操作员和电算维护员,还应单独设置出纳员岗位。

3) 会计电算化岗位权限的设置

电算主管负责定义各操作人员的权限。具体操作人员只有修改自己口令的权限,无权更改自己和他人的操作权限。

1.4.4　计算机替代手工记账的基本要求

替代手工记账是会计电算化的阶段性目标。计算机替代手工记账俗称甩账,即系统的正式运行,是指从手工会计数据处理方式正式转为计算机会计数据处理方式,即正式采用电子计算机替代手工记账、算账和报账。

1) 条件

(1) 配有适用的会计软件,并且计算机与手工进行会计核算双轨运行 3 个月以上,计算机与手工核算的数据相一致,且软件运行安全可靠。

(2) 配有专用的或主要用于会计核算工作的计算机或计算机终端。

(3) 配有与会计电算化工作需要相适应的专职人员,其中上机操作人员已具备会计电算化初级以上专业知识和操作技能,取得财政部门核发的有关培训合格证书。

目前,开展会计电算化岗位培训主要有以下三种形式:

一是财政部在全国组织开展的初级、中级和高级会计电算化培训。

二是软件公司提供的针对购买的会计软件的培训。

三是由企业自己组织的培训,让会计人员系统地参加基础理论学习,再联系本单位的实际应用,全面提高会计电算化管理和应用水平。

(4) 建立健全内部管理制度。

2) 替代手工记账的过程

(1) 整理手工会计业务数据。

(2) 建立会计账户体系并确定编码。

一般情况下,会计科目编码采用科目全编码方案:本级科目全编码=上一级科目全编码＋本级科目编码。

编码时,一级会计科目编码按财政部规定的编码方案执行;明细科目编码按照具体编码规则设置。

(3) 规范各类账、证、表格式和会计核算方法与过程。

(4) 会计核算软件初始化。

(5) 计算机与手工并行。

1.4.5　会计电算化档案的基本要求

会计电算化档案是指以磁性介质存储在计算机中的会计数据和计算机打印的书面形式的会计信息,包括记账凭证、会计账簿、会计报表(包括报表格式和计算公式)等,以及会计软件系统开发运行中编制的各种文档程序和其他会计资料。

1) 记账凭证的生成和管理

记账凭证上应有录入人员、复核人员和会计主管的签名和盖章,收、付款凭证还应有出纳的签名和盖章。

2) 会计账簿和报表的生成与管理

(1) 现金日记账和银行存款日记账要每天登记并打印输出,做到日清月结。现金日记账和银行存款日记账,由于受到打印机条件的限制,可采用计算机打印输出的活页账页装订成册。如果每天业务较少,不能满页打印的,可按旬打印输出。

(2) 一般账簿按年打印,业务量较大的,如电子账记录满一个整页,可先打印输出整页账册。

(3) 在保证账簿清晰的条件下,打印机打印输出的账簿中表格线可适当减少。

(4) 在所有记账凭证数据和明细分类账数据都存储在计算机内的情况下,总分类账可用"总分类账本期发生额及余额对照表"替代。

(5) 采用磁带、磁盘、光盘、微缩胶片等介质存储会计账簿、报表,并将其作为会计档案保存的单位,如果不再定期打印输出会计账簿,必须征得同级财政部门的同意。

(6) 各单位每年形成的会计档案,都应由财务会计部门按照归档的要求,负责整理立卷或装订成册。当年的会计档案在会计年度终了后,可暂由本单位财务会计部门保管1年。期满后,原则上应由财务部门编造清册并移交本单位档案部门保管。

(7) 各单位保存的会计档案应为本单位积极提供利用,在向外单位提供利用时,档案原件原则上不得外借。

(8) 各单位对会计档案必须进行科学管理,做到妥善保管、存放有序、查找方便。

3) 会计电算化档案的管理要求

(1) 采用电子计算机进行会计核算的单位,应当保存打印出的纸质会计档案。具备采用磁带、磁盘、光盘、微缩胶片等存储介质保存会计档案条件的,由国务院业务主管部门统一规定,并报财政部、国家档案局备案。

(2) 会计电算化档案包括机内会计数据、软盘等备份的会计数据以及打印输出的会计凭证、账簿、报表等数据。

(3) 系统开发资料和会计软件系统也应视同会计档案保管。

(4) 会计电算化档案管理要严格按照财政部有关规定执行,并由专人负责。

(5) 对会计电算化档案管理要做到防磁、防火、防潮和防尘工作,重要会计档案应准备双份,存放在两个不同的地点。

(6) 对采用存储介质保存的会计档案,要定期进行检查,定期进行复制,防止由于存储介质损坏而使会计档案丢失。对会计软件的全套文档资料以及会计软件程序,保管截止日期是该软件停止使用或有重大更改之后5年。

习题与答案

一、会计信息系统基础习题

1) 单选题

(1) 将会计软件划分为通用会计软件和专用会计软件的依据是(   )。

A. 按照会计信息系统的服务层次 　　　　B. 按照会计软件不同的适用范围
C. 按会计信息的共享功能 　　　　　　　D. 以上都不是
(2) 通用会计核算软件比专业会计核算软件( )。
A. 通用性强,开发水平高 　　　　　　　B. 维护量小,购置成本高
C. 成本高,开发水平高 　　　　　　　　D. 通用性差,维护量大
(3) ERP 是( )的简称。
A. 管理信息系统 　　　　　　　　　　B. 制造资源规划
C. 企业资源计划 　　　　　　　　　　D. 专家系统
(4) 会计软件的通用性是指( )。
A. 能适应一个单位不同时期会计工作的需求
B. 满足不同单位会计工作的不同需求
C. 适应不同行业、不同记账方法的企事业或行政单位的核算需求
D. 只能满足一个行业会计工作的需求
(5) 下列有关实现会计电算化的意义,哪一个说法是不正确的( )。
A. 会计电算化后,经济业务都由计算机来完成
B. 减轻了劳动强度,提高了工作效率
C. 推动企业管理现代化
D. 全面、及时、准确地提供会计信息
(6) 狭义地说,会计电算化是指( )。
A. 电子计算机技术在会计工作中的应用 　B. 会计软件的开发
C. 会计电算化人才的培训 　　　　　　　D. 会计电算化制度建设
(7) 计算机进行会计业务处理与手工会计业务处理的方法和流程( )。
A. 完全相同 　　　B. 完全不相同 　　　C. 不完全相同 　　　D. 都不对
(8) 实现会计电算化,提高了工作效率,财会人员有更多的时间和精力来( )。
A. 对账、查账 　　　　　　　　　　　　B. 打印账簿
C. 进行财务分析,参与经营管理 　　　　D. 学习计算机操作
(9) 为了体现通用的特点,通用会计核算软件一般都设置( )模块。
A. 初始化 　　　　B. 账务处理 　　　　C. 工资 　　　　　D. 报表
(10) 会计电算化的作用主要是( )。
A. 发展计算机技术 　　　　　　　　　　B. 提高经营管理水平
C. 增加会计人员就业 　　　　　　　　　D. 提高会计人员工资
(11) 会计核算软件的核心是( )。
A. 报表系统 　　　　　　　　　　　　　B. 采购系统
C. 账务处理系统 　　　　　　　　　　　D. 成本核算系统
(12) 商品化会计软件的缺点是( )。
A. 成本高 　　　　　　　　　　　　　　B. 见效慢
C. 维护没有保障 　　　　　　　　　　　D. 有些功能不能满足企业的需要
(13) "会计电算化"一词始于( )。
A. 1981 年 　　　B. 1974 年 　　　　C. 1989 年 　　　　D. 1993 年
(14) 商品化会计核算软件开发经销单位在售出软件后应承担售后服务工作,在下列工

作中,( )不是软件开发销售商必须提供的。
  A. 对用户进行软件使用前的培训　　B. 对用户的软件进行维护
  C. 对用户的硬件进行维护　　D. 对用户的软件版本进行更新
 2) 多选题
 (1) 下列属于手工会计与电算化会计的差异的是( )。
  A. 运算工具不同　　B. 簿记规则不同
  C. 账务处理程序不同　　D. 会计人员岗位分工不同
 (2) 从计算机数据管理技术的发展来看,会计核算软件经历的阶段有( )。
  A. 人工管理　　B. 手工核算　　C. 文件管理系统　　D. 数据库系统
 (3) 手工会计下账务处理形式的缺陷是( )。
  A. 数据大量重复　　B. 信息提供不及时
  C. 准确性差　　D. 工作强度大
 (4) 会计电算化的意义是( )。
  A. 提高会计工作效率　　B. 提高会计人员素质
  C. 推动企业管理现代化　　D. 促进工作职能的转变
 (5) 会计电算化使会计人员从原来重复抄写、计算繁琐的工作中解脱出来,把主要精力和工作重点转向加强会计( )方面,更好地发挥了会计人员应有的作用。
  A. 管理　　B. 预测　　C. 决策　　D. 控制功能
 (6) 会计电算化在( )等方面与手工会计核算存在很大差别。
  A. 信息载体　　B. 运算工具
  C. 簿记规则　　D. 账务处理程序
 (7) 商品化会计软件是指销售公司统一设计、开发,并作为软件商品在市场销售的会计软件。商品化会计软件一般具有( )特点。
  A. 通用性　　B. 合法性　　C. 安全性　　D. 成本高
 (8) 下列属于手工会计信息系统与电算化会计信息系统共同点的是( )。
  A. 系统目标一致
  B. 遵循的会计法规、会计准则和会计制度一致
  C. 信息系统的基本功能一致
  D. 保存会计档案一致
 (9) 按使用范围,财务软件可分为( )。
  A. 通用财务软件　　B. 专用财务软件
  C. 商品化财务软件　　D. 自行开发财务软件
 (10) 在整理手工会计业务时,重新核对各类凭证和账簿,要求做到( )相符。
  A. 账证　　B. 账账　　C. 账实　　D. 账表
 (11) 广义的会计电算化是指与实现会计工作电算化有关的所有工作,包括( )。
  A. 会计电算化软件的开发和应用
  B. 会计电算化人才的培训
  C. 会计电算化的宏观规划、市场的培育与发展
  D. 会计电算化的制度建设

3) 判断题

(1) 计算机会计核算系统主要包括账务处理系统、报表系统、工资核算系统等。（   ）

(2) 会计电算化和会计信息化是信息技术在会计中应用的两个不同的阶段，会计信息化是会计电算化的初级阶段和基础工作。（   ）

(3) 数据库系统阶段的特点之一是数据冗余小，易扩充。（   ）

(4) 账务处理模块以原始凭证为接口与其他功能模块有机连接在一起，构成完整的会计核算系统。（   ）

(5) 会计电算化内部控制是指为了维护会计数据准确、可靠和为了保证企业财产安全而实施的内部控制。（   ）

(6) 会计核算软件按照不同的适用范围可分为通用会计核算软件和商品化会计核算软件。（   ）

(7) 会计电算化的作用之一是提高经营管理水平，使财务会计管理由事后管理向事中控制、事先预测转变，为管理信息化打下基础。（   ）

(8) 会计电算化在增强企业竞争力，提高企业经营管理水平等方面有重要作用。（   ）

(9) 在手工会计核算中，需要根据企业规模、会计业务繁简程度，选择不同的账务处理程序，而实现会计电算化后，则不存在此问题。（   ）

二、会计信息系统基本要求习题

1) 单选题

(1) 会计电算化后，会计岗位包括（   ）。

A. 电算主管，软件操作，审核记账，电算维护，数据分析
B. 会计主管，出纳，工资核算员，成本核算员，现金管理员
C. 基本会计岗位和电算化岗位
D. 专职会计岗位和电算化会计岗位

(2) "用电子计算机进行会计核算的，其会计账簿的登记、更正，应当符合国家统一会计制度的规定"，是下列文件中（   ）规定的。

A.《会计电算化管理办法》　　　　　B.《会计电算化工作规范》
C.《商品化会计核算软件评审规则》　D.《中华人民共和国会计法》

(3) 下列（   ）负责规定会计软件系统各类使用人员的操作权限。

A. 系统维护员　　　　　　　　　　B. 系统操作员
C. 软件编程人员　　　　　　　　　D. 电算主管

(4) 采用会计电算化软件的单位，其会计档案保管期限与手工核算时相比，应该（   ）

A. 一致　　　　B. 有所差别　　　　C. 延长　　　　D. 缩短

(5) 为了保证会计数据资料安全，根据（   ）的要求，会计部门的所有人员要进行岗位分工和权限设置。

A. 会计制度　　　　　　　　　　　B. 电算化内部管理制度
C. 会计准则　　　　　　　　　　　D. 企业管理制度

(6) 操作人员要严格遵守计算机的操作程序，并遵循（   ）的要求。

A. 操作制度　　　　　　　　　　　B. 机房管理制度
C. 会计制度和会计准则　　　　　　D. 会计电算化

(7) 企业实现会计电算化以后,( )是保障会计电算化顺利进行的最重要一环。
A. 建立各种管理制度　　　　　　　B. 会计核算软件
C. 代替手工记账　　　　　　　　　D. 试运行
(8) 对会计软件的全套文档资料以及会计软件程序,保管截止日期是该软件停止使用或有重大更改之后( )年。
A. 2　　　　　B. 5　　　　　C. 6　　　　　D. 10
(9) 计算机替代手工记账要求配有适用的会计软件,并且计算机与手工进行会计核算双轨运行( )以上。
A. 1个月　　　B. 3个月　　　C. 6个月　　　D. 一年
(10) 负责监督计算机及会计软件系统运行,防止利用计算机舞弊的岗位是( )。
A. 财务总监　　B. 审核记账　　C. 电算维护　　D. 电算审查
(11) ( )负责数据的输入、处理、输出等工作。
A. 电算主管　　B. 软件操作员　　C. 审核记账员　　D. 电算维护员
(12) 采用直接输入原始凭证由会计核算软件自动生成记账凭证的,在生成正式机内记账凭证前,应当进行( )。
A. 签章　　　　B. 记账　　　　C. 打印　　　　D. 审核确认
(13) 需要在本期进行银行对账,初始化时应输入期初的( )。
A. 往来单位　　B. 未达账项　　C. 初始数据　　D. 部门

2) 多选题

(1) 对会计电算化档案管理要做好防磁、( )工作。
A. 防震　　　　B. 防火　　　　C. 防潮　　　　D. 防尘
(2) 会计核算软件应当具备的初始化功能包括( )。
A. 输入会计核算所必需的期初数字及有关资料
B. 输入需要在本期进行对账的未达账项
C. 定义自动转账凭证,包括会计制度允许的自动冲回凭证等
D. 输入操作人员岗位分工情况,包括操作人员姓名、操作权限、操作密码等
(3)《会计核算软件基本功能规范》中对记账凭证的编号有以下( )规定。
A. 同一类型的记账凭证必须保证当月凭证编号的连续
B. 同一类型的记账凭证当月凭证编号可以不连续
C. 不可以由键盘手工输入凭证编号
D. 可以由会计核算软件自动产生凭证编号
(4) 属于会计数据输出功能的基本要求有( )。
A. 应当具有对机内会计数据进行查询的功能
B. 应当具有机内会计数据按照规定的会计期间进行结账的功能
C. 计算机打印输出的会计账簿中的表格线条可以适当减少
D. 对于业务量较少的账户,会计软件可以提供会计账簿的满页打印输出功能
(5) 软件操作岗位与下列( )岗位为不相容岗位。
A. 审核记账　　B. 电算维护　　C. 电算审查　　D. 数据分析
(6) 输入会计核算所必需的期初数字及有关资料,包括总分类会计科目和明细分类会计科目的( )。

A. 年初数 B. 累计发生额 C. 属性 D. 编号

(7) 发现已经输入并审核通过或者登账的记账凭证有错误的,应当采用(　　)进行更正。

A. 红字凭证冲销法　B. 划线更正法　C. 补充凭证法　D. 直接修改法

(8) 计算机替代手工记账要求建立健全内部管理制度,包括(　　)。

A. 岗位责任制　　　　　　　　　　B. 日常操作管理制度
C. 会计数据与软件管理制度　　　　D. 会计档案管理制度

(9) 下列属于电算化会计岗位的有(　　)。

A. 财务总监　　B. 审核记账　　C. 电算维护　　D. 电算审查

(10) 会计电算化档案包括(　　)等数据。

A. 机内会计数据　　　　　　　　　B. 软盘等备份的会计数据
C. 打印输出的会计凭证　　　　　　D. 打印输出的会计报表

(11) 单位(　　)情况,应当建立相应的审批手续。

A. 修改记账凭证　　　　　　　　　B. 单位修改正在使用的会计核算软件
C. 升级正在使用的会计核算软件　　D. 改变会计核算软件运行环境

(12) 会计核算软件应当提供的控制功能有(　　)。

A. 正在输入的记账凭证编号是否与已输入的机内记账凭证编号重复

B. 正在输入的记账凭证中的会计科目借贷双方金额不平衡,或没有输入金额,应予以提示并拒绝执行

C. 正在输入的记账凭证有借方会计科目而无贷方会计科目,或者有贷方会计科目而无借方会计科目的,应予以提示并拒绝执行

D. 以编号形式输入会计科目的,应当提示该编号所对应的会计科目名称

3) 判断题

(1) 会计核算软件必须提供人员岗位及操作权限设置的功能。(　　)

(2) 用电子计算机生成的会计凭证、会计账簿、财务会计报告在格式、内容以及会计资料的真实性和完整性等方面,都必须符合国家统一的会计制度的规定。(　　)

(3) 会计核算软件中的文字输入、提示、打印输出必须同时采用中文和少数民族文字或者外国文字对照的形式。(　　)

(4) 建立会计电算化岗位责任制,主要是为了加强内部牵制。(　　)

(5) 对会计核算软件自动产生的机内记账凭证经审核登账后,不得进行修改。(　　)

(6) 计算机替代手工记账(即"甩账")是单位能否成功实施会计电算化的起点。(　　)

(7) 数据录入员通常由会计人员结合本人所负责的核算业务承担其录入工作,并对录入数据的正确性负责。(　　)

(8) 已采用计算机代替手工记账的单位,其会计档案保管期限可以按照《会计档案管理方法》的规定执行。(　　)

(9) 尽管会计账簿比较清晰,计算机打印输出的会计账簿中的表格线条也不能减少。(　　)

(10) 出纳可以兼任记账审核员。(　　)

(11) 对同一张记账凭证,应当对审核功能与输入、修改功能的使用权限进行控制。(　　)

(12) 会计核算软件对记账凭证编号的连续性不必进行控制。（　）

(13) 会计核算软件应当具有自动编制符合国家统一会计制度规定的会计报表功能。

（　）

三、习题答案

会计信息系统基础答案

1）单选题

(1) B［解析］：会计核算软件按照不同的适用范围可分为专用会计核算软件和通用会计核算软件。(2) A［解析］：与专业会计核算软件相比，通用会计核算软件具有通用性强、开发水平高、维护量小、购置成本相对较低等优点。(3) C　(4) C　(5) A［解析］：经济业务并不是由计算机完成。(6) A［解析］：会计电算化是指电子计算机技术在会计工作中的应用。(7) C［解析］：由于计算机程序设计的特点和控制手段的不同，使用计算机处理会计业务与手工会计业务处理的方法和流程肯定不会完全相同。(8) C　(9) A［解析］：为了体现通用的特点，通用会计核算软件一般都设置"初始化"模块，用户在首次使用通用会计核算软件时，必须首先使用该模块，对本单位的所有会计核算规则进行初始化设置，从而把通用会计核算软件转化为适合本单位核算的专用会计核算软件。(10) B　(11) C［解析］：会计核算软件中的用于会计核算的功能模块一般可以划分为：账务处理、应收/应付款核算、工资核算、固定资产核算、存货核算、销售核算、成本核算、会计报表生成与汇总、财务分析等，其中财务处理模块是会计核算软件的核心模块。(12) D［解析］：商品化会计软件的优点是见效快、成本低、安全可靠、维护有保障，其缺点是不能全部满足企业的各种核算与管理要求，同时对于会计人员要求较高。(13) A［解析］："会计电算化"一词是1981年8月在财政部和中国会计学会与吉林省长春市召开的"财务、会计、成本应用电子计算机专题讨论会"上正式提出来的。(14) C［解析］：商品化会计核算软件开发经销单位在售出软件后应承担售后服务工作，其售后服务包括：会计软件的日常维护、用户培训、二次开发与相关技术支持，以及软件版本的升级换代。

2）多选题

(1) ABCD　(2) ACD　(3) ABCD［解析］：手工会计下账务处理形式存在数据大量重复、信息提供不及时、准确性差、工作强度大等缺陷。(4) ABCD　(5) ABCD　(6) ABCD［解析］：会计电算化在运算工具、信息载体、簿记规则、账务处理程序、会计行使职能的侧重点和会计人员岗位分工等方面与手工会计核算存在很大差异。(7) ABC［解析］：商品化会计软件一般具有通用性、合法性、安全性和成本低的特点。(8) ABCD　(9) AB　(10) ABC　(11) ABCD［解析］：广义的会计电算化，是指与实现会计工作电算化有关的所有工作，包括会计电算化软件的开发和应用，会计电算化人才的培训，会计电算化的宏观规划，会计电算化的制度建设，会计电算化软件市场的培育与发展等。

3）判断题

(1) T　(2) F［解析］：会计电算化和会计信息化是信息技术在会计中应用的两个不同的阶段，会计电算化是会计信息化的初级阶段和基础工作。(3) T　(4) F［解析］：账务处理模块是以记账凭证为接口与其他功能模块有机连接在一起，构成完整的会计核算系统。(5) T　(6) F［解析］：会计核算软件按照不同的适用范围可分为专用会计核算软件和通用会计核算软件。(7) T　(8) T［解析］：会计电算化在增强企业竞争力，提高企业经营管理水平等方面有重要作用。这主要表现在以下几个方面:提高会计数据处理的时效性和准确性,减轻了会计人员的劳动强度,提高了工作效率;提高经营管理水平,使财务会计管理由事后管理向事中控制、事先预测转变,为管理信息化打下基础;推动会计技术、方法、理论创新和观念更新,促进会计工作进一步发展。　　(9) T

会计信息系统基本要求习题答案

1) 单选题

(1) C　(2) D　(3) D [解析]:根据电算主管的岗位职责,其中之一是负责规定会计软件系统中各类使用人员的操作权限。　　(4) A [解析]:按照有关规定,会计电算化档案包括机内会计数据、软盘等备份的会计数据,以及打印输出的会计凭证、账簿、报表等数据,其保管期限与手工核算时相比,应该一致。　　(5) B [解析]:为了保证会计数据资料安全,根据电算化内部管理制度的要求,会计部门的所有人员要进行岗位分工和权限设置。　　(6) C [解析]:根据会计电算化工作的特点,各类操作人员既要严格遵守计算机的操作程序,也要遵循会计制度和会计准则的要求。　　(7) A [解析]:企业实现会计电算化以后,建立各种管理制度是保障会计电算化顺利进行的最重要一环。　　(8) B　(9) B　(10) D　(11) B　(12) D　(13) B

2) 多选题

(1) BCD [解析]:对会计电算化档案管理要做到防磁、防火、防潮、防尘工作,重要会计档案应准备双份,存放在两个不同的地点,最好在两个不同的建筑物内。　　(2) ABCD [解析]:会计核算软件应具备以下初始化功能:输入会计核算所必需的期初数字及有关资料、输入需要在本期进行对账的未达账项、选择会计核算方法、定义自动转账凭证、输入操作人员的岗位分工情况、提供必要的方法对输入的初始数据进行正确性校验。　　(3) AD [解析]:根据《会计核算软件基本功能规范》的有关规定,记账凭证的编号必须满足以下几项要求:同一类型的记账凭证必须保证当月凭证编号的连续;可以由手工输入,也可以由会计核算软件自动产生凭证编号等。　　(4) ACD　(5) ABC　(6) ABD　(7) AC　(8) ABCD　(9) BCD　(10) ABCD　(11) BCD　(12) ABCD

3) 判断题

(1) T　(2) T　(3) F [解析]:会计核算软件中的文字输入、提示、打印输出必须采用中文形式。　　(4) T　(5) T　(6) T [解析]:计算机替代手工记账(即"甩账")是单位能否成功实施会计电算化的起点。　　(7) T [解析]:数据录入员通常由会计人员结合本人所负责的核算业务承担其录入工作,并对录入数据的正确性负责。　　(8) T [解析]:已采用计算机代替手工记账的单位,其会计档案保管期限可以按照《会计档案管理方法》的规定执行。具体来说,会计电算化系统开发的全套文档资料,其保存期限截至该系统停止使用或有重大更改后的五年。　　(9) F [解析]:如果会计账簿比较清晰,计算机打印输出的会计账簿中的表格线条可以适当减少。　　(10) F [解析]:出纳不可以兼任记账审核员　　(11) T　(12) F [解析]:会计核算软件对记账凭证编号的连续性需要进行控制。　　(13) T

2 企业会计信息化入门
——小企业财税一体化解决方案

【学习目标】

本章将以一个小企业——美丽华洗化有限公司(以下简称美丽华公司)为例,介绍小企业会计信息化的基本模式、设计方案和操作流程。通过本章的学习,读者能够熟悉一个较为典型的小企业会计信息化实施流程,实现企业会计信息化的快速入门。

2.1 美丽华公司会计信息化模式选择

企业要实施会计信息化,首先要面对的是信息化模式选择问题。企业会计信息系统的需求是什么,要实现什么样的功能,具体通过那些软件模块来实现,都是我们必须明确的。

2.1.1 美丽华公司会计信息化基本需求

美丽华公司是一家成立不久的小型工业企业。资产规模小,产品单一,业务量也比较小,目前公司的主要财务数据都是通过手工完成。该企业实施会计信息化的主要目的是:提高会计信息的正确性与时效性;能够进行基本的数据统计,并且能与企业目前使用的纳税申报系统更好的衔接。

2.1.2 美丽华公司会计信息化系统的功能

通过市场调研,公司决定采用会计信息化的基本模式,选取用友 T3 财税通系统的总账、报表、税务核算模块,构建一个初步的会计信息系统。该系统具有如下基本功能:

(1) 通过辅助核算功能,提供比手工系统更为详尽的会计信息,有助于提高企业管理水平。

(2) 通过严密的制单控制,保证填制凭证的正确性。提供资金赤字控制、支票控制、预算控制、外币折算误差控制以及查看科目最新余额等功能,加强对发生业务的及时管理和控制。制单赤字控制可控制出纳科目、个人往来科目、客户往来科目、供应商往来科目。

(3) 凭证填制权限可控制到科目,凭证审核权限可控制到操作员。

(4) 为出纳人员提供一个集成办公环境,加强对现金及银行存款的管理。提供支票登记簿功能,用来登记支票的领用情况并可完成银行日记账、现金日记账,随时输出最新资金日报表、余额调节表以及进行银行对账。

(5) 自动完成月末分摊、计提、对应转账、销售成本、汇兑损益、期间损益结转等业务。

(6) 进行试算平衡、对账、结账,生成月末工作报告。

(7) 通过报表模板期末自动生成会计报表。
(8) 可以根据总账系统涉税凭证自动计算应纳税额和填制纳税申报表。

2.2 美丽华公司会计信息化方案设计

一个基本的会计信息化方案包含了企业会计信息系统的人员配备与岗位设计、系统参数设计、基本信息设计等若干内容。在企业会计信息化模式选定后,系统方案设计的好坏对系统运行的效果有着非常显著的影响。

需要特别指出的是,我们这里只是提供一个最简的入门方案,让读者能够实现会计信息化快速入门,相关的理论拓展在下一章3.2节具体说明。

2.2.1 人员的配备与分工

一个最小的会计信息系统至少要有两名操作员,这主要是根据会计内部控制的原则,有些会计业务处理不能由一名会计人员独立完成,必须由两名或者两名以上会计人员参与。通过人员分工,可以实现会计人员相互配合、相互制约,共同完成会计信息化工作。

美丽华公司人员配备和分工方案见表2.1。

表2.1 人员配备与分工

编 号	姓 名	所属部门	权 限
01	吴丁丁	财务部	账套主管
02	孙统帅	财务部	总账,UFO报表
03	肖 露	财务部	税务核算

提示:

(1) 在常见的会计信息系统里,一般都预设了一名系统管理员(用友T3中称为"ADMIN"),系统管理员对应企业的财务经理,主要负责制定本单位具体的会计信息系统实施方案,拟定会计信息系统相关规章,配备人员,进行分工和授权,一般并不直接进行账务操作。

(2) 在用友T3系统中,提供了多层次权限管理。在美丽华公司方案里只在系统管理模块中采取简单的权限控制,更进一步的控制措施,请看第3章。

2.2.2 基础信息设计

基础信息设计的主要内容是根据企业实际,设计相关的编码方案。

1) 常用编码方案

(1) 顺序码 是指按信息出现的先后顺序进行连续性编码的方法。自然数序列是最常见的顺序码,顺序码的优点是码位简短、编制简单、易于管理,尤其是便于计算机自动编码,缺点是按此方法形成的数据本身信息含量低,只有顺序信息。在手工会计信息系统中,记账凭证的编号就属于顺序码,计算机会计信息系统仍然沿用了这一编码方法。

(2) 组码 是指在信息(管理对象)分类的基础上,给每类信息一个编码区间,在区间内按顺序编码的方法。例如用2007****(*代表任意数字,下同。)表示2007级学生学号、用2008＊＊＊＊表示2008级学生学号等。组码比顺序码占用的位数多，但信息含量大。

(3) 群码　是指组码和顺序码的混合编码方法。在计算机会计信息系统中最典型的要数会计科目的编码，4-2-2方案的含义是用前4位表示一级科目，第5、6位表示二级科目，第7、8位表示三级科目……群码的优点有：层次性高、信息含量丰富、便于计算机处理等，主要缺点是占用位数多。群码是会计信息系统里面使用范围最广的一种编码方案

提示：

编码长度决定了可以表示的个体最大数目，一位编码可以表示个体数是9（排除0编码），两位编码可以表示个体数是99，三位是999，同理类推。

2) 会计信息系统编码的原则

会计信息系统编码记住几个基本原则：一是唯一（编码不能重复）；二是够用（编码方案要能够正确表示出编码对象）；三是适度（编码长度过长会增加系统负担，影响运行效果）；四是适当超前（要考虑到编码对象的发展，如编码对象个数是9，采取一位编码就不能满足将来发展的需要）。

3) 美丽华公司方案示例

(1) 会计科目编码方案4-2-2-2-2　表示一级科目编码是四位，二级科目编码长度是两位，三级科目编码长度也是两位。由上面提示可知，每个一级总账科目可以表示的最多二级明细科目数是99。

(2) 客户分类方案1-2　本案例中客户先分成两大类：省内、省外；然后省内、省外再分别按照地级市来分类。

2.2.3　辅助核算

所谓辅助核算，是指在账务处理过程中为提供比一般账务资料更为详尽的核算信息，或为提高会计信息的质量而采取的一些附加的核算手段。

1) 辅助核算的三种基本类型

(1) 扩展的明细核算功能　这是指针对那些需要提供较为详尽的数据信息而又不太适宜或没有必要增设更多级明细科目的项目而采取的，以信息的多渠道处理和共享型输出为主要特性的明细核算方式，如往来核算、部门核算、项目核算等。

(2) 扩充的系统功能　这是指对账务处理过程中的基本核算内容进行补充核算或处理，以提供多角度多方位的会计信息，如银行结算方式管理、数量与外币处理等。

(3) 便捷的操作手段　如自动转账凭证的设置与使用、期末损益的自动结转等。

2) 美丽华公司辅助核算示例

(1) 客户往来　销售的对象一般称为客户。因为销售活动会产生应收款，所以把应收账款设置为客户往来。

(2) 供应商往来　采购的对象一般称为供应商。因为采购活动会产生应付款，所以把应付账款科目设置成供应商往来。

(3) 部门核算　部门辅助核算适用于需要按部门进行核算和考核的项目，如差旅费、办公费、招待费、销售收入、其他收入等。

可以把管理费用、销售费用等科目根据用途的不同，把相关明细科目分别设置成部门核算。

(4) 项目核算 所谓项目核算是指针对专门的核算对象或核算项目,以提供详细业务资料为目标所进行的一项辅助核算。

项目核算的特点在于,围绕一个专门的核算对象或核算项目,将所有发生在该对象上的各种收支进行归集,并以专项辅助账的形式予以输出。如制造业中的产品成本项目、施工企业的施工项目等。

2.2.4 系统参数设置

如表 2.2 所示,设定系统参数。

表 2.2 系统参数设置

项目	参数
凭证	制单序时控制 打印凭证页脚姓名 凭证审核控制到操作员 凭证编号由系统编号 外币核算采用固定汇率
账簿	账簿打印位数、每页打印行数按软件默认的标准设定 明细账查询权限控制到科目 明细账打印按年排页
会计日历	会计日历为 1 月 1 日—12 月 31 日
其他	数量小数位和单价小数位设为 2 位 部门、个人、项目按编码方式排序

2.3 美丽华公司会计信息系统实施前的准备工作

在会计信息化方案制定以后,下面进行系统正式实施前的必要准备工作。

2.3.1 系统实施前的基本准备

1) 会计数据资料的准备

这项工作主要包括科目余额的准备、往来账户数据的准备、银行账的清理。

会计数据资料的准备根本目的是对原有手工系统进行一次全面的清理,解决遗留问题,使计算机会计信息系统有个良好的运行开端。

2) 会计人员配备和分工

结合本单位会计信息系统实施方案为会计信息系统配备会计人员,并且按照计算机会计工作特点进行岗位划分,明确岗位权限。

3) 管理制度建设

计算机系统无法处理不规则、不规范的会计数据,所以对会计账务处理方法的规范化、标准化要求都比较高。与此同时,会计核算方式的改变使企业原有的一些内部控制手段失去了制约和防范作用,加大了企业风险。因此,在使用财务软件时,必须做好制度建设的工作。

计算机会计信息系统的管理制度主要分为核算制度与管理制度。前者主要规范会计核算方法;后者主要规范会计信息系统的操作、维护、档案管理等方面。

2.3.2 系统环境及其软件的安装

美丽华公司采用用友 T3 财税通软件,它是基于 SQL 平台的集成型 ERP 管理软件。主要安装过程如下:

1) 硬件环境配置

(1) 客户端硬件环境　CPU:Pentium Ⅳ 或以上;内存:512 MB 或以上;硬盘:剩余空间 100 MB 以上;网卡:10/100 MB/s 网卡,支持 TCP/IP 协议;分辨率:800×600 像素或以上。

(2) 数据服务器硬件环境　内存 1 GB 以上,CPU 1 GHz 以上多核,磁盘空间 20 GB 以上,局域网 10MB/s 以上。

(3) 发布服务器硬件环境　内存 1 GB 以上,CPU 1 GHz 以上多核,磁盘空间 10 GB 以上,局域网 10 MB/s 以上。

2) 软件环境配置

(1) 操作系统　Win NT 4.0、Win 2000、Win XP(简体中/英文版)都可以,建议使用 Win 2000、Win XP。

(2) 数据库　用友软件需要数据库支持,可选择 MS SQL 2000 或 MSDE 2000。因此,在安装用友软件前应先准备好数据库环境。如果计算机上已经装有 SQL Server2000,则可以直接安装用友软件系统,否则则建议安装数据库 SQL Server2000 个人版或 MSDE 2000,此版本在多个操作系统上适用。如果有 SA 密码要记好(建议不要设 SA 密码)。装完后,重启系统,并启动 SQL Server 服务管理器。

(3) 操作系统配置　安装数据库前,应先安装 Windows 组件、Internet 信息服务(IIS)。

(4) 用友软件安装　按照显示步骤安装软件。用友 T3 财税通试用版可以到用友公司网站 http://tong.ufida.com.cn/lgf2/T3Taxation.rar 进行下载,用友公司提供免费试用。

提示:

安装前要准备的事项:

① 请对照用友 T3 财税通环境说明文件所描述的配置准备环境。

② 安装时操作系统所在的磁盘分区剩余磁盘空间必须大于 200 MB。

③ 安装 SQL 数据库或 MSDE 2000 环境。

④ 关闭杀毒软件。

⑤ 如果是实验室安装单机版软件,需要在安装过程中选择完全安装。

2.4 美丽华公司会计信息系统的初始化

会计信息系统的初始化实际上是企业财务部门根据事先制定的信息系统实施方案,在软件中进行系统参数设置、基础信息设置并输入期初余额的过程。通过初始化的完成,企业将一个通用财务软件变成了一个适应企业需要的专门系统。

美丽华公司会计信息系统初始化主要包括账套设置、基础信息设置、总账初始化三个部分。

2.4.1 账套设置

所谓账套是指在会计软件系统中为每一个独立核算的单位所建立的一套完整的账务体系，其作用相当于手工操作条件下明确会计核算的主体。

账套设置过程其实是输入单位的有关背景资料和环境资料的过程。

一个单位对应一个账套，如果单位内部还有独立核算的下级单位，或下设多个独立核算的部门，则可给每个独立核算部门分别立账，各账套之间可实现资源或数据共享。

1) 设置账套的简明流程

设置账套的简明流程如图2.1所示。

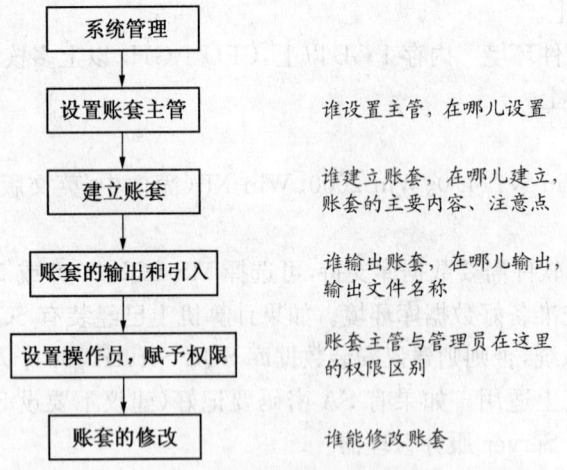

图2.1 设置账套的简明流程

2) 美丽华公司账套设置的操作步骤示例

（1）进入系统管理 点击"开始"→"程序"→"用友T3系列管理软件"→"用友T3"→"系统管理"→点击"系统"→"注册"→在操作员处录入"ADMIN"→"确定"，如图2.2所示。

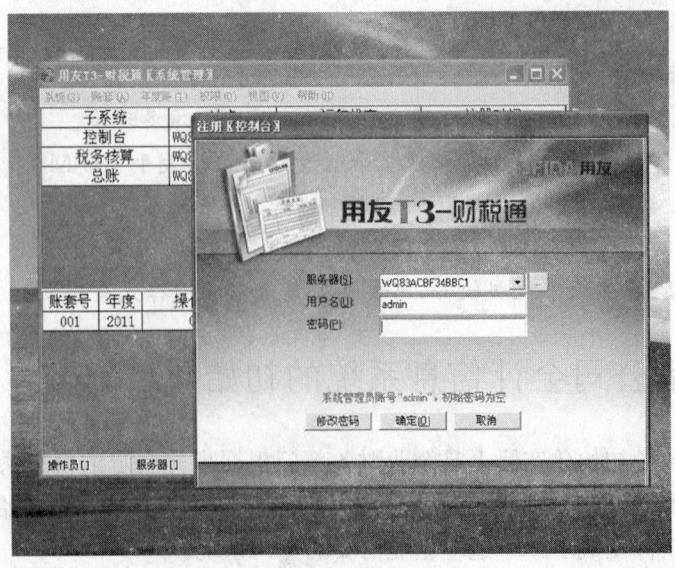

图2.2 进入系统管理

(2) 增加用户　点击"权限"→"操作员"→"增加",增加三名操作员:吴丁丁,孙统帅,肖露,如图 2.3 所示。

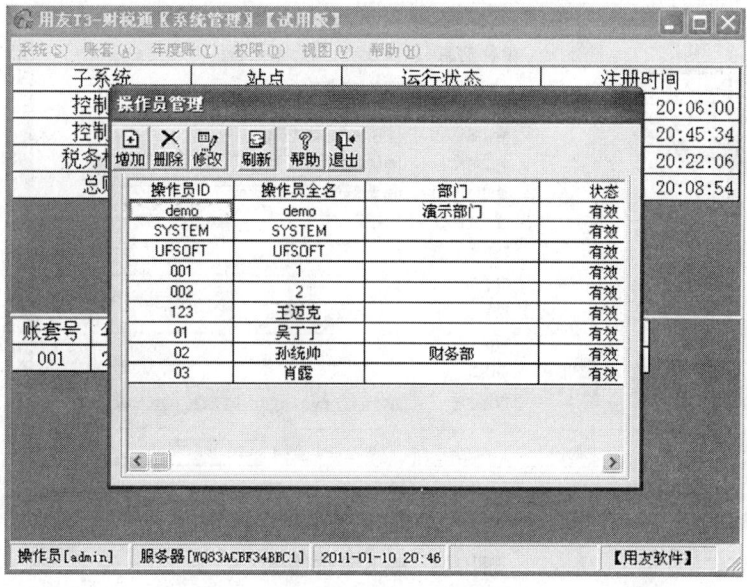

图 2.3　增加操作员

(3) 建立账套　点击"系统管理"→"账套"→"建立"(账套号 001;账套名称美丽华洗化有限公司),如图 2.4 所示。

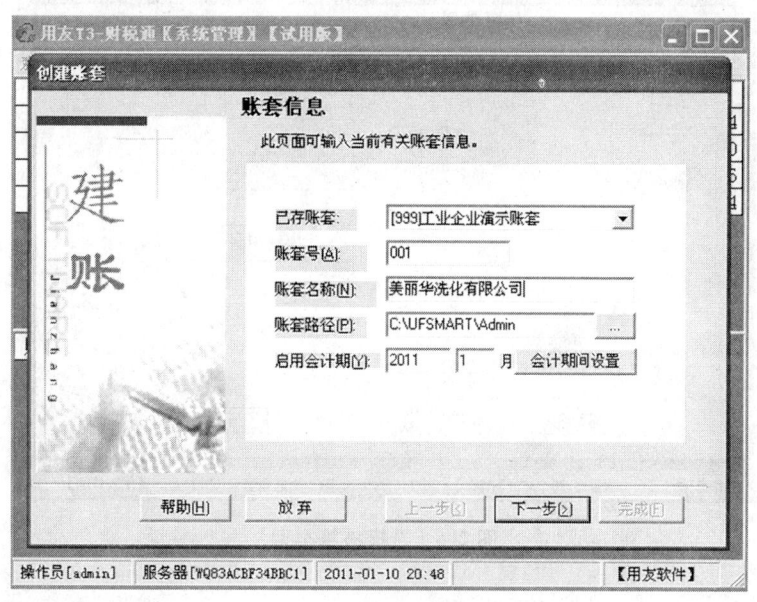

图 2.4　建立账套

选择"下一步",输入单位信息,如图2.5所示。

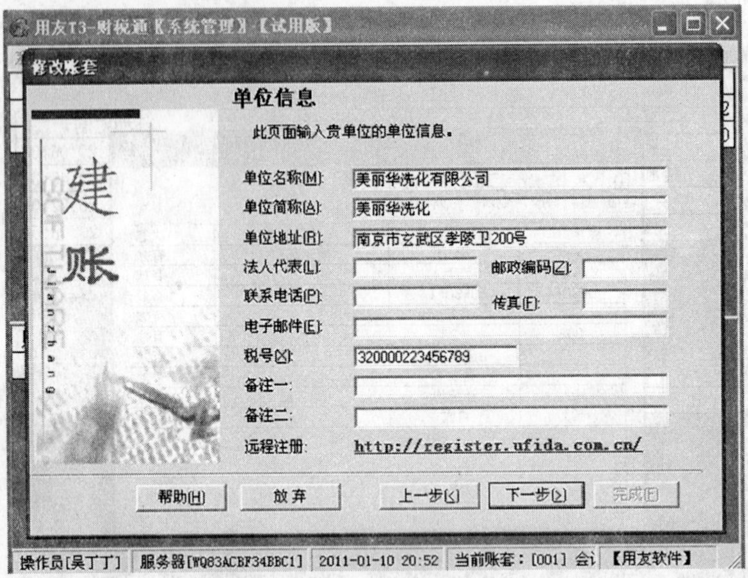

图2.5 输入单位信息

再单击"下一步",选择核算类型,如图2.6所示。

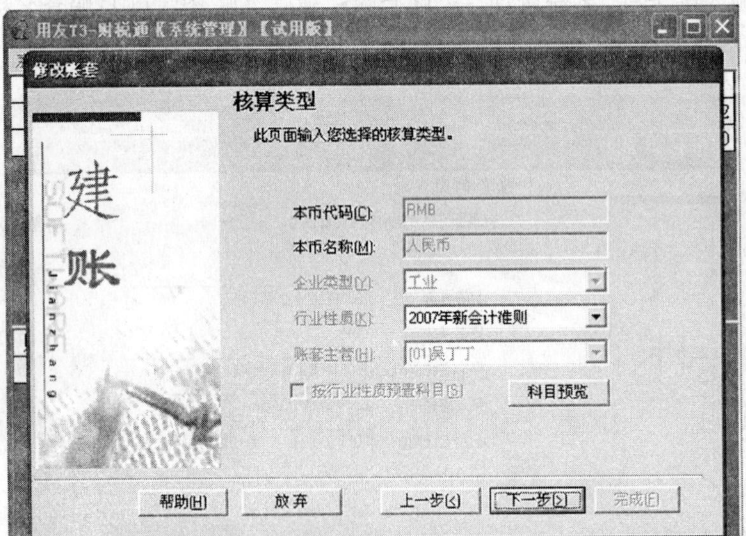

图2.6 选择核算类型

提示:

账套主管选择吴丁丁,账套初建时期的账套主管信息是不可更改的。选择"2007年新会计制度",类型"工业","按行业性质预置科目"(选择此项的作用是财政部规定的一级科目不需要输入了)。

再单击“下一步”，确定基础信息分类，如图 2.7 所示。

创建账套
基础信息
此页面设置您的基础信息。
存货是否分类(V)
客户是否分类(C)
供应商是否分类(P)
有无外币核算(A)
帮助(H)
放 弃
上一步(S)
下一步(>)
完成(F)

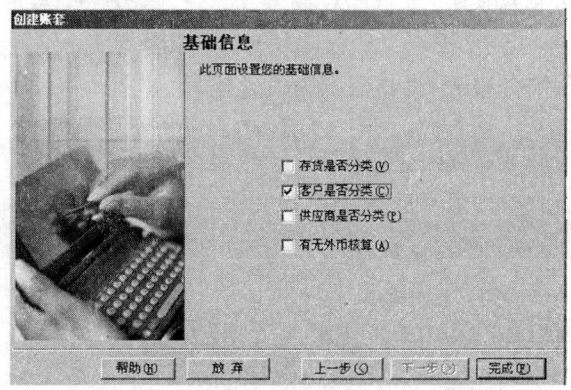

图 2.7　确定基础信息

选择“完成”，确定分类编码方案，如图 2.8 所示。

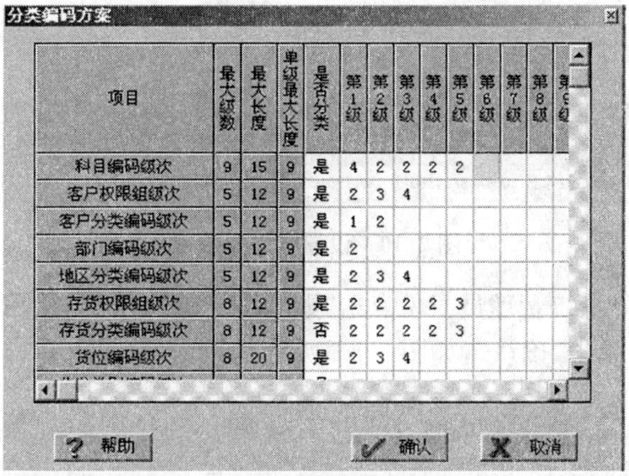

分类编码方案
项目
最大级数
最大长度
单级最大长度
是否分类
第1级
第2级
第3级
第4级
第5级
第6级
第7级
第8级
科目编码级次 9 15 9 是 4 2 2 2 2
客户权限组级次 5 12 9 是 2 3 4
客户分类编码级次 5 12 9 是 1 2
部门编码级次 5 12 9 是 2
地区分类编码级次 5 12 9 是 2 3 4
存货权限组级次 8 12 9 是 2 2 2 2 3
存货分类编码级次 8 12 9 否 2 2 2 2 3
货位编码级次 8 20 9 是 2 3 4
帮助
确认
取消

图 2.8　确定分类编码方案

选择“确定”，启用相应模块，如图 2.9 所示。

子系统
控制台
系统启用
刷新
帮助
退出
[001]美丽华洗化有限公司 账套启用会计期间 2011 年1 月
系统编码
系统名称
启用会计期间
FA 固定资产
GL 总账 2011-01
HZ 所得税汇算 2011-01
IA 核算 2011-01
NS 税务核算 2011-01
账套号
年度
操作员[吴丁丁]

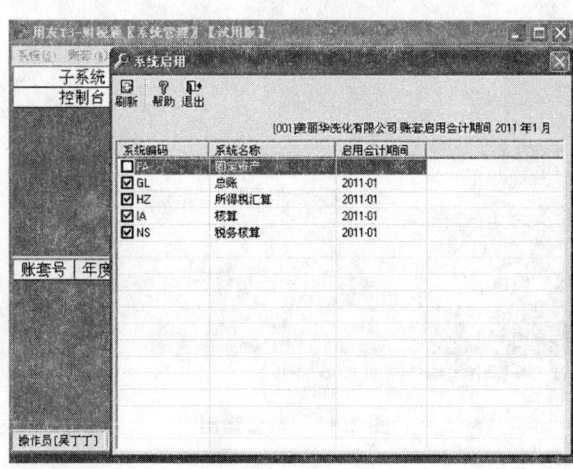

图 2.9　系统启用

提示：
如果当时没有启用相应模块，可以以后在"系统"→"账套"→"启用"中再启用。

（4）进行财务分工　点击"权限"→"权限"→选择账套001。设置吴丁丁权限为账套主管，孙统帅权限为总账、财务报表，肖露权限为税务核算，如图2.10所示。

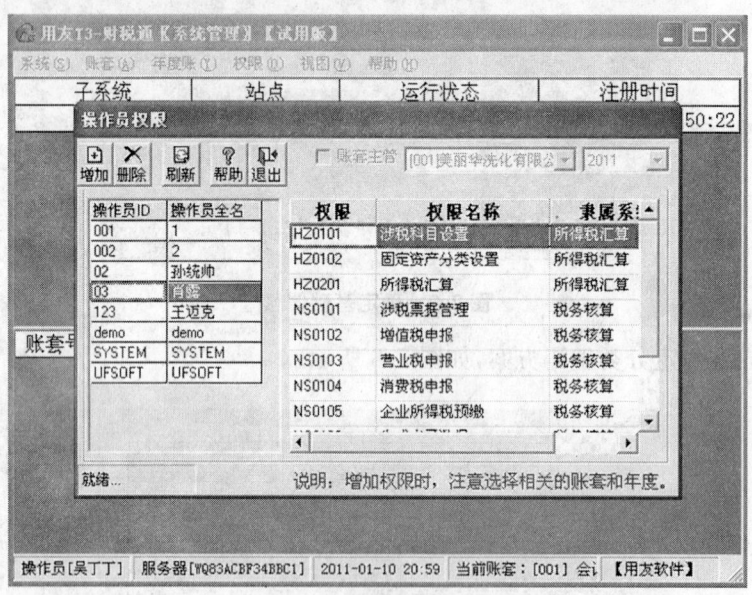

图2.10　设置操作员权限

（5）账套备份　以系统管理员身份点击"账套"→"输出"，打开"账套输出"对话框，选择需要输出的账套001，单击"确认"，如图2.11所示。

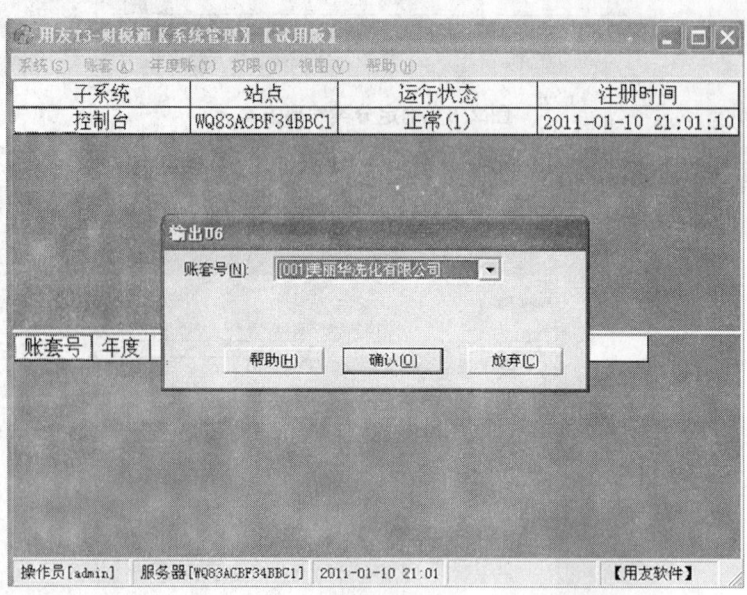

图2.11　账套输出

提示：

① 只有系统管理员（ADMIN）才能进行账套备份，用友 T3 一次备份生成两个备份文件，引导文件的主文件名是 UFERPACT。

② 正在使用的账套是不允许删除的。

③ 若要删除选中账套数据，则在输出账套时，选中"删除当前输出账套"即可。

（6）账套的恢复　以系统管理员身份点击"账套"→"恢复"，选择引导文件，进行账套恢复。

（7）账套的修改　以账套主管的身份进入"系统管理"，点击"账套"→"修改"。

2.4.2 基础信息设置

用吴丁丁的身份进入 T3 主界面（点击"开始"→"程序"→"用友 T3 系列管理软件"→"用友 T3"→录入用户名 01、账套选 001→确定），如图 2.12 所示。

基础信息设置的主要内容是设置企业鉴定信息和基础档案。基础档案包括部门档案、职员档案、客户分类、供应商分类、地区分类、客户档案、供应商档案、开户银行、外币及汇率、结算方式。

提示：

所有基础信息建立时，应遵循事先设定的编码原则。如果发现事先设定的编码方案有错误，可以用账套主管的身份进入 T3 主界面→"基础设置"→"基本信息"→"编码方案"进行修改。

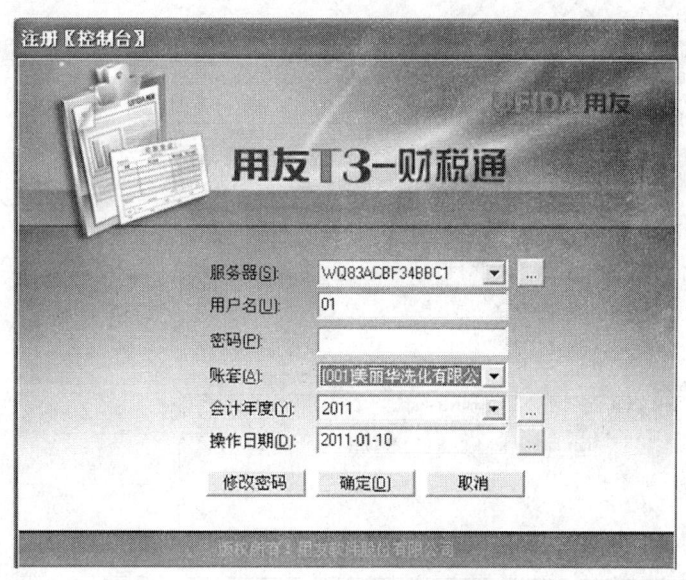

图 2.12　进入 T3 主界面

1）企业鉴定信息设置

① 初次进入用友 T3 财税通，自动进入企业鉴定信息设置。如图 2.13 所示，录入"企业鉴定信息→纳税人基本信息"。

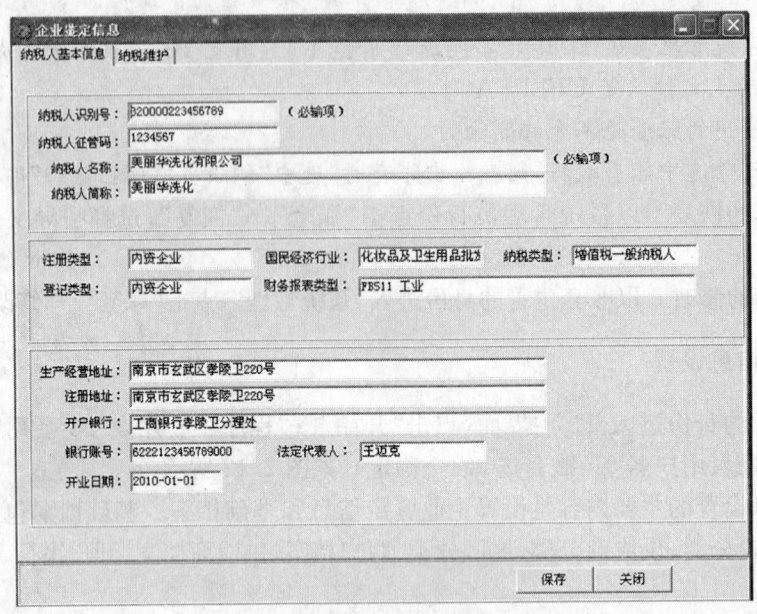

图 2.13　企业纳税人基本信息设置

② 选择"企业鉴定信息→纳税维护",如图 2.14 所示,依次选择"纳税维护"→"添加税种—增值税"→"申报项目—选择申报表"→"添加税目—选择税目",进行增值税基础信息设置。

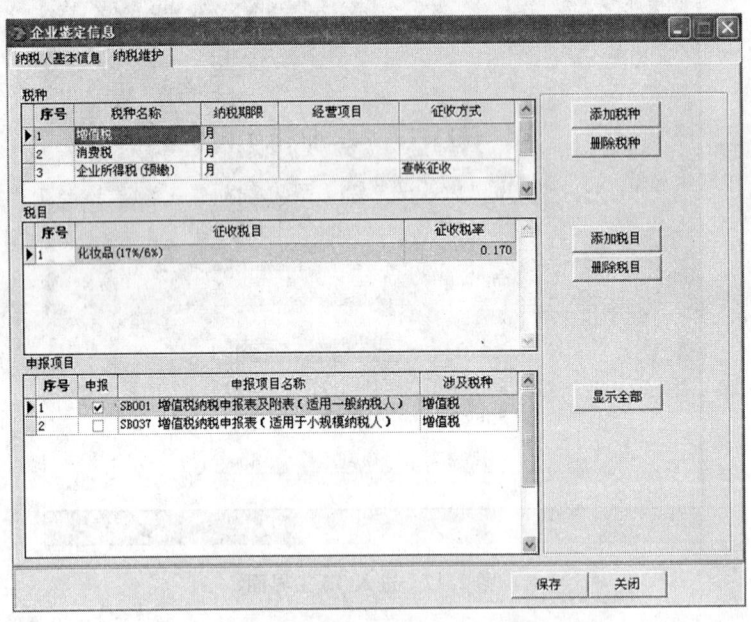

图 2.14　增值税基础信息设置

③ 如图 2.15 所示,依次选择"纳税维护"→"添加税种—消费税"→"申报项目—选择申报表"→"添加税目—选择税目",进行消费税基础信息设置。

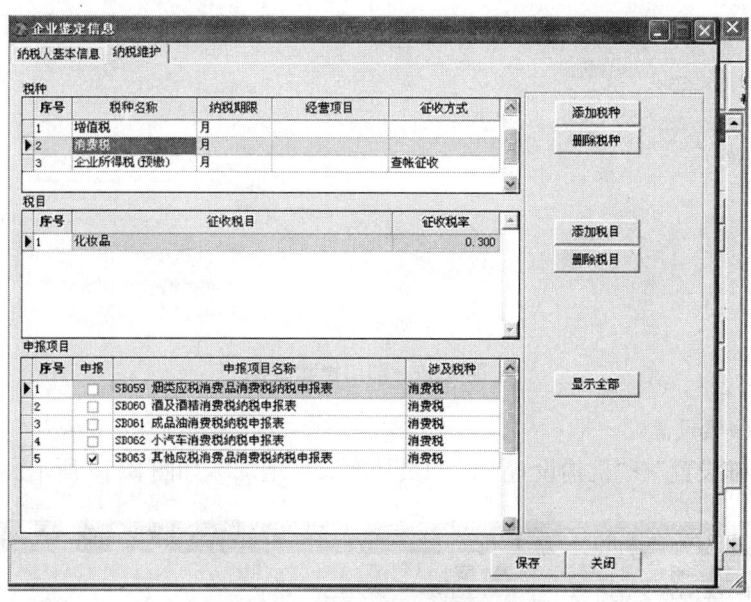

图 2.15 消费税基础信息设置

④ 如图 2.16 所示，依次选择"纳税维护"→"添加税种—所得税"→"申报项目—选择申报表"→"添加税目—选择税目"，进行所得税基础信息设置。

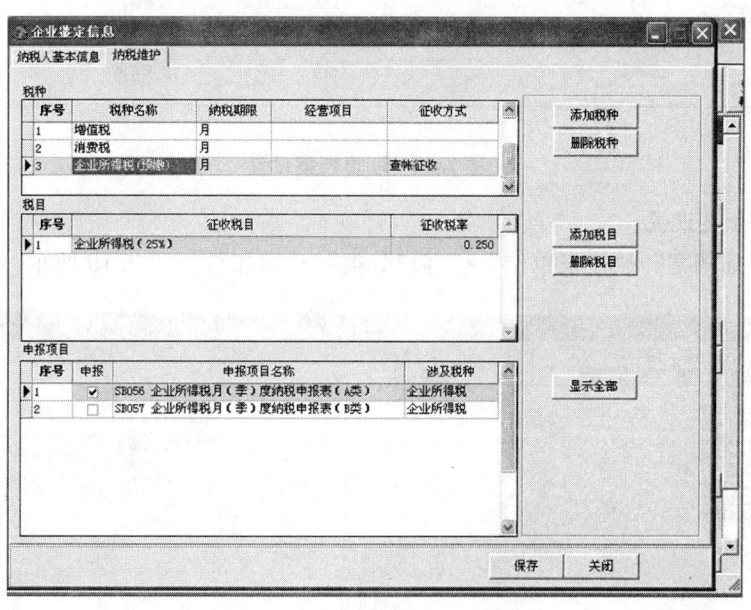

图 2.16 所得税基础信息设置

2) 部门档案设置

点击"基础设置"→"机构设置"→"部门档案"→"增加"，如图 2.17 所示。

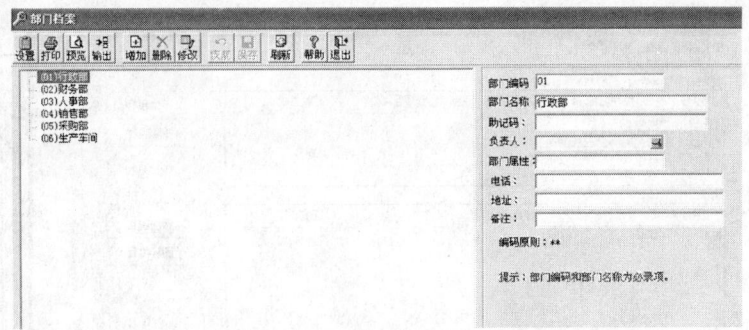

图 2.17　部门档案设置

3）职员档案设置

点击“基础设置”→“机构设置”→“职员档案”→“增加”，如图 2.18 所示。

职员编号	职员名称	职员助记码	所属部门
0101	刘美	LM	行政部
0201	吴丁丁	WDD	财务部
0202	孙统帅	STS	财务部
0203	肖露	XL	财务部
0301	张燕	ZY	人事部
0401	姚小勤	YXQ	销售部
0501	周碧云	ZBY	采购部
0601	徐迪	XD	生产车间

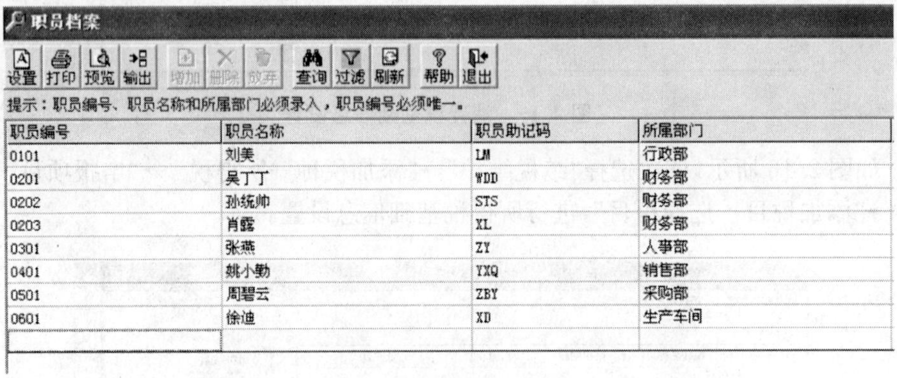

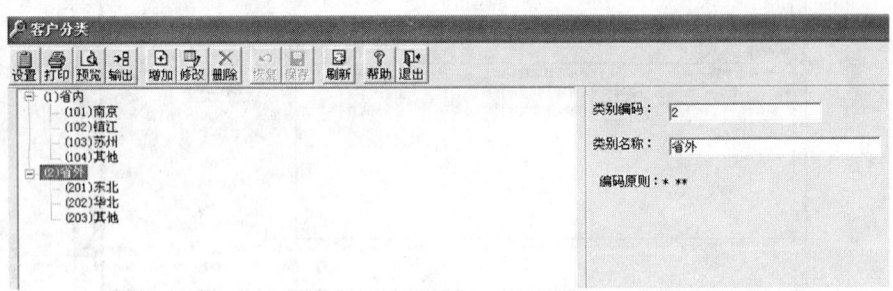

图 2.18　职员档案设置

4）客户分类设置

点击“基础档案”→“往来单位”→“客户分类”→“增加”，如图 2.19 所示。

图 2.19　客户分类设置

5）客户档案设置

点击“基础档案”→“往来单位”→“客户档案”→“增加”，如图 2.20 所示。

6）供应商档案设置

点击“基础档案”→“往来单位”→“供应商档案”，如图 2.21 所示。

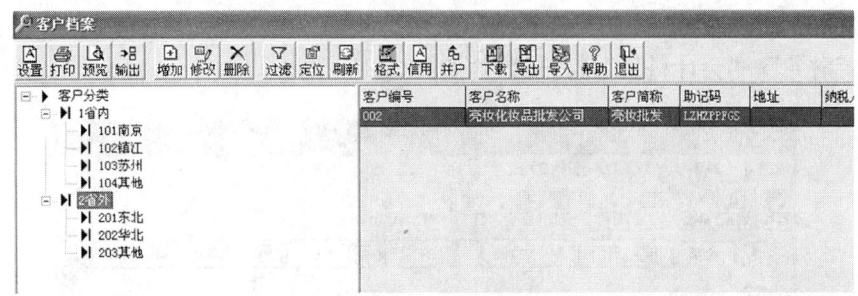

图 2.20　客户档案设置

图 2.21　供应商档案设置

7）结算方式设置

点击"收付结算"→"结算方式"，如图 2.22 所示。

图 2.22　结算方式设置

8）凭证类别设置

点击"财务"→"凭证类别"命令，打开对话框，如图 2.23 所示。

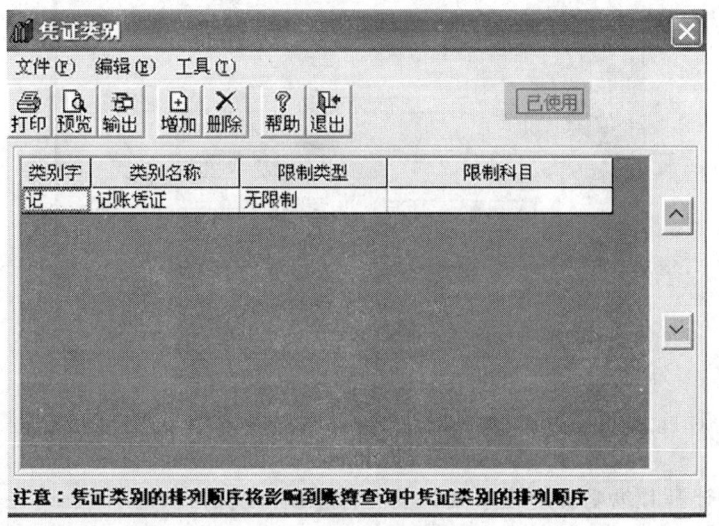

图 2.23　凭证类别设置

9) 会计科目的设置

点击"财务"→"会计科目",打开窗口,如图 2.24 所示。

图 2.24　会计科目设置

① 增加会计科目:点击"增加",打开对话框,如图 2.25 所示。

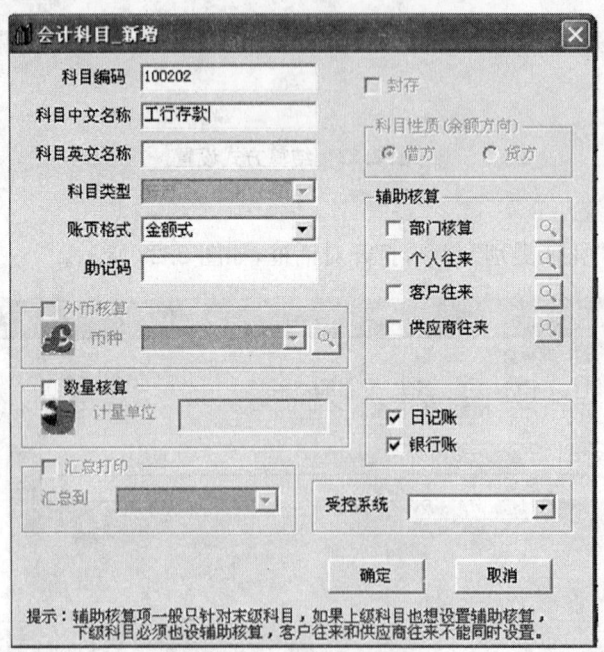

图 2.25　增加会计科目

提示:

增加的会计科目编码长度及每段位数要符合编码规则。

科目一经使用,就不能再增设下级科目,只能增加同级科目。

② 修改会计科目：单击"修改"，打开对话框，如图 2.26 所示。

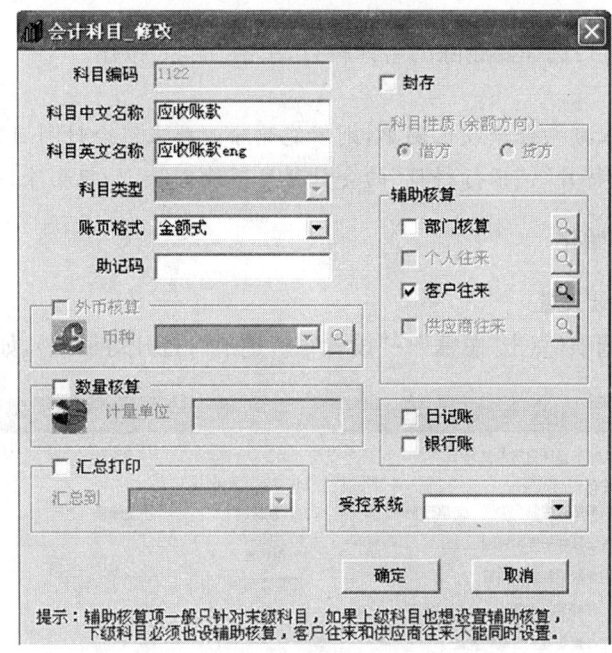

图 2.26　修改会计科目

提示：

已有数据的科目不能修改科目性质。被封存的科目在制单时不可以使用。只有处于修改状态才能设置汇总打印和封存。

③ 指定会计科目：单击"编辑"→"指定科目"，打开对话框，如图 2.27 所示。

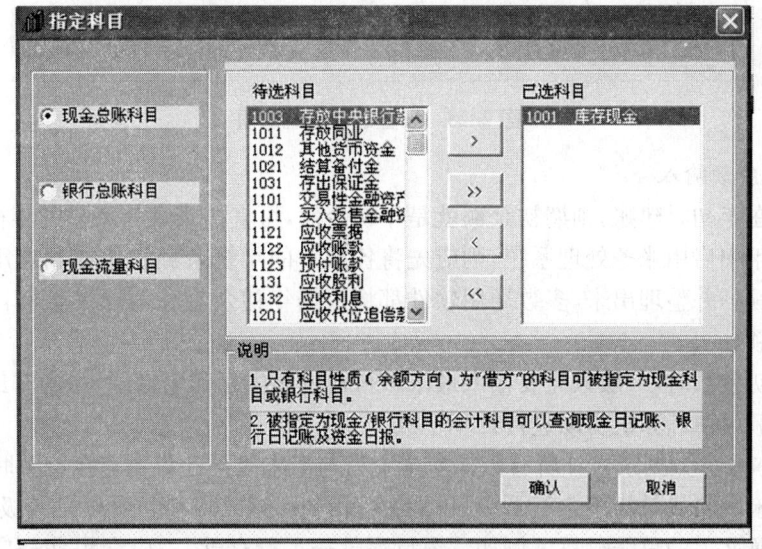

图 2.27　指定会计科目

提示：

指定会计科目是指定出纳的专管科目。只有指定科目后，才能执行出纳签字，从而实现现金、银行管理的保密性，才能查看现金、银行存款日记账。

在指定"现金科目"、"银行科目"之前,应在建立"现金"、"银行存款"会计科目时选中"日记账"复选框。

④ 删除会计科目:选择要删除的会计科目,单击"删除"按钮。

提示:

如果科目已录入期初余额或已制单,则不能删除。非末级会计科目不能删除。

被指定为"现金科目"、"银行科目"的会计科目不能删除,如想删除,必须先取消指定。

2.4.3 总账系统初始化

1) 总账系统参数设置

设置总账系统选项(点击"总账"→"设置"→"选项",打开对话框),如图 2.28 所示。

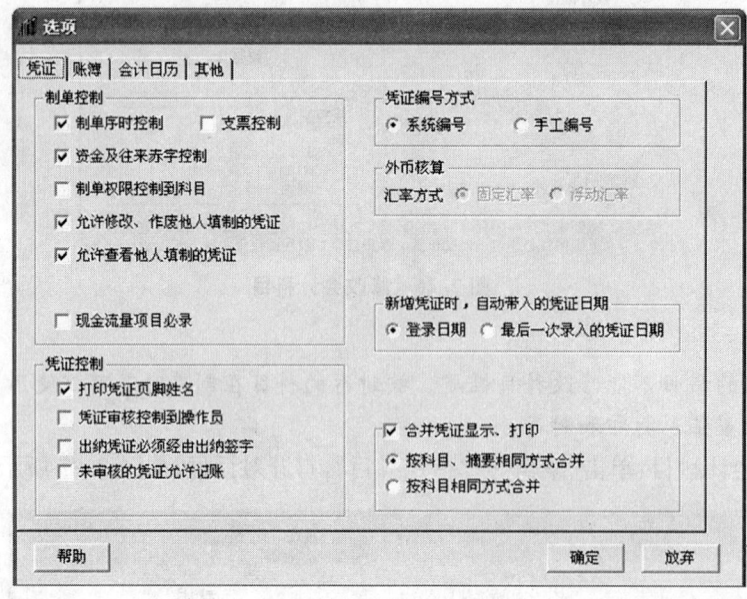

图 2.28 设置总账系统选项

2) 期初余额输入

如果是在年初时建账,则期初余额就是年初余额,可直接录入各账户的年初余额。

如果是年中启用账务处理系统,则应先将各账户的年初余额和年初到启用期前的借贷方累计发生额一并整理出来,多数通用软件都将根据年初余额和累计发生额自动计算出启用期期初余额。

录入期初余额时,一般只需要输入最末级科目的发生额和余额即可,各非最末级科目的发生额和余额可由计算机自动进行计算生成。

(1) 基本账务数据录入 所有数据基本上只与最末级会计科目直接相关联。

所谓最末级科目是指不含有下级科目的会计科目,最末级科目可以是各级明细科目,也可以是通常意义上的总账科目。例如,"银行存款→工行存款"、"应交税费→应交增值税→进项税额"等均属最末级科目。

录入最末级科目的年初余额和累计发生额后,其上级科目的余额和累计发生额就由系统自动计算生成。

(2) 辅助账期初数据录入 辅助账期初数据在期初余额处双击就可以进入明细余额对

话框。对于部门辅助核算科目,系统将要求输入各部门的年初余额和本年累计发生额;对于往来辅助核算科目,除了按要求输入年初余额和本年累计发生额外,还需要逐笔输入往来未清账务的发生时间、内容、经手人、编号等内容,以供日后清账核销时使用;在录入项目辅助核算科目数据时,除了按要求输入年初数和本年累计发生额外,也需要逐笔输入项目业务的内容、经手人、编号等内容。

期初数据反方向余额用负数形式输入。

3)对账

单击"对账",打开期初对账对话框,如图 2.29 所示。

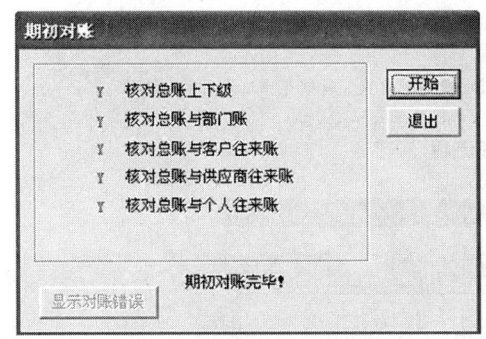

图 2.29 期初对账对话框

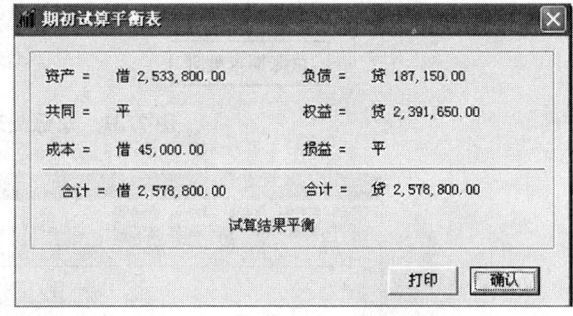

图 2.30 期初试算平衡表

4)试算平衡

单击"试算",打开期初试算平衡表,如图 2.30 所示。

依据"借方总额=贷方总额"的规则来检验输入的期初数据。

如果试算后结果不平衡,则不能正式启用该账套。

期初余额试算不平衡,是指全部科目的借方期初余额合计数和全部科目的贷方期初余额合计数不相等,应仔细核对、认真查证并修改。

余额校验平衡后,系统将以"启用账套"的形式使当前系统过渡进入日常业务处理过程。

2.5 美丽华公司会计信息系统日常处理

2.5.1 总账日常处理简明流程

总账日常处理流程如图 2.31 所示。

2.5.2 美丽华公司日常账务处理示例

1)填制凭证

单击"凭证"→"填制凭证",打开窗口,如图 2.32 所示。

(1)输入凭证内容 点击"增加",输入凭证内容,如图 2.33 所示。

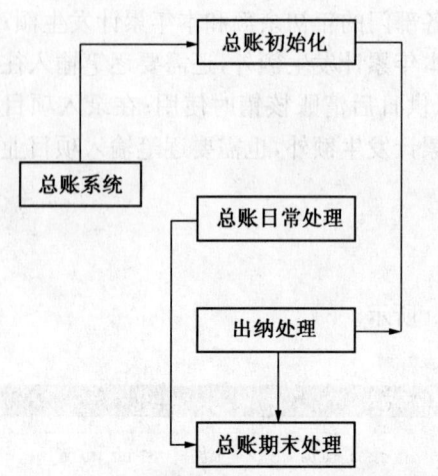

图 2.31 总账处理流程

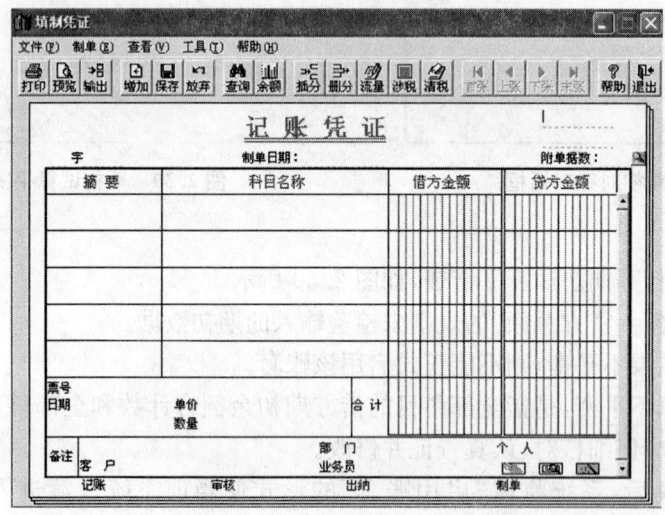

图 2.32 填制凭证

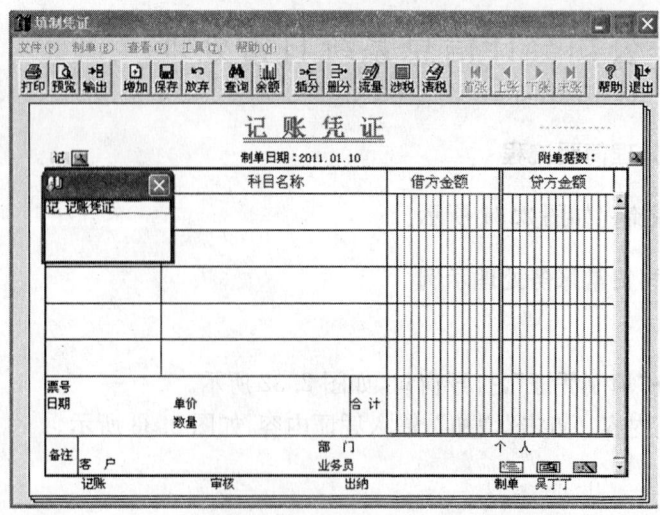

图 2.33 输入凭证内容

一张完整的记账凭证均应包含以下内容：

① 凭证日期：即填制会计凭证的日期。

② 凭证种类：即凭证属于何种类型。

③ 凭证号：即记账凭证编号，如"收"字第 5 号、"转"字第 200 号等。

凭证类别或类别代码一般由用户选择输入，而顺序编号则由软件系统自动按递增规则产生。

④ 摘要：摘要是对记账凭证所反映会计业务的文字说明。凭证中的每一行都要有一个相对独立的摘要。一张凭证中各行摘要的内容可以相同，也可以不同。

常用摘要库是系统为了方便凭证录入，事先对一些使用频率较高、内容较为规范的凭证摘要所作的定义，如"提取现金"、"支付货款"、"收到销货款"等。

⑤ 会计科目：多数软件允许用户运用输入科目编码、助记码或科目名称中的任意一种，也可采用软件中的引导功能来输入会计科目。

⑥ 金额：金额输入可分为直接输入和计算产生两种情况。计算机根据初始设置时确定的方法及用户输入的数量、单价或外币、汇率等自动计算产生发生金额。

⑦ 合计：指一张凭证上的借方金额合计和贷方金额合计。

⑧ 附件张数：指凭证所附的原始凭证张数。

凭证存盘时，系统将对存入的凭证作相应的检查，包括借贷平衡校验、科目与凭证类型匹配检验、非法对应科目检查等。

(2) 输入辅助核算信息　在设置辅助核算的科目处按回车键，如图 2.34 所示。

图 2.34　辅助核算信息

辅助核算信息包括部门、个人、项目、客户(供应商)、数量等。

① 如果科目设置了往来核算属性，则软件提示用户输入"往来单位"(客户或供应商)、"经手人"、"票号"等信息。

② 若科目设置了"部门核算"属性，则需根据屏幕提示输入"部门"信息。

③ 若科目设置了"职员核算"属性，则要在屏幕提示处输入职员信息。

④ 若科目设置了"项目核算"属性，则需要输入"项目"信息。

⑤ 如果科目需要进行数量核算，则需要通过输入"数量"和"单价"，由系统根据数量乘以单价的结果自动计算出发生金额。

⑥ 如果科目需要进行外币核算，则需要输入外币原币金额和折算汇率。

⑦ 若科目在会计科目属性设置中被指定为"银行科目"或设置了"银行类"的属性，那么，系统将要求用户输入"结算方式"和"结算票据号"。

(3) 辅助性凭证输入功能

① 常用凭证的设置与使用：对于大量的同类业务，可以预先定义这类凭证的格式，建立一个凭证的通用模型。用户利用常用凭证调用功能提取常用凭证模型，在生成凭证基本框架的基础上，对其中的金额、日期等稍作修改便可完成对这一记账凭证的录入。

② 编码提示输入功能：当光标位于特定内容的输入对话框时，屏幕上出现与这一输入

内容相对应项目的编码与内容的对照表。用户依照表中的提示可迅速输入特定内容的正确编码。

(4) 修改凭证　在填制凭证中,通过翻页查找或输入查询条件,找到要修改的凭证,将光标移到需修改的地方进行修改即可。可修改内容包括摘要、科目、辅助项、金额及方向、增删分录等。

外部系统传过来的凭证不能在总账管理系统中进行修改,只能在生成该凭证的系统中进行修改。

(5) 作废/恢复凭证　当某张凭证不想要或出现不便修改的错误时,可将其作废。

作废的操作方法是:打开"填制凭证"页面后,找到要作废的凭证。执行"制单"→"作废/恢复"命令,凭证上显示"作废"字样,表示已将该凭证作废,作废凭证仍保留凭证内容及凭证编号。

若当前凭证已作废,还可执行"制单"→"作废/恢复"命令,取消作废标志,并将当前凭证恢复为有效凭证。

(6) 整理凭证　凭证整理就是删除所有作废凭证,并对未记账凭证重新编号。若本月已有凭证记账,那么,本月最后一张已记账凭证之前的凭证将不能作凭证整理,只能对其后面的未记账凭证作凭证整理。若想作凭证整理,应先利用"恢复记账前状态"功能恢复本月月初的记账前状态,再作凭证整理。

(7) 制作红字冲销凭证　对于已记账的凭证,发现有错误,可以制作一张红字冲销凭证。执行"制单"→"冲销凭证"命令,制作红字冲销凭证。通过红字冲销法增加的凭证,应视同正常凭证进行保存管理。

(8) 查看凭证有关信息　总账管理系统的填制凭证功能不仅是各账簿数据的输入口,同时也提供了强大的信息查询功能。通过"填制凭证"→ "查询"功能,可以查询符合条件的凭证信息;通过"查看"菜单可以查看到当前科目最新余额、外部系统制单信息、联查明细账等。

2) 审核凭证

单击"凭证"→"凭证审核",打开对话框,如图 2.35 所示。

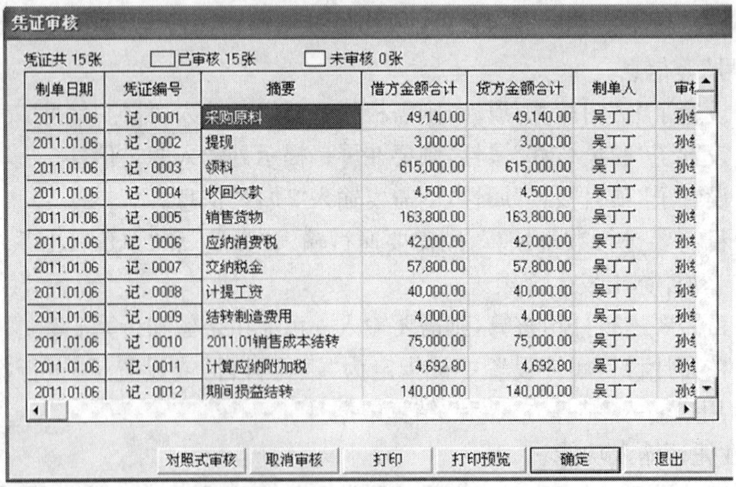

制单日期	凭证编号	摘要	借方金额合计	贷方金额合计	制单人	审
2011.01.06	记-0001	采购原料	49,140.00	49,140.00	吴丁丁	孙
2011.01.06	记-0002	提现	3,000.00	3,000.00	吴丁丁	孙
2011.01.06	记-0003	领料	615,000.00	615,000.00	吴丁丁	孙
2011.01.06	记-0004	收回欠款	4,500.00	4,500.00	吴丁丁	孙
2011.01.06	记-0005	销售货物	163,800.00	163,800.00	吴丁丁	孙
2011.01.06	记-0006	应纳消费税	42,000.00	42,000.00	吴丁丁	孙
2011.01.06	记-0007	交纳税金	57,800.00	57,800.00	吴丁丁	孙
2011.01.06	记-0008	计提工资	40,000.00	40,000.00	吴丁丁	孙
2011.01.06	记-0009	结转制造费用	4,000.00	4,000.00	吴丁丁	孙
2011.01.06	记-0010	2011.01销售成本结转	75,000.00	75,000.00	吴丁丁	孙
2011.01.06	记-0011	计算应纳附加税	4,692.80	4,692.80	吴丁丁	孙
2011.01.06	记-0012	期间损益结转	140,000.00	140,000.00	吴丁丁	孙

图 2.35　凭证审核

凭证审核是指审核人员依照会计制度和会计软件的要求,对记账凭证所进行的检查和核对。

提示:

凭证制单员和审核员不能为同一人。必须更换操作员进行审核。

审核的主要内容是:记账凭证是否与原始凭证相符,经济业务是否正确,记账凭证相关项目是否填写齐全,会计分录是否正确等等。

对记账凭证的审核,一般采用屏幕显示逐张核对的方法。

采用手工填制记账凭证的单位,在记账凭证审核确定后还须对录入到计算机中的凭证进行复核签字。

对于涉及现金、银行存款的收入与支出的凭证,还应由出纳签字。

3) 记账

单击"凭证"→"记账",打开记账窗口,如图2.36所示。

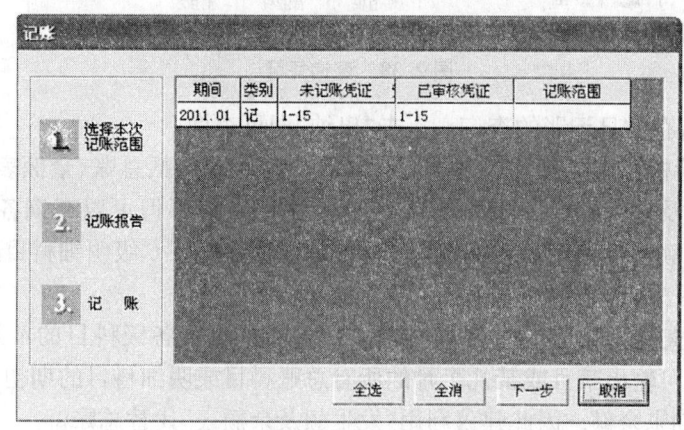

图 2.36　记账

提示:

上月未结账,本月不能记账;作废凭证不需审核,可直接记账;期初余额不平,不能记账。

首先选择记账范围,如图2.37所示。然后打开记账对话框,试算平衡后记账完成。

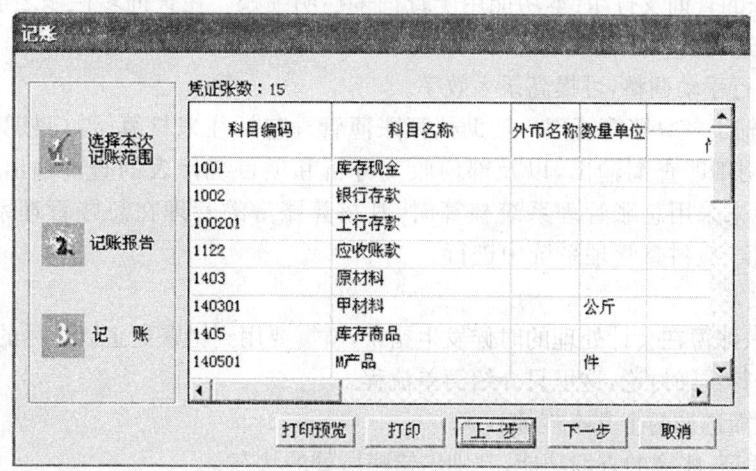

图 2.37　选择记账范围

4) 账簿管理

企业发生的经济业务,经过制单、审核、记账等程序之后,就形成了正式的会计账簿,对发生的经济业务进行查询、统计分析等操作时,都可以通过"凭证查询"、"出纳"、"账簿管理"来完成。查询、输出凭证、账簿,是会计日常工作中另一个重要内容。

(1) 凭证查询 点击"凭证"→"查询凭证"→选择"已记账凭证或未记账凭证",如图2.38 所示。

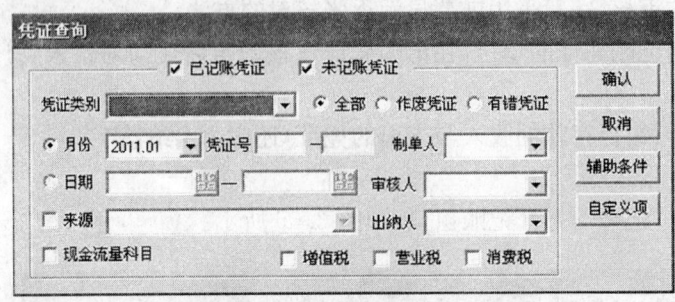

图 2.38 查询凭证

(2) 现金银行存款日记账的查询 点击"出纳"即可查询。

(3) 基本会计核算账簿管理 基本会计核算账簿管理包括总账、余额表、明细账、序时账、多栏账的查询及打印:① 总账的查询及打印:总账查询不但可以查询各总账科目的年初余额、各月发生额合计和月末余额,而且还可以查询所有2~6级明细科目的年初余额、各月发生额合计和月末余额。

② 余额表的查询及打印:发生额及余额表用于查询统计各级科目的本月发生额、累计发生额和余额等,可输出某月或某几个月的所有总账科目或明细科目的期初余额、本期发生额、累计发生额、期末余额。因此建议利用"发生额及余额表"代替总账。

③ 明细账的查询及打印:明细账查询用于平时查询各账户的明细发生情况及按任意条件组合查询明细账。在查询过程中可以包含未记账凭证。

④ 序时账的查询及打印:序时账实际就是以流水账的形式反映单位的经济业务,查询打印比较简单,此处不做详述。

⑤ 多栏账的查询及打印:本功能用于查询多栏明细账。在查询多栏账之前,必须先定义查询格式。进行多栏账栏目定义有两种方式:自动编制栏目、手动编制栏目。一般先进行自动编制再进行手动调整,可提高录人效率。

(4) 各种辅助核算账簿管理 辅助核算账簿管理包括往来核算、部门核算、项目核算账簿的总账、明细账查询输出,以及部门收支分析和项目统计表的查询输出。当供应商往来和客户往来采用总账管理系统核算时,其核算账簿的管理在总账管理系统中进行;否则,在应收款、应付款管理系统中进行。

5) 错账更正

如果凭证、账簿在会计处理的时候发生错误,就需要用到错账更正。详尽的错账更正方法在3.4节进行详细讨论,这里只介绍简单流程。

错账更正需遵循两个基本规律:
① 利用凭证、账簿的查询功能,判别出错账所处的状态。
② 针对不同的状态进行修改,基本原则是正流程怎么做,反流程倒着来。

具体操作如表2.3所示。

表 2.3 错账的更正

阶段	需要修改凭证所处状态	操作步骤	一般原则
一	凭证已经填制,未审核	进入填制凭证,直接修改,保存	谁填制谁修改(填制与修改同一人)
二	凭证已经填制,已经审核,未记账	以审核人身份进入总账→凭证→审核凭证,选取消审核,状态回到第一阶段,再按照第一阶段方法修改	谁审核谁取消(审核凭证与取消审核同一人)
三	凭证已经填制,已经审核,已经记账,未结账	用账套主管身份进入总账→期末→对账,按 CTRL+H,然后在凭证→恢复记账前状态里取消记账,回到第二阶段,再如第二阶段方法修改	
四	凭证已经填制,已经审核,已经记账,已经结账	用账套主管身份进入总账→期末→结账,在结账月份按 CTRL+SHIFT+F6,这样回到第三阶段,按照第三阶段方法修改	

注意:如果采用出纳签字或者主管签字,可将之视为与二阶段平行的状态进行取消操作。

2.5.3 美丽华公司涉税业务处理

用友 T3 财税通软件的最大特点就是实现了财务核算与税务核算的一体化整合。传统的税务处理方式为事后处理,在财务结账后,再汇总涉税数据、计算应交税款和填制税务申报表。而 T3 财税通的税务处理方式为财税同步处理:将事后税务处理的"汇总涉税数据"工作化整为零,分解到日常凭证填制过程中。而其他两项"计算应交税款"和"填制税务报表"由软件自动完成。

1) 税务核算的一般流程

税务核算的一般流程如图 2.39 所示。

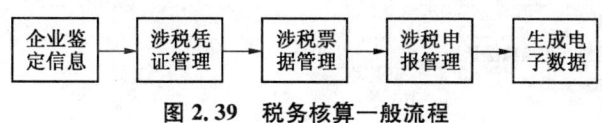

图 2.39 税务核算一般流程

2) 增值税业务处理

(1) 涉税凭证处理

① 进项税额

【例 2-1】 购入化妆品原料甲 1 000 千克,单价为 42 元/千克;收到增值税专用发票一张,发票上注明款项 42 000 元,增值税 7 140 元,原料已验收入库,货款通过银行转账支付。

如图 2.40 所示,点击"总账"→"凭证"→"填制凭证"→"增加",增加凭证。

如图 2.41 所示,点击"涉税"→"增值税一般纳税人进项发票信息",输入增值税进项发票的相关信息。

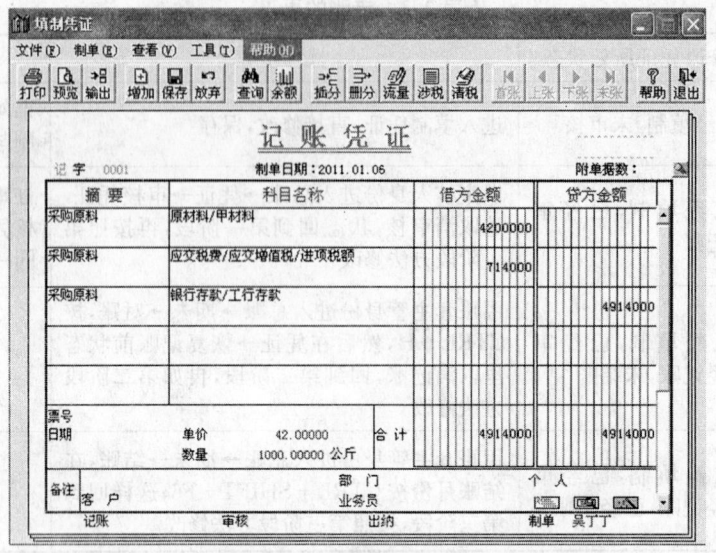

图 2.40 增值税进项凭证

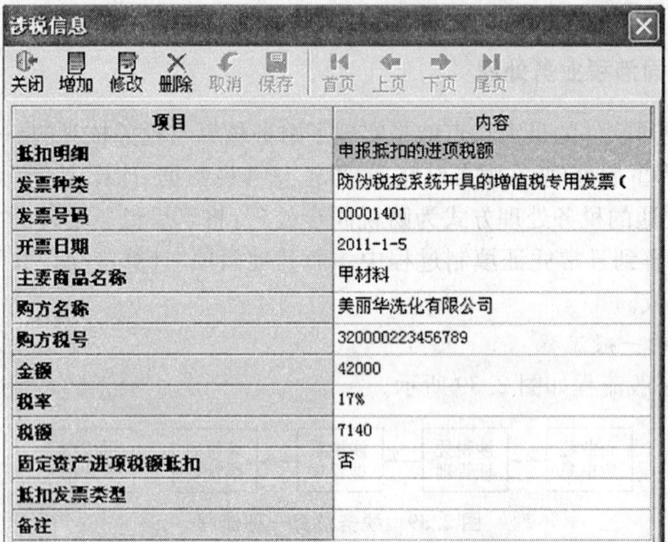

图 2.41 增值税进项涉税信息

② 销项税额

【例 2-2】 销售给亮妆化妆品批发公司 M 产品 5 000 件,单价 28 元/件,价款 140 000 元,增值税 23 800 元。款项已收妥存入银行。

如图 2.42 所示,点击"总账"→"凭证"→"填制凭证"→"增加",增加凭证。

如图 2.41 所示,点击"涉税"→"增值税一般纳税人销项发票信息",输入增值税销项发票的相关信息。

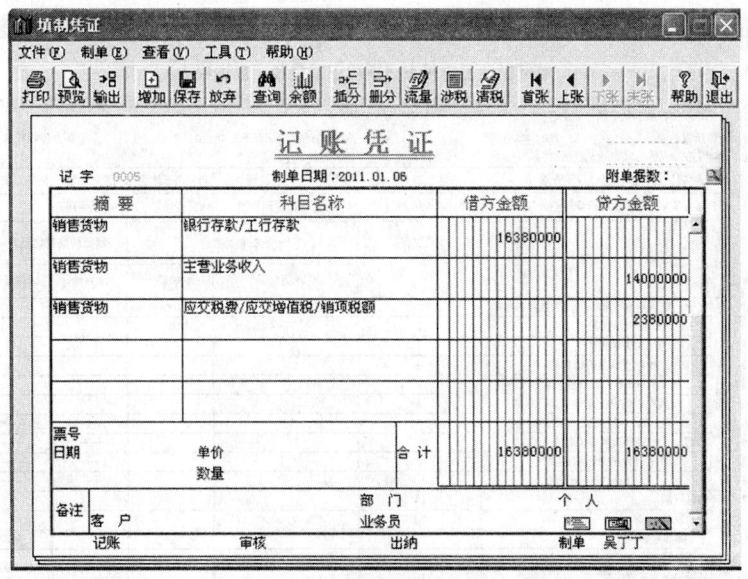

图 2.42　增值税销项凭证

（2）涉税票据管理　进入税务核算模块，点击"涉税票据管理"。如图 2.43 所示，根据前面涉税凭证自动生成了相应的增值税发票信息

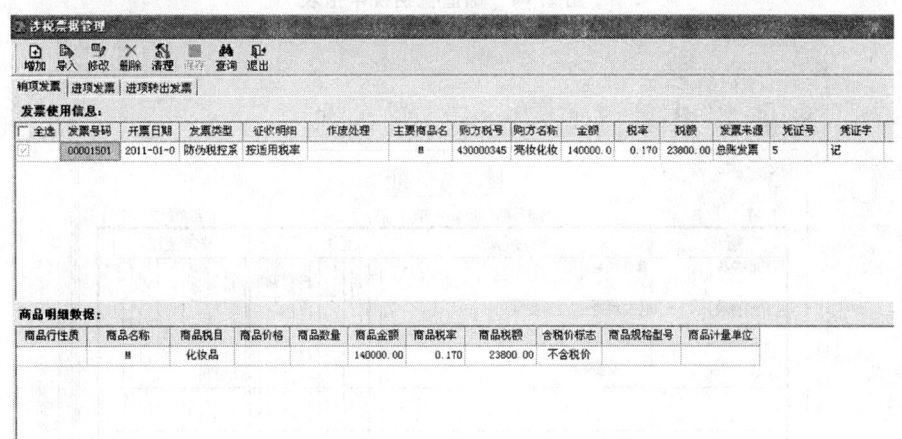

图 2.43　涉税票据信息

（3）增值税申报　点击"增值税申报"，如图 2.44 所示，自动生成了纳税申报表。

3）消费税业务处理

（1）涉税凭证处理

【例 2-3】　销售给亮妆化妆品批发公司 M 产品 5 000 件，单价 28 元/件，价款 140 000 元，增值税 23 800 元。款项已收妥存入银行。

如图 2.45 所示，点击"总账"→"凭证"→"填制凭证"→"增加"，增加凭证。

如图 2.46 所示，点击"涉税"→"消费税涉税信息"，输入消费税相关信息。

增值税申报表

	A	B	C	D	E	F	G	H	I
1	增值税纳税申报表（适用于增值税一般纳税人）								
2	根据《中华人民共和国增值税暂行条例》第二十二条和第二十三条的规定制定本表。纳税人不论有无销售额，均应按主管税务机关核定的纳税期限按期填报本表，并于次月一日起十日内，向当地税务机关申报。								
3	税款所属时间：		2011年1月1日	至	2011年1月31	填表日期 2011年1月6日		金额单位：元至角分	
4	纳税人识别号		320000223456789	所属行业	化妆品及卫生用品批发				
5	纳税人名称		美丽华洗化有限公司	法定代表人姓名	王迈克	注册地址	南京市玄武区寺	营业地址	南京市玄武区
6	开户银行及帐号		工商银行孝陵卫分理处 6222123456789000		企业登记注册类型		内资企业	电话号码	
7	项　目			栏次	一般货物及劳务			即征即退货物及劳务	
8					本月数		本年累计	本月数	本年累计
9	销售额	（一）按适用税率征税货物及劳务销售额		1	140000.00		140000.00		
10		其中：应税货物销售额		2	140000.00		140000.00		
11		应税劳务销售额		3					
12		纳税检查调整的销售额		4					
13		（二）按简易征收办法征税货物销售额		5					
14		其中：纳税检查调整的销售额		6					
15		（三）免、抵、退办法出口货物销售额		7				——	——
16		（四）免税货物及劳务销售额		8				——	——
17		其中：免税货物销售额		9				——	——
18		免税劳务销售额		10				——	——
19	税款计算	销项税额		11	23800.00		23800.00		
20		进项税额		12	7140.00		7140.00		
21		上期留抵税额		13			——		——
22		进项税额转出		14					
23		免抵退货物应退税额		15				——	——
24		按适用税率计算的纳税检查应补缴税额		16				——	——
25		应抵扣税额合计		17=12+13-14-15+16	7140.00		——		——
26		实际抵扣税额		18（如17<11，则为17，否则为11）	7140.00		7140.00		
27		应纳税额		19=11-18	16660.00		16660.00		

附表1　附表2　增值税纳税申报表　固定资产进项税额抵扣情况表

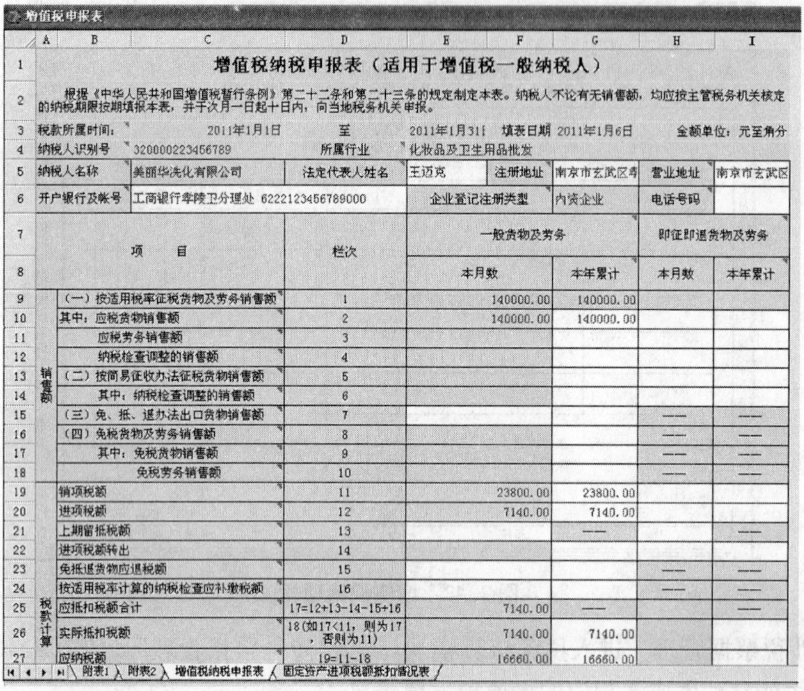

图 2.44　增值税纳税申报表

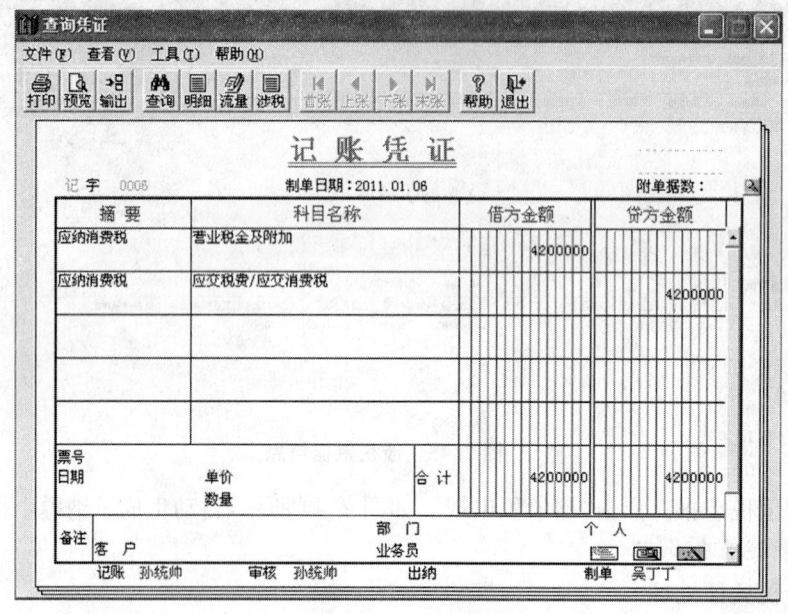

图 2.45　消费税凭证

(2) 消费税申报　点击“消费税申报”，如图 2.47 所示自动生成了纳税申报表。

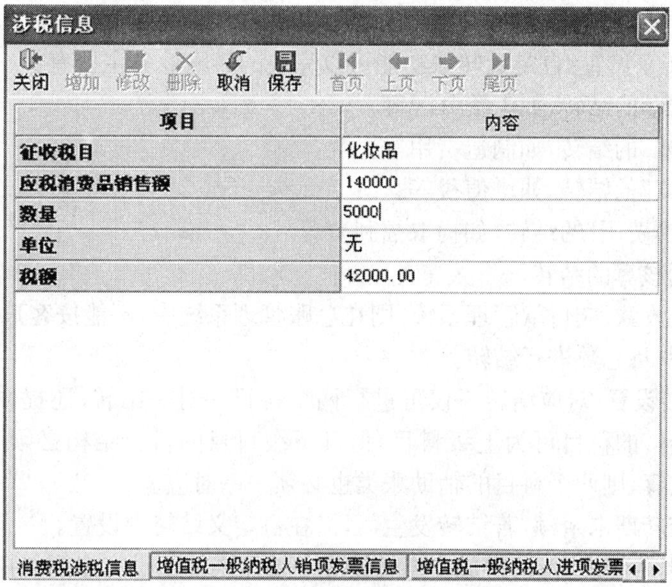

图 2.46 消费税涉税信息

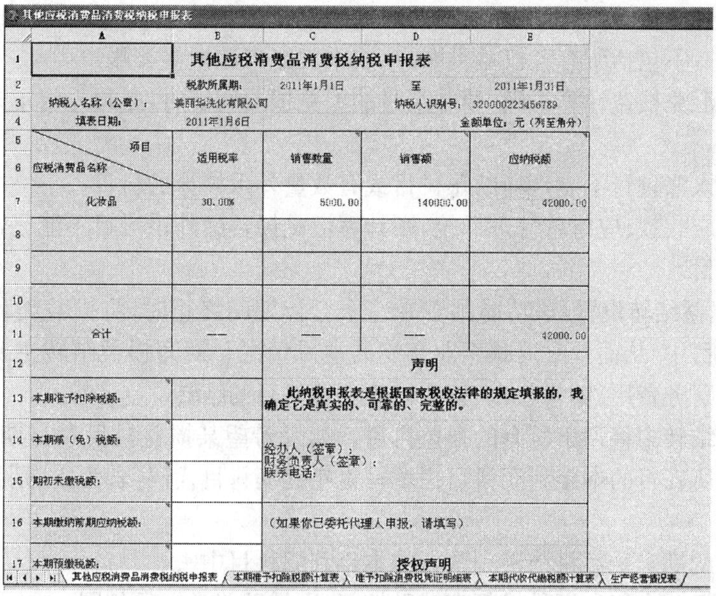

图 2.47 消费税纳税申报表

2.5.4 期末处理

1) 自动转账处理

转账分为外部转账和内部转账。外部转账是指将其他专项核算子系统生成的凭证转入总账管理系统中;内部转账是指在总账管理系统内部,把某个或某几个会计科目中的余额或本期发生额结转到一个或多个会计科目中。

实现自动转账包括转账定义和转账生成两部分。

(1) 转账定义 转账定义主要包括自定义转账、对应结转、销售成本结转、汇兑损益结转、期间损益结转。

① 自定义转账设置：自定义转账功能可以完成的转账业务主要有：
● "费用分配"的结转，如工资分配等。
● "费用分摊"的结转，如制造费用等。
● "税金计算"的结转，如增值税等。
● "提取各项费用"的结转，如提取福利费等。
● 各项辅助核算的结转。

如果使用应收款、应付款管理系统，则在总账管理系统中，不能按客户、供应商辅助项进行结转，只能按科目总数进行结转。

② 对应结转设置：对应结转不仅可进行两个科目一对一结转，还提供科目的一对多结转功能。对应结转的科目可为上级科目，但其下级科目的科目结构必须一致（相同明细科目），如有辅助核算，则两个科目的辅助账类也必须一一对应。

该功能只结转期末余额，若结转发生额，需在自定义结转中设置。

③ 销售成本结转设置：销售成本结转设置主要用来辅助没有启用供应链管理系统的企业完成销售成本的计算和结转。分两种方法：全月平均法和售价（计划价）法。

④ 汇兑损益结转设置：该功能用于期末自动计算外币账户的汇兑损益，并在转账生成中自动生成汇兑损益转账凭证，汇兑损益只处理外汇存款账户、外币现金账户、外币结算的各项债权、债务，不包括所有者权益类账户、成本类账户和损益类账户。

为了保证汇兑损益计算正确，填制某月的汇兑损益凭证时，必须先将本月的所有未记账凭证先记账。

汇兑损益入账科目不能是辅助账科目或有数量外币核算的科目。

若启用了应收款、应付款管理系统，则计算汇兑损益的外币科目不能是带客户或供应商往来核算的科目。

⑤ 期间损益结转设置：该功能用于在一个会计期间终止时，将损益类科目的余额结转到本年利润科目中，从而及时反映企业利润的盈亏情况。期间损益结转主要是对于管理费用、销售费用、财务费用、销售收入、营业外收支等科目的结转。

损益科目结转中将列出所有的损益科目。如果希望某损益科目参与期间损益的结转，则应在该科目所在行的本年利润科目栏填写本年利润科目代码，若为空，则将不结转此损益科目的余额。

损益科目的期末余额将结转到该行的本年利润科目中去。

若损益科目与本年利润科目都有辅助核算，则辅助账类必须相同。

损益科目结转表中的本年利润科目必须为末级科目，且为本年利润入账科目的下级科目。

(2) 生成转账凭证 定义完转账凭证后，每月月末只需执行该功能即可由计算机快速生成转账凭证。在此生成的转账凭证将自动追加到未记账凭证中去，通过审核、记账后才能真正完成结转工作。

由于转账凭证中定义的公式基本上取自账簿，因此，在进行月末转账之前，必须将所有未记账凭证全部记账，否则，生成的转账凭证中的数据可能不准确。特别是对于一组相关转账分录，必须按顺序依次进行转账生成、审核、记账。

如果启用了应收款、应付款管理系统，则在总账管理系统中不能按客户、供应商进行结转。

根据需要,选择生成结转方式、结转月份及需要结转的转账凭证,系统在进行结转计算后显示将要生成的凭证,确认无误后,将生成的凭证追加到未记账凭证中。

结转月份为当前会计月,且每月只结转一次。在生成结转凭证时,要注意操作日期,一般在月末进行。

若转账科目有辅助核算,但未定义具体的转账辅助项,则可以选择"按所有辅助项结转"还是"按有发生的辅助项结转"。

① 按所有辅助项结转:转账科目的每一个辅助项生成一笔分录。

② 按有发生的辅助项结转:按转账科目下每一个有发生的辅助项生成一笔分录。

2) 对账

对账是对账簿数据进行核对,以检查记账是否正确以及账簿是否平衡。它主要是通过核对总账与明细账、总账与辅助账数据来完成账账核对。

试算平衡就是将系统中设置的所有科目的期末余额按会计平衡公式"借方余额=贷方余额"进行平衡检验,并输出科目余额表及是否平衡信息。

一般来说,实行计算机记账后,只要记账凭证录入正确,计算机自动记账后各种账簿都应是正确、平衡的,但由于非法操作或计算机病毒或其他原因有时可能会造成某些数据被破坏,因而引起账账不符,为了保证账证相符、账账相符,应经常使用该功能进行对账,至少一个月一次,一般可在月末结账前进行。

如果使用了应收款、应付款管理系统,则在总账管理系统中不能对往来客户账、供应商往来账进行对账。

当对账出现错误或记账有误时,系统允许"恢复记账前状态",进行检查、修改,直到对账正确。

3) 结账

每月月底都要进行结账处理。结账实际上就是计算和结转各账簿的本期发生额和期末余额,并终止本期的账务处理工作。

在电算化方式下,结账工作与手工相比简单多了,结账是一种成批数据处理,每月只结账一次,主要是对当月日常处理限制和对下月账簿的初始化,由计算机自动完成。

在结账之前要进行下列检查:

(1) 检查本月业务是否全部记账,有未记账凭证不能结账。

(2) 月末结转必须全部生成并记账,否则本月不能结账。

(3) 检查上月是否已结账,上月未结账,则本月不能记账。

(4) 核对总账与明细账、主体账与辅助账、总账管理系统与其他子系统数据是否已一致,不一致不能结账。

(5) 损益类账户是否全部结转完毕,否则本月不能结账。

(6) 若与其他子系统联合使用,其他子系统是否已结账;若没有,则本月不能结账。

结账前要进行数据备份,结账后不得再录入本月凭证,并终止各账户的记账工作,计算本月各账户发生额合计和本月账户期末余额并将余额结转下月月初。

如果结账以后发现结账错误,可以进行"反结账",取消结账标志,然后进行修正,再进行结账工作。

2.6 美丽华公司会计信息系统报表编制

T3 报表编制的基本流程如图 2.48 所示。

财务模版报表处理流程:

新建财务报表　选择行业模版　格式与数据切换　整表计算生成财务报表　保存财务报表　打印报表

图 2.48　报表编制流程

2.6.1　T3 报表管理系统的基本概念

1) 格式状态和数据状态

T3 将报表制作分为两大部分来处理,即报表格式与公式设计工作和报表数据处理工作。这两部分的工作是在不同状态下进行的。

(1) 格式状态　在报表格式设计状态下进行有关格式设计的操作,例如,表尺寸、行高列宽、单元属性、单元风格、组合单元、关键字;定义报表的单元公式(计算公式)、审核公式及舍位平衡公式。在格式状态下所看到的是报表的格式,报表的数据全部隐藏。在格式状态下所做的操作对本报表所有的表页都发生作用。在格式状态下不能进行数据的录入、计算等操作。

(2) 数据状态　在报表的数据状态下管理报表的数据,如输入数据、增加或删除表页、审核、舍位平衡、制作图形、汇总、合并报表等。在数据状态下不能修改报表的格式,看到的是报表的全部内容,包括格式和数据。

报表工作区的左下角有一个"格式/数据"按钮。单击这个按钮可以在"格式状态"和"数据状态"之间切换。

2) 单元

单元是组成报表的最小单位。单元名称由所在行、列标志。例如,C8 表示第 3 列第 8 行的那个单元。单元类型有数值单元、字符单元、表样单元 3 种。

(1) 数值单元　用于存放报表的数据,在数据状态下输入。数值单元的内容可以直接输入或由单元中存放的单元公式运算生成。建立一个新表时,所有单元的类型默认为数值型。

(2) 字符单元　字符单元也是报表的数据,也在数据状态下输入。字符单元的内容可以直接输入,也可以由单元公式生成。

(3) 表样单元　表样单元是报表的格式,是定义一个没有数据的空表所需的所有文字、符号或数字。一旦单元被定义为表样,那么在其中输入的内容对所有表页都有效。表样单元只能在格式状态下输入和修改。

3) 组合单元

组合单元由相邻的两个或更多的单元组成,这些单元必须是同一种单元类型(表样、数值、字符)。T3 在处理报表时将组合单元视为一个单元。组合单元的名称可以用区域的名称或区域中任何一个单元的名称来表示。

4) 区域

区域由一张表页上的相邻单元组成,自起点单元至终点单元是一个完整的长方形矩阵。在 T3 中,区域是二维的,最大的区域是整个表页,最小的区域是一个单元。例如,A6 到 C10 的长方形区域表示为 A6:C10,起点单元与终点单元用":"连接。

5) 表页

一个 T3 报表最多可容纳 99 999 张表页,一个报表中的所有表页具有相同的格式,但其中的数据不同。表页在报表中的序号在表页的下方以标签的形式出现,称为"页标"。页标用"第 1 页"至"第 99999 页"表示,当前表的第 2 页,可以表示为@2。

6) 二维表和三维表

确定某一数据位置的要素称为"维"。在一张有方格的纸上填写一个数,这个数的位置可通过行(横轴)和列(纵轴)来描述,那么这个表就是二维表。

如果将多个相同的二维表叠在一起,要从这多个二维表中找到某一个数据,则需增加一个要素,即表页号(Z 轴),这一叠表称为三维表。

如果将多个不同的三维表放在一起,要从这多个三维表中找到一个数据,则需增加一个要素,即表名。三维表的表间操作即为"四维运算"。因此,在 T3 中要确定一个数据的所有要素为:<表名>、<列>、<行>、<表页>,如利润表第 2 页的 C5 单元,表示为"利润表"→C5@2。

7) 固定区及可变区

固定区指组成一个区域的行数和列数是固定的数目。可变区是组成一个区域的行数或列数是不固定的数字,可变区的最大行数或最大列数是在格式设计中设定的。在一个报表中只能设置一个可变区。

有可变区的报表称为可变表。没有可变区的报表称为固定表。

8) 关键字

关键字是一种特殊的单元,可以惟一标志一个表页,用于在大量表页中快速选择表页。例如,一个资产负债表的表文件可放一年 12 个月的资产负债表(甚至多年的多张表),要对某一张表页的数据进行定位,要设置一些定位标志,在 T3 中称为关键字。

T3 共提供了 6 种关键字,它们是"单位名称"、"单位编号"、"年"、"季"、"月"、"日",除此之外,T3 还增加了一个自定义关键字,当定义名称为"周"和"旬"时有特殊意义,可以用于业务函数中代表取数日期。

关键字的显示位置在格式状态下设置,关键字的值则在数据状态下录入,每个报表可以定义多个关键字。

2.6.2 自定义报表

1) 报表格式定义

报表的格式设计在格式状态下进行,格式对整个报表都有效,包括以下操作:

(1) 设置表尺寸,定义报表的大小即设定报表的行数和列数。

(2) 定义组合单元,即把几个单元作为一个单元使用。

(3) 画表格线。

(4) 输入报表中项目。项目包括表头、表体和表尾(关键字值除外)。在格式状态下定义了单元内容的自动默认为表样型,定义为表样型的单元在数据状态下不允许修改和删除。

(5) 定义行高和列宽。

(6) 设置单元风格,设置单元的字型、字体、字号、颜色、图案、折行显示等。

(7) 设置单元属性,把需要输入数字的单元定为数值单元;把需要输入字符的单元定为字符单元。

(8) 确定关键字在表页上的位置,例如,单位名称、年、月等。

2) 报表公式定义

公式的定义在格式状态下进行。

作为简单应用模式,这里不展开讨论具体公式,但是介绍一点规律,有助于大家迅速理解公式基本应用,便于以后提高。

资产负债表作为一个时点报表,它的值都是在特定时间点上才有意义,所以资产负债表的公式多用期初或者期末。

利润表作为一个时期报表,它的值在一段时间内发生才有意义,所以它的公式多用发生额或者累计发生额。

2.6.3 套用报表模板

通过报表格式定义和公式定义可以设置一个个性化的自定义报表。用友 T3 还为用户提供了多个行业的各种标准财务报表格式。

利用报表模板可以迅速建立一张符合需要的财务报表。另外,对于一些本企业常用报表模板中没有提供的报表,在自定义完这些报表的格式和公式后,可以将其定义为报表模板,以后可以直接调用。

2.6.4 报表示例

(1) 进入 T3 报表,格式状态下打开预先定义好的报表模板,如图 2.49 所示。

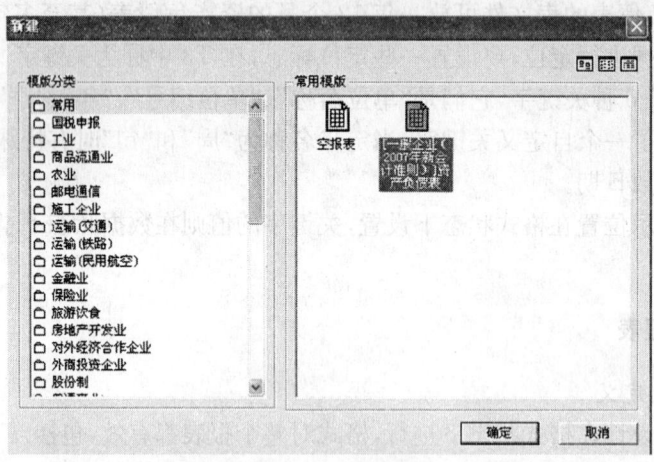

图 2.49 打开报表模板

(2) 保存报表并命名。

(3) 切换到"数据"状态下点击"数据"→"关键字"→"录入",输入关键字计算出相关数据,如图 2.50 所示。

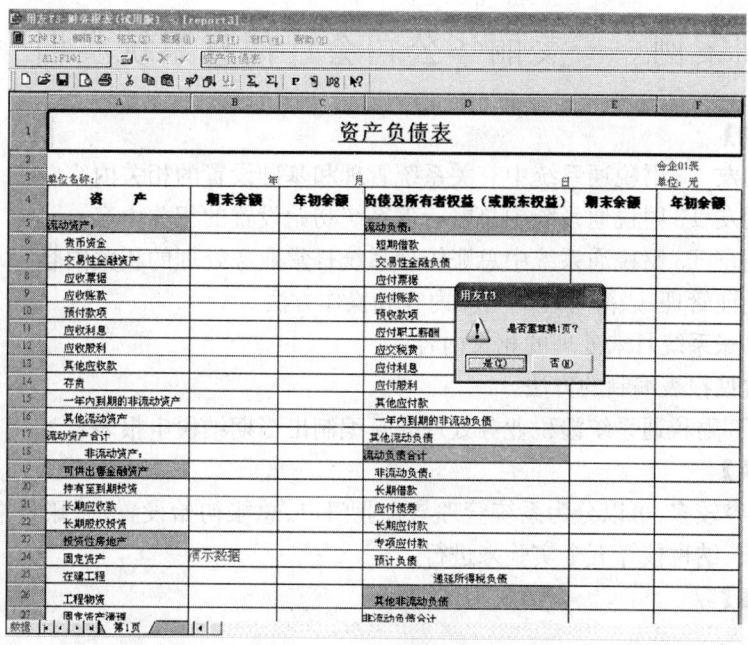

图 2.50 选择表页重算

经过计算得到当期报表,如图 2.51 所示。

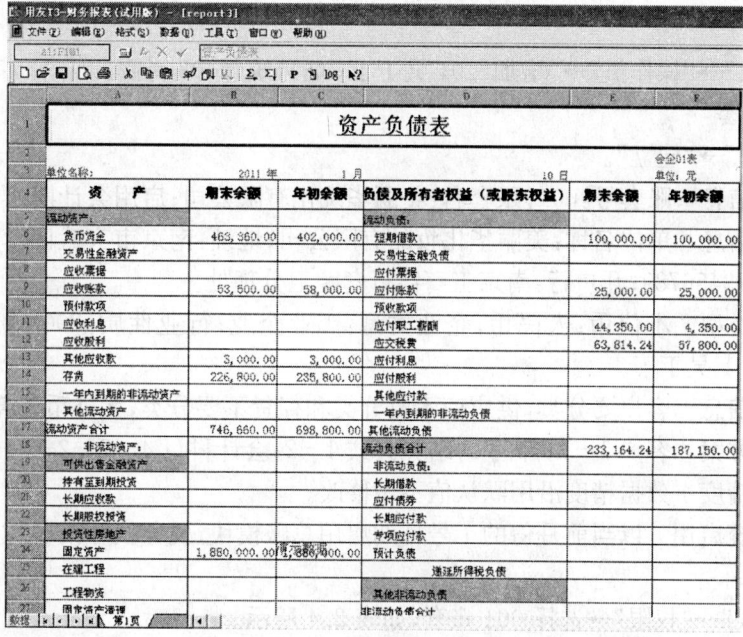

图 2.51 计算出的当期报表

2.7 实训案例——美丽华公司会计信息系统实训

【实训目的】
1. 掌握用友 T3 财税通系统中有关系统管理和基础设置的相关内容。
2. 掌握用友 T3 财税通系统中总账管理系统初始设置的相关内容。
3. 掌握用友 T3 财税通系统中总账管理系统日常业务处理的相关内容。
4. 掌握凭证管理、账簿管理的具体内容和操作方法。
5. 掌握总账系统月末处理的相关内容。
6. 掌握常见报表编制的方法。
7. 掌握 T3 财税通系统涉税业务处理并且编制出当期纳税申报表。

【实训建议】
本案例内容较多,可以分为系统管理与企业门户、总账初始设置、总账日常处理和期末处理、会计报表、纳税核算五个实验来进行。

【实训内容】

2.7.1 系统管理

点击"开始"→"程序"→"用友 T3 系列管理软件"→"用友 T3"→"系统管理"→"系统"→"注册"→在操作员处录入"ADMIN"→"确定",进入系统管理。

1) 增加用户
点击"权限"→"操作员"→"增加":01 吴丁丁;02 孙统帅;03 肖露。

2) 创建账套
点击"账套"→"建立"。
(1) 账套信息 账套号:001;账套名:美丽华洗化有限公司;启用会计期:当前月份。
(2) 单位信息 单位名称:美丽华化妆品有限公司;地址:南京市玄武区孝陵卫 200 号;税号:320000223456789;开户行:南京工商银行孝陵卫分理处。
(3) 核算类型 本位币:人民币;企业类型:工业企业;行业性质:2007 新会计制度科目;账套主管:01 吴丁丁。
(4) 基础信息 客户要分类,供应商不要分类和存货不要分类,无外币核算。
(5) 编码方案 客户 1—2;部门 2;结算方式 1—2;会计科目 4—2—2—2—2。
(6) 数据精度 数据精度沿用默认值不做修改。
(7) 子系统启用 以当前月份的 1 号日期启用总账模块、税务核算模块。

3) 赋权限
点击"权限"→"权限"→选择001账套,如表2.4所示。

表 2.4 操作者权限

编　号	姓　名	所属部门	权　限
01	吴丁丁	财务部	账套主管
02	孙统帅	财务部	总账,报表
03	肖露	财务部	税务核算

2.7.2 基础设置

点击"开始"→"程序"→"用友 T3 系列管理软件"→"用友 T3"→录入操作员 01、账套选 001→"确定"。

吴丁丁在基础设置中按所给实验资料依次输入基础档案数据。

(1) 部门档案 点击"基础设置"→"机构设置"→"部门档案",输入部门信息,如表 2.5 所示。

表 2.5 部门档案

部 门 编 码	部 门 名 称
01	行政部
02	财务部
03	人事部
04	销售部
05	采购部
06	生产车间

(2) 职员档案 点击"基础设置"→"机构设置"→"职员档案",输入职员信息,如表 2.6 所示。

表 2.6 职员档案

职 员 编 号	职 员 名 称	所 属 部 门	职 员 属 性
0101	刘 美	行政部	总经理
0201	吴丁丁	财务部	会计主管
0202	孙统帅	财务部	总账
0203	肖 露	财务部	税务核算
0301	张 燕	人事部	部门经理
0401	姚小勤	销售部	部门经理
0501	周碧云	采购部	部门经理
0601	徐 迪	生产车间	部门经理

(3) 客户分类 点击"基础设置"→"往来单位"→"客户分类",输入客户分类信息,如表 2.7 所示。

表 2.7 客户分类

分 类 编 码	分 类 名 称
1	省 内
101	南 京
102	镇 江
103	苏 州
104	其 他
2	省 外
201	东 北
202	华 北
203	其 他

(4) 客户档案　客户档案内容如表 2.8 所示。

表 2.8　客户档案

客户编号	客户名称	客户简称	所属分类码	税　号	开户银行	银行账号	地　址
001	东方百货公司	东方百货	101	320000245678900	工行	79882422	南京中央路 11 号
002	亮妆化妆品批发公司	亮妆批发	202	22222	工行	58863296	沈阳大连路 1 号

(5) 供应商档案　内容如表 2.9 所示。

表 2.9　供应商档案

供应商编号	供应商名称	供应商简称	税　号	地　址
001	南京群发化工公司	群发化工	66666	南京市白下路 88 号
002	苏州三宝包装箱厂	三宝包装	77777	苏州市南京路 96 号

(6) 结算方式　内容如表 2.10 所示。

表 2.10　结算方式

结算方式编码	结算方式名称
1	现金结算
2	支票
201	现金支票
202	转账支票

(7) 设置会计科目

注：按行业性质预设科目与下列编码不一致时保留原预设的科目编码，如有未涉及的科目不需调整，保留原有设置，科目期初余额暂不录入。所有往来科目无受控系统，在总账系统中核算。

① 修改会计科目，如表 2.11 所示。

表 2.11　修改的会计科目表

科目编码	科目名称	辅助核算
1122	应收账款	客户往来
1221	其他应收款	个人往来
2202	应付账款	供应商往来
6001	主营业务收入(数量金额格式)	
6401	主营业务成本(数量金额式)	

② 增加会计科目，如表 2.12 所示。

表 2.12 增加的会计科目表

科目编码	科目名称	科目类型	核算账类
100201	工行存款	资产	日记账、银行账
100202	农行存款	资产	日记账、银行账
140301	甲材料(数量金额式)	资产	
140302	乙材料(数量金额式)	资产	
140303	包装瓶(数量金额式)	资产	
140304	包装材料(数量金额式)	资产	
140501	M产品(数量金额式)	资产	
221101	应付工资	负债	
222101	应交增值税	负债	
22210101	进项税额	负债	
22210102	已交税金	负债	
22210103	转出未交增值税	负债	
22210104	减免税款	负债	
22210105	销项税额	负债	
22210106	出口退税	负债	
22210107	进项税额转出	负债	
22210108	出口抵减内销产品应纳税额	负债	
22210109	转出多交增值税	负债	
222102	未交增值税	负债	
222103	应交所得税	负债	
222104	应交营业税	负债	
222105	应交消费税	负债	
222106	应交城市维护建设税	负债	
222107	应交教育费附加	负债	
410401	未分配利润	所有者权益	
500101	直接材料	成本	
500102	直接人工	成本	
500103	制造费用	成本	

(8) 指定科目 点击"会计科目"→"编辑"→"指定科目",将1001指定为"现金总账"科目,将1002指定为"银行总账"科目。

(9) 凭证类别 点击"基础设置"→"财务"→"凭证类别",将凭证类别设置为记账凭证。

2.7.3 总账模块

1) 期初余额录入

点击"总账"→"设置"→"期初余额"。

(1) 期初余额表 内容如表2.13所示。

表 2.13 期初余额表　　　　　　　　　　　　　　　　　　单位:元

科目编码	科目名称	余额方向	期初余额
1001	库存现金	借	2 000
1002	银行存款	借	400 000
100201	工行存款	借	400 000
1122	应收账款	借	58 000
1221	其他应收款	借	3 000
1403	原材料	借	85 800
140301	甲材料	借	40 000(1 000 千克)
140302	乙材料	借	21 000(350 千克)
140303	包装瓶	借	20 000(10 000 件)
140304	包装材料	借	4 800(千克)
1405	库存商品	借	105 000
140501	M产品	借	105 000(7 000 件)
1601	固定资产	借	2 100 000
1602	累计折旧	贷	220 000
2202	应付账款	贷	28 000
2001	短期借款	贷	100 000
2202	应付账款	贷	25 000
221101	工资	贷	4 350
2221	应交税费	贷	57 800
222102	未交增值税	贷	5 000
222103	应交所得税	贷	20 000
222105	应交消费税	贷	30 000
222106	应交城市维护建设税	贷	1 750
222107	应交教育费附加	贷	1 050
4001	实收资本(或股本)	贷	2 000 000
4002	资本公积	贷	21 650
4101	盈余公积	贷	150 000
4104	利润分配	贷	220 000
410401	未分配利润	贷	220 000

(2)辅助核算期初余额　各科目的期初数据见表 2.13,各辅助明细余额如下:

① 1122 应收账款余额:58 000,如表 2.14 所示。

表 2.14　应收账款余额表　　　　　　　　　　　　　　　　　单位:元

客　户	摘　要	方　向	金　额
东方百货公司	欠货款	借	4 500
亮妆化妆品批发公司	欠货款	借	53 500

② 2202 应付账款余额:25 000,如表 2.15 所示。

表 2.15 应付账款余额表　　　　　　　　　　　　　单位:元

供应商编码	摘 要	方 向	金 额
001	应付期初	贷	25 000

2.7.4 会计信息化日常与期末处理

1)填制凭证

制单日期均为当天日期。经济业务如下:

这里以"吴丁丁"的身份注册进入总账系统(也可以由其他有凭证填制权限的人员注册进入总账系统)。

(1)1日,购入化妆品原料甲 1 000 千克,单价为 42 元/千克;收到增值税专用发票一张,发票上注明款项 42 000 元,增值税 7 140 元,原料已验收入库,货款通过银行转账支付。转账支票票号(zz1234)(涉税业务)。

借:原材料——甲材料　　　　　　　　　　　　　42 000
　　应交税费——应交增值税——进项税额　　　　 7 140
　　贷:银行存款——工行存款　　　　　　　　　　49 140

提示:

除了输入正常的凭证内容,还需要点击"涉税"→"增值税一般纳税人进项发票信息"输入增值税进项发票的相关信息,系统将自动在税务核算模块生成相应的发票信息。

(2)1日,从银行提取现金 3 000 元备用。现金支票票号 3344

借:库存现金　　　　　　　　　　　　　　　　　 3 000
　　贷:银行存款——工行存款　　　　　　　　　　 3 000

(3)8日,车间领用原料甲 1 500 千克,用于化妆品 M 的生产(发出存货按照移动加权平均法计价)。

借:生产成本——直接材料　　　　　　　　　　　61 500
　　贷:原材料——甲材料　　　　　　　　　　　　61 500

(4)11号,收到东方百货公司前欠货款 4 500 元,货款已送存银行。

借:银行存款——工行存款　　　　　　　　　　　 4 500
　　贷:应收账款——东方百货公司　　　　　　　　 4 500

(5)11日,销售给亮妆化妆品批发公司 M 产品 5 000 件,单价 28 元/件,价款 140 000元,增值税 23 800 元。款项已收妥存入银行(涉税业务)。

借:银行存款——工行存款　　　　　　　　　　　163 800
　　贷:主营业务收入　　　　　　　　　　　　　　140 000
　　　　应交税费——应交增值税——销项税额　　 23 800
借:营业税金及附加　　　　　　　　　　　　　　 42 000
　　贷:应交税费——应交消费税　　　　　　　　　42 000

应交消费税=140 000×30%=42 000(元)。

提示:

增值税销项凭证除了输入正常的凭证内容,还需要点击"涉税"→"增值税一般纳税人销项发票信息"输入增值税销项发票的相关信息,系统将自动在税务核算模块生成相应的发票信息。

消费税凭证,需要点击"涉税"→"消费税涉税信息"输入消费税相关信息,系统将自动在税务核算模块生成消费税申报信息。

(6) 15日,以银行存款缴纳税款57 800元。其中,增值税5 000元,消费税30 000元,城建税1 750元,教育费附加1 050元,所得税20 000元。

借:应交税费——未交增值税　　　　　　　　　　　　5 000
　　　　　　　应交消费税　　　　　　　　　　　　　30 000
　　　　　　　应交城市维护建设税　　　　　　　　　　1 750
　　　　　　　应交教育费附加　　　　　　　　　　　　1 050
　　　　　　　应交所得税　　　　　　　　　　　　　20 000
　　贷:银行存款——工行存款　　　　　　　　　　　　57 800

(7) 30日,分配本月工资费用共40 000元,其中M产品工人工资20 000元,车间管理人员工资4 000元,厂部管理人员工资16 000元。

借:生产成本——直接人工　　　　　　　　　　　　20 000
　　制造费用　　　　　　　　　　　　　　　　　　 4 000
　　管理费用　　　　　　　　　　　　　　　　　　16 000
　　贷:应付职工薪酬——应付工资　　　　　　　　　40 000

(8) 结转本月制造费用。点击"期末"→"转账定义"→"对应结转",然后点击"转账生成"生成凭证,并且换人审核、记账。

借:生产成本——制造费用　　　　　　　　　　　　 4 000
　　贷:制造费用　　　　　　　　　　　　　　　　　 4 000

(9) 结转当月销售成本。点击"期末"→"转账定义"→"销售成本结转",然后点击"转账生成"生成凭证,并且换人审核、记账。

借:主营业务成本　　　　　　　　　　　　　　　　75 000
　　贷:库存商品　　　　　　　　　　　　　　　　　75 000

(10) 计算当月应纳增值税、消费税;按5%计提当月应缴城市维护建设税;按3%计提当月应缴教育费附加。

借:营业税金及附加　　　　　　　　　　　　　　 4 692.8
　　贷:应交税费——应交城乡维护建设税　　　　　　2 933
　　　　　　　　——应交教育费附加　　　　　　　 1 759.8

应纳增值税=23 800-7 140=16 660(元)。

应纳消费税=42 000(元)。

应纳城市维护建设税=(16 660+42 000)×5%=2 933(元)。

应纳教育费附加=(16 660+42 000)×3%=1 759.8(元)。

2) 审核凭证、记账

审核人与制单人不能为同一人,换操作员02进行审核、记账。

3) 反流程操作

(1) 将第2号凭证的提取现金金额改成2 000元。

① 取消记账

A. 以"账套主管"身份登录用友 T3,点击"总账"→"期末"→"对账"→"CTRL＋H"→系统提示"恢复记账前状态功能"已被激活→"确定"→"退出"。
　　B. 再点击"凭证"→"恢复记账前状态"→选择"恢复到月初状态"→"确定"。
　　② 进入"查询凭证"→找到第 2 号凭证→查看"审核人"→若与当前操作员不一致,点击用友 T3 主界面的"文件"→"重注册"换人。
　　③ 进入"审核凭证"将第 2 号凭证取消审核。
　　④ 进入"填制凭证"进行修改。
　　修改完毕,换人再审核、再记账。
　　(2) 冲销第 2 号凭证并审核记账
　　① 进入"填制凭证"界面→不点"增加"而直接点击"制单"→"冲销凭证"→录入需冲销的凭证号→点击"确定"。
　　② 对于新生成的红字凭证需换人进行审核、记账。
　　4) 结转期间损益(保存自动生成的结转凭证并审核、记账)
　　(1) 点击"期末"→"转账定义"→"期间损益"→录入"本年利润科目"4103→"确定"。
　　(2) 点击"期末"→"转账生成"→"期间损益结转"→"收入"→"确定",查看自动生成的转账凭证,点击"保存"→"退出"→"取消"。
　　(3) 点击"期末"→"转账生成"→"期间损益结转"→"支出"→"确定",查看自动生成的转账凭证,点击"保存"→"退出"→"取消"。
　　(4) 换人审核、记账。
　　5) 计算应纳所得税
　　借:所得税费用　　　　　　　　　　　　　　　461.44
　　　　贷:应纳所得税——所得税　　　　　　　　　　461.44
　　6) 结转所得税费用,并且结转本年利润科目
　　借:本年利润　　　　　　　　　　　　　　　　461.44
　　　　贷:所得税费用　　　　　　　　　　　　　　　461.44
　　借:利润分配——未分配利润　　　　　　　　　461.44
　　　　贷:本年利润　　　　　　　　　　　　　　　　461.44
　　7) 对账、结账
　　点击"期末"→"结账"→按照向导提示进行操作。
　　8) 账簿定义及查询
　　(1) 定义并查询管理费用多栏账(点击"账表"→"科目账"→"多栏账"→"增加"→选择"核算科目"→"自动编制"→"确定")。
　　(2) 练习查询出纳账簿、科目账及一系列辅助账。

2.7.5　编制会计报表

　　在用友 T3 主界面点击"财务报表",运用模板编制资产负债表和利润表。
　　(1) 格式状态下打开报表模板(点击"新建"→常用报表模板→"2007 新准则资产负债表")。
　　(2) 保存报表并命名。
　　(3) 切换到"数据"状态下计算出相关数据。点击"数据"→"关键字"→"录入",输入报

表编制时间、账套号。

2.7.6 编制纳税申报表

在用友 T3 主界面点击"税务核算",进入税务核算模块。分别点击增值税申报、消费税申报,生成当期的纳税申报表。

习题与答案

一、总账系统习题

1) 单选题

(1) 使用总账系统时,查询账簿的必要条件是(　　)。
 A. 凭证已记账　　　　　　　　　　B. 凭证未记账
 C. 凭证已审核　　　　　　　　　　D. 凭证已填制

(2) 如果在总账系统的选项中选择了"凭证编号方式"→"系统编号",系统会将凭证(　　)。
 A. 任意编号　　　　　　　　　　　B. 按凭证类别按月进行顺序编号
 C. 按凭证类别顺序编号　　　　　　D. 按月顺序编号

(3) 在总账系统中输入凭证时可以不输入或选择的项目是(　　)。
 A. 凭证类别　　　　　　　　　　　B. 凭证日期
 C. 附件张数　　　　　　　　　　　D. 凭证摘要

(4) 使用总账系统输入凭证时,对科目和金额的要求是(　　)。
 A. 科目必须是总账科目,金额不能为零　　B. 科目必须是末级科目,金额不能为零
 C. 金额可以是任意数　　　　　　　　　　D. 金额不能为负数

(5) 使用总账系统填制凭证时,要求输入对应的票据日期、结算方式和票号,以便进行(　　)辅助核算。
 A. 数量账　　　　　　　　　　　　B. 往来账
 C. 待核银行账　　　　　　　　　　D. 外币核算

(6) 在总账系统中,关于输入记账凭证的叙述,正确的是(　　)。
 A. 分录较长时,可分多张凭证输入　　B. 分录较长时,必须分多张凭证输入
 C. 可以录入多借多贷的会计分录　　　D. 不能录入多借多贷的会计分录

(7) 在总账系统中,删除凭证的必要条件是(　　)。
 A. 未审核　　　　　　　　　　　　B. 未记账
 C. 已打上作废标记　　　　　　　　D. 未结账

(8) 在总账系统中,修改已记账凭证的方法是(　　)。
 A. 直接修改　　　　　　　　　　　B. 取消审核后修改
 C. 由账套主管修改　　　　　　　　D. 红字冲销

(9) 在总账系统中,凭证不能记账的情况是(　　)。
 A. 凭证已审核　　　　　　　　　　B. 上月未结账
 C. 上月已结账　　　　　　　　　　D. 已有部分凭证记账

(10) 总账系统中取消凭证审核的操作员必须是(　　)。

A. 制单人 B. 审核人
C. 账套主管 D. 原审核人

(11) 在总账系统中,对记账次数的要求是(　　)。
A. 每月只能记一次账 B. 每天只能记一次账
C. 月末时记一次账 D. 不受限制

(12) 使用总账系统,查询三栏明细账时,按月份和科目的组合条件进行查询,表示要查询(　　)。
A. 某科目某月份的明细账 B. 各科目各月份的明细账
C. 某科目各月份的明细账 D. 各科目某月份的明细账

(13) 在总账系统中,计算机根据银行日记账与银行对账单进行核对、勾销,并生成银行存款余额调节表称为(　　)。
A. 自动核销 B. 手工核销
C. 自动银行对账 D. 手工银行对账

(14) 在总账系统中,银行对账工作过程的顺序是(　　)。
A. 输入银行对账单→输出余额调节表→自动对账→手工对账
B. 输入银行对账单→自动对账→手工对账→输出余额调节表
C. 输入银行对账单→手工对账→自动对账→输出余额调节表
D. 手工对账→自动对账→输出余额调节表→输出银行对账单

(15) 使用总账系统时,自动转账工作过程的顺序是(　　)。
A. 设置自动转账分录→记账处理→生成自动转账凭证
B. 设置自动转账分录→生成自动转账凭证→记账处理
C. 设置自动转账凭证→生成自动转账分录→记账处理
D. 记账处理→设置自动转账分录→生成自动转账凭证

(16) 在总账系统中,若期末转账业务要从会计账簿中提取数据,在转账前,必须先将全部相关的业务(　　)。
A. 填制凭证 B. 审核凭证
C. 记账 D. 月末结账

(17) 在总账系统中,对结账的叙述,错误的是(　　)。
A. 结账前,本月凭证必须登记入账 B. 结账后,不能再输入该月凭证
C. 结账必须按月连续进行 D. 每月可以结多次账

(18) 在总账系统中,结账处理过程的顺序是(　　)。
A. 选择结账月份→结账前检验→结账处理→备份结账前数据
B. 选择结账月份→结账前检验→备份结账前数据→结账处理
C. 选择结账月份→备份结账前数据→结账处理→结账前检验
D. 结账前检验→选择结账月份→备份结账前数据→结账处理

(19) 在总账系统中,关于往来核算的叙述,正确的是(　　)。
A. 往来核算是指会计核算中的资金往来业务
B. 往来核算只能在往来核算系统中进行
C. 任何科目都可进行往来核算
D. 往来科目是指需要进行往来核算辅助核算的科目

(20) 凭证一旦保存,则以下哪项内容不能修改( )。
    A. 凭证类别及凭证编号　　　　　　B. 凭证类别及凭证日期
    C. 凭证类别及附单据张数　　　　　D. 凭证摘要

2) 多选题

(1) 关于总账系统结账功能,下列说法中正确的有( )。
    A. 结账功能每月可根据需要多次进行　　B. 结账前,一般应进行数据备份
    C. 已结账月份不能再填制记账凭证　　　D. 结账操作只能由会计主管进行

(2) 由于各会计期间的许多转账和期末业务具有较强的规律性,可以通过设定自动转账分录达到快速生成转账凭证的目的。目前总账系统"转账定义"功能提供以下( )多种转账功能的定义。
    A. 自动转账定义　　　　　　　　　B. 对应转账设置
    C. 销售成本结转设置　　　　　　　D. 期间损益结转设置

(3) 月末处理是指在将本月发生的经济业务全部登记入账后所要做的工作,通过总账系统"月末处理"功能,用户可以实现下列( )等操作。
    A. 转账定义　　　　　　　　　　　B. 转账生成
    C. 对账　　　　　　　　　　　　　D. 结账

(4) 在总账系统账表功能中查阅部门总账时,系统提供的查询方式有( )。
    A. 按发生额查询　　　　　　　　　B. 按科目查询
    C. 按部门查询　　　　　　　　　　D. 按科目和部门查询

(5) 在总账系统中,对于定义为部门辅助核算的会计科目,可以进行部门辅助账管理。部门辅助账管理主要涉及( )等方面。
    A. 部门辅助总账查询　　　　　　　B. 部门明细账查询
    C. 正式账簿打印　　　　　　　　　D. 部门收支分析

(6) 总账系统为企业提供清理所有具有往来性质的账户的功能,如( )账户的清理。
    A. 内部往来　　　　　　　　　　　B. 客户往来
    C. 供应商往来　　　　　　　　　　D. 个人往来

(7) 在总账系统中,普通多栏账由系统将要分析科目的下级科目自动生成"多栏账"。一般地,下列( )等类型的科目分析其下级科目的贷方发生额。
    A. 资产类科目　　　　　　　　　　B. 负债类科目
    C. 收入类科目　　　　　　　　　　D. 费用类科目

(8) 通过总账系统"银行对账"功能,可以实现以下( )等各项操作。
    A. 输入银行对账单　　　　　　　　B. 银行对账单查询
    C. 引入银行对账单　　　　　　　　D. 自动银行对账

(9) 在总账系统中,为了加强企业的银行支票管理,往往需要建立"支票登记簿",以详细记录支票的领用、报销等情况。而支票登记簿的建立和使用,应在满足以下( )等条件的基础上进行。
    A. 已在"设置/科目备查资料"功能中设定相关科目备查项
    B. 已在"设置/选项"功能中选择"支票控制"选项
    C. 已在"设置/结算方式"功能中设定"票据结算"标志
    D. 已在"设置/会计科目"功能中指定银行总账科目

(10) 在总账系统中查询现金日记账时,可以根据需要限定下列(　　)等查询条件选项。

　　A. 按月查询　　　　　　　　　　B. 按日查询
　　C. 是否按对方科目展开　　　　　D. 是否包含未记账凭证

(11) 总账系统"出纳管理"功能是出纳人员进行管理的一套工具,它包括下列(　　)等功能。

　　A. 现金和银行存款日记账输出　　B. 支票登记簿管理
　　C. 银行对账　　　　　　　　　　D. 长期未达账审计

(12) 在总账系统中,如果由于断电或人为因素导致记账错误,可调用"恢复记账前状态"功能,将数据恢复到记账前状态并进行调整。目前系统提供的恢复记账前状态的方式有(　　)。

　　A. 将系统恢复到最后一次记账前状态　　B. 将系统恢复到本年年初状态
　　C. 将系统恢复到启用时状态　　　　　　D. 将系统恢复到本月月初状态

(13) 在总账系统中,对记账凭证进行审核可以采用(　　)等方法。

　　A. 联机审核　　　　　　　　　　B. 屏幕审核
　　C. 对照审核　　　　　　　　　　D. 纵向审核

(14) 出纳凭证涉及企业现金的收入与支出,所以应对其加强管理。一般而言,企业出纳人员可以通过总账系统"出纳签字"功能完成下列(　　)等工作。

　　A. 检查核对出纳凭证
　　B. 对认为有错或有异议的凭证,交与填制人员修改后再核对
　　C. 对审核无误的出纳凭证进行出纳签字
　　D. 填补结算方式和票号

(15) 在总账系统中,只有经过审核的记账凭证才能作为正式凭证进行记账处理。在这里,审核凭证包括(　　)等几个方面的工作。

　　A. 出纳签字　　　　　　　　　　B. 主管签字
　　C. 审核员审核凭证　　　　　　　D. 修改标错凭证

(16) 关于总账系统中出错记账凭证的修改,下列说法中正确的是(　　)。

　　A. 外部系统传过来的凭证发生错误,既可以在总账系统中进行修改,也可以在生成该凭证的系统中进行修改
　　B. 已经记账的凭证发生错误,不允许直接修改,只能采取"红字冲销法"或"补充更正法"进行更正
　　C. 已通过审核的凭证发生错误,只要该凭证尚未记账,可通过凭证编辑功能直接修改
　　D. 已经输入但尚未审核的机内记账凭证发生错误,可以通过凭证编辑功能直接修改

(17) 通过总账系统"凭证/查询凭证"功能,可以查询到(　　)。

　　A. 已记账凭证　　　　　　　　　B. 未记账凭证
　　C. 作废凭证　　　　　　　　　　D. 有错凭证

(18) 在总账系统中填制记账凭证时,"科目名称"栏可选择用下列(　　)等方法输入。

　　A. 输入科目编码　　　　　　　　B. 科目参照选择
　　C. 输入科目名称　　　　　　　　D. 输入科目助记码

(19) 总账系统中记账凭证的来源有(　　)。

A. 根据审核无误的原始单据人工编制录入
B. 从其他业务系统自动传递转入
C. 从外部导入,如凭证引入或接口开发
D. 系统根据设定的自动转账分录自动生成

(20) 在总账系统"期初余额"功能中,下列科目不能直接输入期初余额,需要通过辅助项输入期初数据的有( )。

A. 往来核算科目　　　　　　　　B. 外币核算科目
C. 项目核算科目　　　　　　　　D. 数量核算科目

3) 业务处理题

(1) 修改"转字 0001"凭证,将报销差旅费的金额"1 400"改为"1 600"。

(2) 以账套主管 demo 的身份启动账套号为"100"中的"总账"系统,密码为"demo",账套启用日期 2008 年 12 月 1 日。

(3) 在总账系统中生成 2008 月 12 月份销售成本结转凭证。

(4) 设置销售成本结转分录。基本信息如下:① 凭证类别:转账凭证;② 库存商品科目:1243;③ 商品销售收入科目:5101;④ 商品销售成本科目:5401。

(5) 总账系统制单要求系统针对票据管理的结算方式进行登记,请进行相应控制参数设置。

(6) 2007 年 9 月 20 日,以操作员 01 陈明(密码为 1)身份,启动并注册 888 账套的总账系统。

(7) 明光公司(100 账套)相关财务制度规定:
① 记账凭证的修改及作废处理必须由制单人本人进行;
② 操作员对记账凭证的审核权限由会计主管进行具体限定;
③ 收、付款凭证在登账前必须经由出纳签字。
请据此对总账相关参数进行设定。

(8) 设置本企业"凭证类别":收款凭证、付款凭证、转账凭证三类凭证。

(9) 在 100 账套总账系统中,设置相关凭证参数如下:
① 将"制单控制"由"序时控制"改为"支票控制";
② 操作员进行金额权限控制;
③ 凭证编号方式采用手工编号。
其他参数默认系统原有设置。

(10) 明光公司(100 账套)在总账核算中,明细账采用按月排页的方式打印,凭证、账簿采用 B 纸型非连续套打,请据此进行相关参数的设定。

(11) 在总账系统中指定"603 在建工程"备查项目为:建筑面积。

(12) 明光公司 100 账套总账系统中,部门按编码排序,数量和单价的小数位均设为 2 位,请据此进行相关参数的设定。

(13) 明光公司出于市场拓展需要,决定单独成立"市场部",该部门隶属管理部门,负责人暂由办公室陈敏兼任。请据此在总账系统中增加相应部门设置。

(14) 在明光公司账套中将"现金支票"结算方式改为不进行出纳票据登记。

(15) 在明光公司账套中删除不需用的"其他"项结算方式。

(16) 查询 2007 年 8 月份的客户"昌德医药"余额表,联查该明细账记录。

(17) 查询 2008 年 8 月份银行日记账,联查 8 月 4 日"银付—0003"凭证以及银行存款总账。

(18) 查询 2008 年 12 月份未记账凭证。

(19) 12 月 2 日,销售一部赵兵购买了 200 元的办公用品,以现金支付,附单据一张。根据以上业务以操作员 demo 身份进行相应总账业务处理。

(20) 以操作员 demo 的身份,将 12 月份已审核的凭证进行记账处理。

二、报表系统习题

1) 单选题

(1) 在 UFO 报表中,舍位平衡公式不需要确定的条件是(　　)。
A. 舍位单元　　　　　　　　B. 舍位表名
C. 舍位位数　　　　　　　　D. 舍位区域

(2) 以下方法中不是进入编辑单元公式的正确方法的是(　　)。
A. 选择数据菜单下的编辑公式→单元公式
B. 在选定的单元单击鼠标左键
C. 在编辑栏中按"fx"图标
D. 在选定的单元双击鼠标左键

(3) 以下类型不是 UFO 报表的单元类型的是(　　)。
A. 字符型　　　　　　　　　B. 表样型
C. 数值型　　　　　　　　　D. 逻辑型

(4) 关于 UFO 的文件管理器的功能,以下描述错误的是(　　)。
A. UFO 中文件管理器里的文件是真实文件的虚拟映射,且可以跨越机器
B. UFO 中的文件管理器可以识别 3 种类型的文件:rep、shl、mnu
C. UFO 中的文件管理器的目录用户可以自己定义,它只起分类的作用,目录里的文件受实际存储位置的限制
D. 可以通过文件管理器对文件进行操作

(5) UFO 报表从总账能取数的前提是(　　)。
A. 总账正确填制凭证后即可　　B. 总账必须结账后
C. 总账必须记账后　　　　　　D. 总账正确填制凭证且审核后

(6) UFO 报表不提供(　　)关键字的录入。
A. 年　　　　　　　　　　　B. 月
C. 季　　　　　　　　　　　D. 周

(7) 在 UFO 系统中,下列技术参数不正确的是(　　)。
A. 行数:1~9 999(缺省为 50 行)　B. 一个 UFO 报表最多可容纳 99 999 张表页
C. 列数:1~255(缺省为 7 列)　　D. 行高:0~255(缺省为 15)

(8) 下面关于自定义报表的描述正确的是(　　)。
A. 自定义报表只能设置单层表头,不能设置多层表头
B. 显示格式中可设置数值数据的小数位数,但不能直接取数据精度中设定的存货数量、单价、金额小数位
C. 数据源类型系统提供文本、SQL 查询、公式、表达式 4 个选项
D. 自定义报表打印时只能设置成满页打印,不能设置最后页不打印多余的空白行

(9) 报表中想取资产负债表 c7 单元同月的数据,设置表间取数公式为(　　)。

A. select("资产负债表"→c7，月 WITH 月)
B. "资产负债表.rep"→c7 RELATION 月 WITH "资产负债表.rep"→月
C. select("资产负债表.rep"→c7，月＝月)
D. select("资产负债表.rep"→c7，月 WITH "资产负债表.rep"→月)

(10) 以下不是 UFO 报表的功能的是（　　）。
A. 导入标准财务数据
B. 可管理多达 99 999 张相同格式的报表表页
C. 制作 10 种图式的分析图表
D. 联查有关凭证

(11) UFO 报表不能导出的文件格式是（　　）。
A. EXCEL 文件(.XLS)　　　　　　B. LOTUS1－2－3
C. WORD 文件(.DOC)　　　　　　D. ACCESS 数据库文件(.MDB)

(12) UFO 报表的数据处理能够完成的任务是（　　）。
A. 格式排版　　　　　　　　　　B. 舍位平衡
C. 修改单元公式　　　　　　　　D. 设置关键字

(13) UFO 报表的正确的基本操作流程是（　　）。
A. 设计格式→定义公式→数据处理→图形处理→打印
B. 设计格式→图形处理→数据处理→定义公式→打印
C. 定义公式→设计格式→数据处理→图形处理→打印
D. 设计格式→定义公式→图形处理→数据处理→打印

(14) 下列（　　）不是单元属性的内容。
A. 行高　　　　　　　　　　　　B. 字体颜色
C. 表线　　　　　　　　　　　　D. 对齐方式

(15) UFO 报表中同一报表文件的表页可以是（　　）。
A. 不同格式不同数据　　　　　　B. 不同格式同样数据
C. 相同格式不同数据　　　　　　D. 相同格式相同数据

(16) 欲将关键字位置向左调整时,需输入以下（　　）形式的数据。
A. 左 10　　　　　　　　　　　B. －10
C. 10　　　　　　　　　　　　　D. 0

(17) 如果要取得总账系统的指定科目的本期数量发生额,需要选择（　　）函数。
A. FS()　　　　　　　　　　　　B. SFS()
C. WFS()　　　　　　　　　　　D. SJE()

(18) 函数 QM("5301",月,"借","778",,,,,)中的"778"表示（　　）。
A. 778 号总账账套　　　　　　　B. 778 号固定资产账套
C. 778 号工资账套　　　　　　　D. 778 号科目

(19) 下列叙述（　　）是对单元公式"？C10＋select(？D10,年@＝年 and 月@＝月＋1)"的正确描述。
A. 本表本期表页 C10 单元数据＋本表本年下一会计期表页 D10 单元数据
B. 本表本期表页 C10 单元数据＋它表本年本期表页 D10 单元数据
C. 本表本期 C10 单元数据＋它表本年上期表页 D10 单元数据

D. 本表本期表页 C10 单元数据＋本年度本表上一会计期表页 D10 单元数据
(20) 在 D 列之前插入一列时,用"? D10"表示的单元将发生(　　)变化。
A. 单元名变为"E10"　　　　　　　B. 单元名变为 D11
C. 单元名变为 D10　　　　　　　　D. 单元名变为 E11

2) 多选题
(1) UFO 报表提供的类别公式有(　　)。
A. 单元公式　　　　　　　　　　　B. 审核公式
C. 舍位平衡公式　　　　　　　　　D. 批命令公式
(2) 关于 UFO 的文件管理器的功能,以下描述正确的是(　　)。
A. ufo 中文件管理器里的文件是真实文件的虚拟映射,且可以跨越机器
B. ufo 中的文件管理器可以识别 3 种类型的文件:rep、shl、mnu
C. ufo 中的文件管理器的目录用户可以自己定义,它只起分类的作用,目录里的文件受实际存储位置的限制
D. 可以通过文件管理器对文件进行操作
(3) UFO 报表从总账能取数的前提不包括(　　)。
A. 总账正确填制凭证后即可　　　　B. 总账必须结账后
C. 总账必须记账后　　　　　　　　D. 总账正确填制凭证且审核后
(4) UFO 报表的功能有(　　)。
A. 设计报表格式　　　　　　　　　B. 从总账中取数
C. 文档编辑　　　　　　　　　　　D. 制作动画
(5) 以下(　　)是 UFO 报表的单元类型。
A. 字符型　　　B. 表样型　　　C. 数值型　　　D. 逻辑型
(6) 如果选择 A1:C1 区域定义组合单元,应采用以下(　　)组合方式。
A. 整体组合　　　　　　　　　　　B. 按列组合
C. 按行组合　　　　　　　　　　　D. 取消组合
(7) 以下进入编辑单元公式的方法正确的是(　　)。
A. 选择数据菜单下的编辑公式→单元公式　B. 在选定的单元单击鼠标左键
C. 在编辑栏中按"fx"图标　　　　　　　　D. 在选定的单元双击鼠标左键
(8) 舍位位数为 4 表示(　　)。
A. 舍位区域中所有数据保留小数点后 4 位
B. 舍位区域中所有数据的小数点向左移动 4 位
C. 舍位区域中所有数据舍位后保留小数点后 4 位
D. 舍位区域中所有数据除以 10 000
(9) 在 UFO 报表中,舍位平衡公式需要确定下列(　　)条件。
A. 舍位单元　　　　　　　　　　　B. 舍位表名
C. 舍位位数　　　　　　　　　　　D. 舍位区域
(10) 在 UFO 报表中,以下(　　)操作能用定制模板的方式生成财务报表。
A. 新建→格式→生成常用报表模板　B. 新建→文件→其他财务软件数据→导入
C. 新建→文件→其他格式→从 XML 导入　D. 新建→格式→报表模板
(11) 用 UFO 报表系统生成报表数据时,下列条件(　　)是必需的。

A. 已经输入审核公式　　　　　　　　　B. 手工输入关键字
C. 已经设置好报表格式　　　　　　　　D. 已经输入舍位公式

(12) 执行UFO报表汇总功能后,以下(　)是可能的汇总结果。
A. 一个已存在的报表文件　　　　　　　B. 新命名的报表文件
C. 本表已有的一个表页　　　　　　　　D. 本表新的一个表页

(13) UFO报表可以将下列(　)类型的数据文件采集到UFO报表文件中。
A. .JPG　　　　B. .TXT　　　　C. .DOC　　　　D. .DBF

(14) 以下(　)是UFO中报表数据查询的输出形式。
A. 整张表页　　　　　　　　　　　　　B. 整个报表文件
C. 多张表页的局部内容　　　　　　　　D. 任意选定内容

(15) UFO报表中的联查明细账功能只能在下列(　)情况下使用。
A. 单元公式包含总账科目取数函数　　　B. 其他系统取数函数
C. 有单元公式的单元中　　　　　　　　D. 数据状态下

(16) 要想改变设置好的UFO报表尺寸,可以选择的方法有(　)。
A. 在数字状态下执行插入表页操作　　　B. 在格式状态下执行插入行或列操作
C. 在格式状态下执行追加行或列操作　　D. 在数字状态下执行追加表页操作

(17) 用UFO报表的命令,可以执行(　)操作。
A. 删除表页　　B. 画表线　　　C. 报表汇总　　　D. 数据采集

(18) 下列(　)方式可以执行UFO批命令。
A. UFO命令窗口下执行　　　　　　　　B. UFO"文件"菜单下的"常用批命令"功能
C. UFO"文件"菜单下的"执行"功能　　　D. 操作系统直接执行

(19) 在编制UFO报表时,可用(　)方式设置表格线。
A. 单元属性　　　　　　　　　　　　　B. 区域画线
C. 区域填充　　　　　　　　　　　　　D. 套用格式

(20) 下列方法能保证UFO报表的格式不被改动的是(　)。
A. 改变文件类型　　　　　　　　　　　B. 格式加锁
C. 文件备份　　　　　　　　　　　　　D. 文件加密码

3) 业务处理题

(1) 录入报表的单位名称为"北京富力股份有限公司",生成2005年1月31日的资产负债表,不需保存。

(2) 将表名"资产负债表"设置为楷体_GB2312,26号字,粗下划线,不需保存。

(3) 设置B3:F8区域各单元的属性为"数值",数字格式为"逗号",小数位数为"4",不需保存。

(4) 将A2:F8区域进行画线处理,不需保存。

(5) 新增一张8行6列的报表,将A1:F1区域设置为一个组合单元,并设置行高为"15"mm,不需保存。

(6) 在UFO报表系统中,为"我的文档"中的"1月份资产负债表"设置文件口令,口令为"123"。

(7) 修改报表为15行6列并将A3:A6区域设置为一个组合单元,并设置A列列宽为"20"mm不需保存。

(8) 保存报表至默认的目录下,文件名:INCOMEI.REP。

(9) 设置报表为 12 行 8 列,A 列宽度为"35"mm(不需保存)。

(10) 试将"本年累计"栏的数据显示格式修改为"本月数"栏的显示格式。

(11) 打开已保存在"我的文档"中的"2003 年 6 月份损益表",另存为 EXCEL 格式,存放在"我的文档"中,文件名为"2003 年 6 月份损益表"。

(12) 利用"新会计制度科目"的"资产负债表"模板,生成 108 账套 2003 年 11 月 30 日的资产负债表(不需保存)。

(13) 在数据状态下生成 2005 年 1 月 31 日的"资产负债表"并保存至"我的文档"中,文件名为"1 月份资产负债表"。

(14) 在 D3 单元中定义关键字"年"并向左偏移"4",再在 E3 单元中定义关键字"月"并向左偏移"8"(不需保存)。

(15) 追加一张表页,并在第 2 张表页中生成 2003 年 12 月 31 日的"资产负债表"(不需保存)。

(16) 已知北京分公司与上海分公司的资产负债表分别存在第一表页和第二表页上,请汇总这两个分公司的资产负债表并将其存在第三表页上。

(17) 设置当前报表"单位名称"关键字的内容为"用友公司",设置完毕,返回题中初始界面。

(18) 在第一表页后追加一张表页,在追加表页中,调入 1999 年 2 月的资产负债表。

(19) 试在当前表页前增加一个表页后,再在当前表页后增加一个表页。

(20) 已知 C4 单元的属性为"数值",试在 C4 单元中录入"100000"。

三、习题答案

总账系统习题答案

1) 单选题

(1) D (2) B (3) C (4) B (5) C (6) C (7) C (8) D (9) B (10) D
(11) D (12) A (13) C (14) B (15) B (16) C (17) D (18) B (19) D (20) A

2) 多选题

(1) BC (2) ABCD (3) ABCD (4) BCD (5) ABCD (6) BCD (7) BC
(8) ABCD (9) BCD (10) ABCD (11) ABCD (12) AD (13) BC (14) ABCD
(15) ABC (16) BD (17) ABCD (18) ABCD (19) ABCD (20) AC

3) 业务处理题 (略)

报表系统习题答案

1) 单选题

(1) A (2) B (3) D (4) C (5) A (6) D (7) D (8) C (9) C (10) D
(11) C (12) B (13) A (14) A (15) C (16) B (17) B (18) A (19) D (20) A

2) 多选题

(1) ABCD (2) ABD (3) BCD (4) AB (5) ABC (6) AC (7) ACD (8) BD
(9) BCD (10) AD (11) BC (12) BD (13) BD (14) AC (15) ACD (16) BC
(17) ACD (18) ABC (19) AB (20) BD

3) 业务处理题(略)

3 企业会计信息化进阶

——江苏西园大酒店解决方案

【学习目标】

通过第 2 章学习,我们结合一个小企业的会计信息化案例,对会计信息系统有了初步认识。本章将以一个酒店企业——江苏西园大酒店为例,一方面在方案设计上,介绍更为高阶的设计理论知识;另一方面增加了应收应付系统的应用,实现了企业会计信息系统的进一步整合。通过本章的学习,读者能够掌握更为全面的企业会计信息化知识,实现企业会计信息化的进阶。

3.1 江苏西园大酒店会计信息化模式选择

3.1.1 江苏西园大酒店会计信息化的基本需求

江苏西园大酒店(以下简称西园酒店)是一家具有 40 多年历史的涉外三星级酒店,主要进行客房和餐饮经营。在此之前,酒店财务系统主要通过手工进行,财务信息处理比较滞后,财务数据核算统计比较简单,已经远远不能满足企业经营管理的需要。

通过对西园酒店日常业务的分析,我们发现西园酒店的客户比较稳定,客房服务中旅行社占了绝大多数份额;餐饮服务里也以固定客户为主。这反映在财务上,往来结算业务非常频繁,往来款资金占用很多,企业目前的往来款项管理处于比较落后的水平。

3.1.2 江苏西园大酒店会计信息系统的功能

结合西园酒店的需求分析,该酒店在市场上进行了相关信息系统的调研,最后决定选定用友 U8 系统的总账、应收、应付、报表模块,组成一个基本的信息化核算系统,如图 3.1 所示。

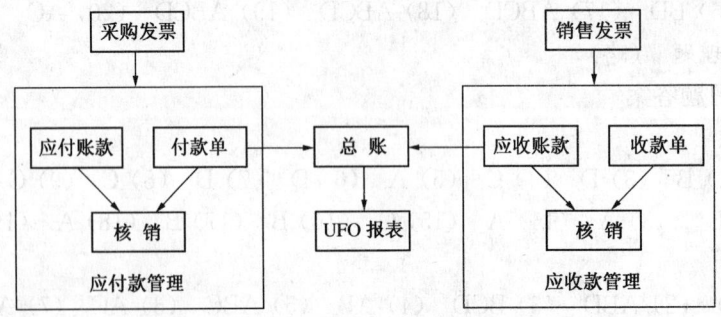

图 3.1　西园酒店会计信息化模式

该信息系统具有以下基本优点:

(1) 财务系统实现了总账、报表、往来账务的集成,提高了财务系统运行的效率。

（2）应收款管理系统对企业的往来账款进行综合管理，准确并及时地提供客户的往来账款的余额资料及各种分析报表。该子系统主要具有以下功能：

① 记录应收款项的形成；
② 处理应收项目的收款以及转账的情况；
③ 对应收票据进行记录和管理；
④ 在应收项目的处理过程自动生成凭证，向总账系统进行传输；
⑤ 对外币业务以及汇兑损益进行处理；
⑥ 提供针对多种条件的各种查询以及分析。

（3）应付款管理系统通过发票、其他应付单、付款单等单据的录入，对企业的往来账款进行综合管理，及时、准确地提供供应商的往来账款余额资料及各种分析报表，可以帮助企业更加合理地进行资金的调配，提高资金的利用效率。该子系统主要具有以下功能：

① 处理应付项目的付款以及转账业务；
② 对应付票据进行记录和管理；
③ 在应付项目的处理过程中生成凭证，向总账系统进行传输；
④ 对外币业务以及汇兑损益进行处理；
⑤ 根据所提供的条件，提供各种查询以及分析。

需要特别说明的是：企业会计信息化系统的模式选择不能一味地贪大求全，要充分结合本单位需求和企业管理工作实际。由于目前绝大多数会计信息系统与酒店业务部门使用的酒店管理系统集成性并不好，所以酒店管理者决定，全酒店信息系统的集成留到条件成熟时再开展。

3.1.3　用友 U872 系统的安装

从本章开始我们将使用用友 U872 系统。

1）安装 SQL Server 2000

解压文件："SQL Server 2000 个人版 XP 能用.rar"，在解压后的文件夹里点击 autorun 进行安装。进入图 3.2 所示界面。

图 3.2　SQL 安装界面 1

点击"安装 SQL Server 2000 组件"。

图 3.3　SQL 安装界面 2

点击"安装数据库服务器";进入主界面,如图 3.4 所示,点击"下一步"。
默认本地计算机,点击"下一步"。

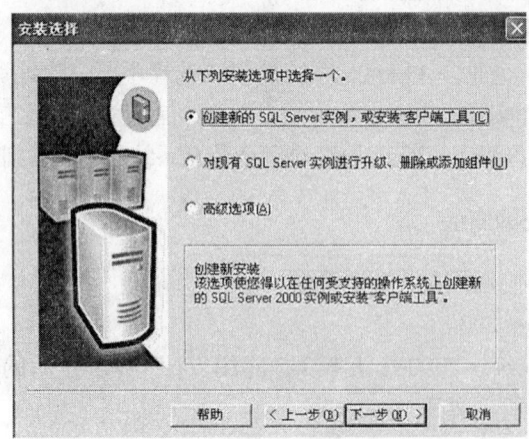

图 3.4　安装选择界面

之后全默认,直接点击"下一步"或者"是",直到图 3.5 所示界面,选择使用本地系统账户,点击"下一步"。

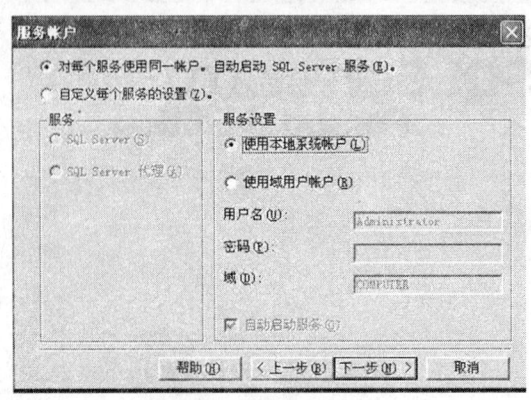

图 3.5　服务账户界面

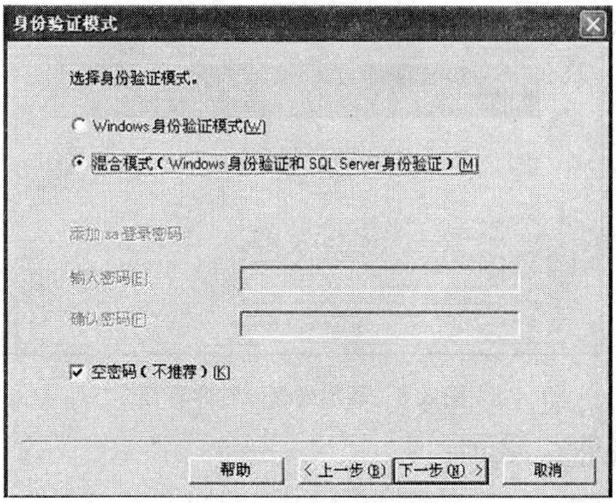

图 3.6 身份验证模式界面

在图 3.6 所示界面选"混合模式"、"空密码",再点击"下一步";之后选默认设置,直到安装结束。

2) 安装 SQL SP4 补丁

解压:SQL Server 2000 中文版 SP4 补丁.rar,得到文件:SQL2KSP4,直接点击解压缩(路径默认)。

然后到 C:\SQL2KSP4 里找 setup 文件,点击"安装"。

在图 3.7 所示界面之前全选默认值。

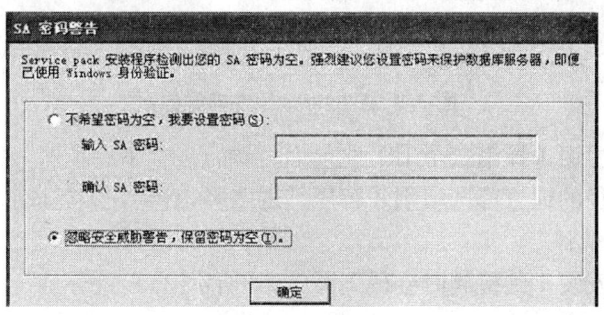

图 3.7 SA 密码警告界面

在图 3.7 所示界面选择空密码,之后选默认(之后还有一个界面有个必选项打钩),直到安装完成。

3) 安装 IIS(操作系统为 XP SP3)

注意:IIS 要根据 Windows 操作系统的版本来确定的,可以在微软中国网站上下载。安装时要修改相应的路径(把 IIS_XPSP3 全部改为下载后解压的文件夹名字)。

打开控制面板→添加或删除程序,如图 3.8 所示。

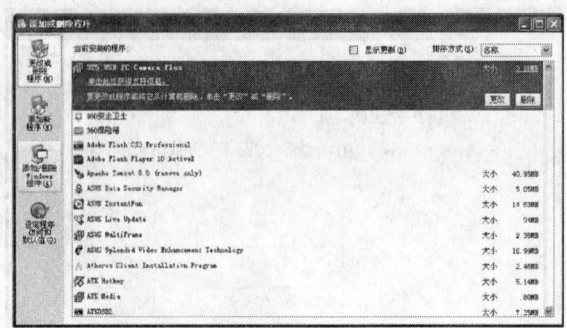

图 3.8 添加或删除程序界面

选择添加/删除 Windows 组件。

图 3.9 Windows 组件向导界面

在图 3.9 所示界面选择第二个 IIS,在前面打钩,点击"下一步"。在之后有选路径的地方都选填刚才解压缩的路径,直到安装完成。

4）安装 U872 软件

选择默认设置安装。到检测时会得到图 3.10 所示窗口。

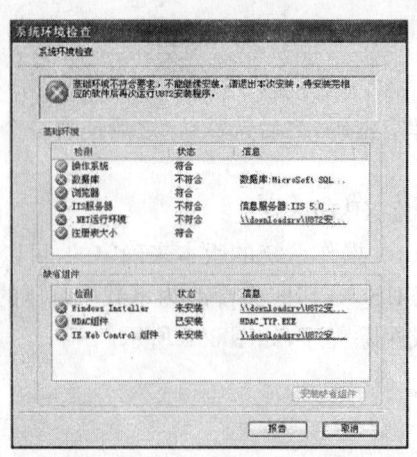

图 3.10 系统环境检查界面

(1)基础环境

① 操作系统:XP SP2,SP3;Server 2000+SP4;Server 2003+SP2。

② 数据库:安装步骤如前文所述。

③ IE 浏览器:要 IE6 版本以上的,现在一般的操作系统都满足条件。

④ IIS:安装步骤如前文所述。

⑤ NetFx20SP1_x86:在安装文件里有,直接点后边的链接就可以转到目录了。

⑥ 注册表大小。

(2)缺省组件

3 个缺省组件如图 3.13 所示,也可以直接点后面的链接转到对应文件,直接安装就可以了。

在以上安装过程中可能要重启计算机多次。

U872 安装完成之后要重启计算机,之后要填写计算机名来初始化数据库,所以要记住计算机名。计算机名最好是全英文和数字的组合(英文开头),并且不要太长。

具体安装过程的界面如图 3.11 至 3.15 所示。

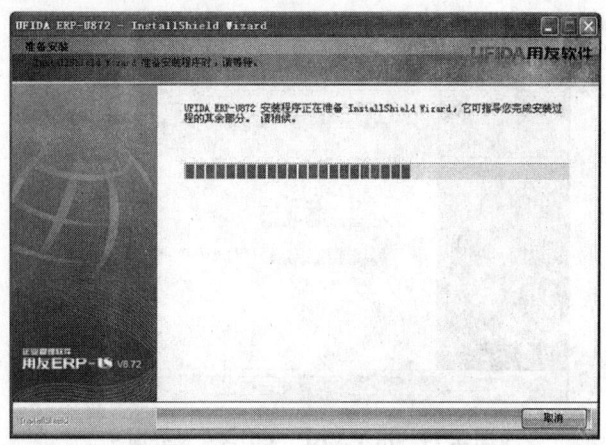

图 3.11　用友 ERP‐U872 安装界面 1

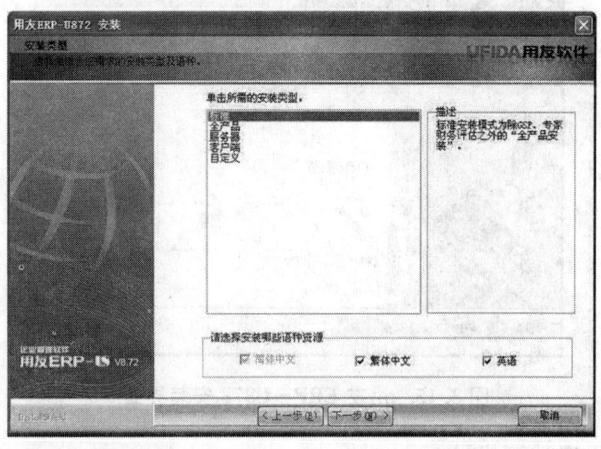

图 3.12　用友 ERP‐U872 安装界面 2

(单机版要选择全产品)

默认全选,点击"下一步",直至检测界面,只有条件全满足了才可以继续安装。
(检测)

图 3.13 用友 ERP-U872 安装界面 3

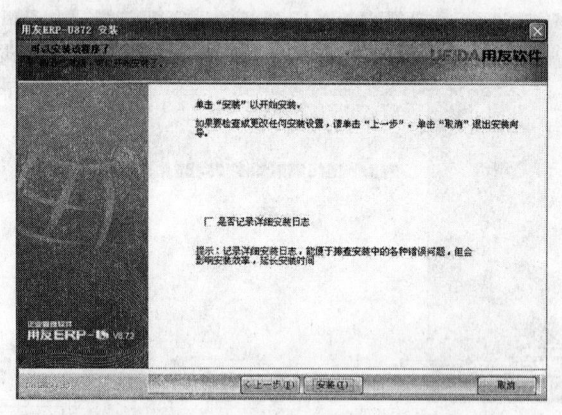

图 3.14 用友 ERP-U872 安装界面 4

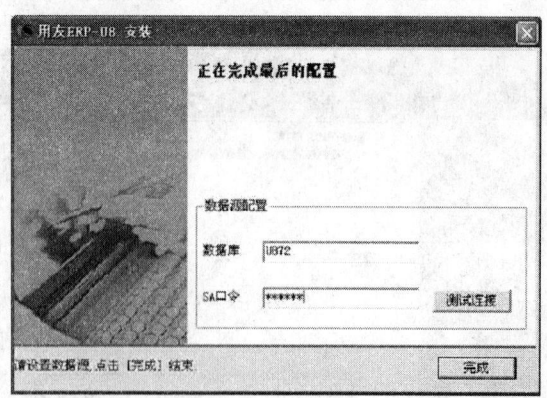

图 3.15 用友 ERP-U872 安装界面 5

安装完毕之后重启计算机。

重启之后,数据库填你电脑的计算机名,密码为空,因为在安装 SQL 时没设密码。点击测试连接,提示成功后初始化数据库,安装完成。

3.2 江苏西园大酒店会计信息系统方案设计

3.2.1 人员配备与分工

前面已经介绍过,一个最小的计算机会计信息系统必须由两个操作员组成。在上一章扬科公司会计信息系统里,实际上出现了一个系统管理员、两个操作员。系统管理员(对应企业的财务经理,主要负责制定本单位具体的会计信息系统实施方案,拟定会计信息系统相关规章,配备人员,进行分工和授权,**一般并不直接进行账务操作,所以他能进入系统管理模块,不能进入企业门户模块进行相关账务处理**);两个操作员一个是账套主管,他拥有全部权限,但是因为会计内部控制的基本原则,填制凭证和审核凭证不能由同一个人进行,所以又引入了第三人,主要负责总账系统的凭证审核。

在本章中,由于使用的模块增多,又增加了两名操作员,分别管理应收应付系统和出纳模块。

3.2.2 系统管理员与账套主管的区别

在用友 U8 系统里,建立初始账套时,初学者容易混淆系统管理员与账套主管的区别。两者的区别如表 3.1 所示。

表 3.1 系统管理员与账套主管的区别

项 目	系统管理员	账套主管
账套与年度账	只有系统管理员才能建立账套	修改账套、年度账建立、清空年度账、引入与输出账套、结转上年数据
权限设置	增加操作员,设定和取消账套主管,对所有账套、所有操作员授权	为所有人员设置主管所在账套的操作员权限,无权设置该账套的账套主管
数据的备份与恢复	账套菜单下的引入与输出,是将系统中某一账套所有年度数据进行引入和输出。引入系统时,无论该账套是否存在,均可引入系统	年度账操作中的引入和输出不是针对某个账套,而是针对账套中某一年度账进行的。引入系统时,该账套必须事先存在

3.2.3 内部控制与权限管理

1) 计算机会计系统中手工账常见的内部控制措施的实现

手工账中很多内部控制措施在计算机会计信息系统里面也得到了很好的实现,具体如表 3.2 所示。

表 3.2 计算机会计系统中手工账常见的内部控制措施的实现

手工账常见的内部控制措施	计算机会计系统中实现
制作科目汇总表	总账→凭证→科目汇总
试算平衡	总账、往来、固定资产等各子系统都可进行期初试算平衡、期末试算平衡
总账、明细账核对	总账、往来、固定资产等各子系统内部及其相互间都可进行总账、明细账核对
记账凭证里金额的借贷平衡	由填制凭证模块自动进行

2) 计算机会计信息系统的权限管理

除了手工系统的内部控制措施,计算机会计信息系统有自己特有的一些内控措施,而权限管理就是其中非常重要的一种。

在用友 ERP-U8 系统中,提供了三个层次的权限管理。分别是功能级权限管理、数据级权限管理、金额级权限管理。

(1) 功能级权限管理　提供了对不同的用户分配不同功能模块的操作权限。例如:用户"庄重"分配了"总账—出纳"的全部权限。

(2) 数据级权限管理　该权限可通过两个方面进行控制,一个是字段级权限控制;另一个是记录级权限控制。例如:设定用户"庄重"只能录入跟货币资金相关联的凭证。

(3) 金额级权限管理　该权限主要用于完善内部金额控制,实现对具体金额数量划分级别,对不同岗位和职位的操作员进行金额级别控制,限制他们制单时可以使用的金额数量。例如:设定用户"王欢"只能录入金额在 20 000 元以下的凭证。

功能级权限的分配在系统管理中"权限分配"中设置,数据级权限和金额级权限在"企业门户"→"基础信息"→"数据权限"中进行设置,且必须是在系统管理的功能权限分配之后才能进行。

西园酒店采取了如下的权限管理方案:

(1) 在功能级权限里进行了人员基本分工,具体如表 3.3 所示。

表 3.3 人员基本分工

编　号	姓　名	所属部门	角　色
001	吴丁丁	财务部	账套主管
002	蒋志虎	财务部	总账会计
003	王欢	财务部	应收会计、应付会计
004	庄重	财务部	出纳

(2) 在数据级权限管理里进行了科目权限等的限制,如表 3.4 所示。

表 3.4 科目权限

用　户	科目权限	部门权限	用　户
002 蒋志虎	全选	全选	全选
003 王欢	全选	全选	全选
004 庄重	1001,1002,1012	全选	全选

3.2.4 辅助核算

所谓辅助核算,是指在账务处理过程中为提供比一般账务资料更为详尽的核算信息,或为提高会计信息的质量而采取的一些附加的核算手段。

1) 辅助核算的基本类型

(1) 扩展的明细核算功能　这是指针对那些需要提供较为详尽的数据信息而又不太适宜或没有必要增设更多级明细科目的项目而采取的,以信息的多渠道处理和共享型输出为主要特性的明细核算方式,如往来核算、部门核算、职员核算等。

(2) 扩充的系统功能　这是指对账务处理过程中的基本核算内容进行补充核算或处理,以提供多角度多方位的会计信息,如银行结算方式管理、数量与外币处理等。

(3) 便捷的操作手段　如自动转账凭证的设置与使用、期末损益的自动结转等。

账务处理中的辅助核算主要运用在以下几个方面:

(1) 往来账管理。

(2) 银行对账管理。

(3) 辅助项目管理。

辅助核算又有两种运用形式,一种是确定对象范围的辅助核算,如部门核算、职员核算等;另一种是由用户根据管理需要设置的任意辅助项目。

2) 辅助核算的特点

辅助核算具有以下一些优势:

(1) 辅助核算在核算项目的设置和运用上相比会计科目更具有灵活性。

(2) 项目共享特性打破了会计科目的树形结构体系,构筑起了账户间交叉引用的网状数据结构形式。

(3) 辅助核算较好地解决了须有较多手工参与的核算内容的电算化问题。

此外,对某些经济内容采用基本账户体系与辅助项目双重核算,能确保会计资料在庞大的财务数据体系内得到相应约束与同步更新,并能随时提供多视角的数据信息。

3) 辅助核算举例

(1) 往来核算　往来业务是指单位在业务处理过程中所发生的涉及应收、应付、预收、预付等会计事项的业务。

往来业务可分为与外部单位的往来业务和与内部个人的往来业务。与外部单位的往来业务又可区分为客户往来业务和供应商往来业务。

个人往来是指单位与内部职员之间发生的应收应付款业务。

当单位往来业务频繁,清理欠款工作量较大时,可启用账务处理系统提供的单位往来辅助核算功能来管理往来款项。此时往来单位不再以会计科目的形式出现,而是以往来单位目录的形式存在。

首先将应收账款和应付账款科目设置为往来辅助核算科目,并将科目结构及往来辅助项目设置成表3.5所示的形式。

西园酒店往来核算设计如表3.5、表3.6所示。

表 3.5　为往来业务设置的会计科目

科目代码	科目名称	辅助核算说明
1121	应收票据	客户往来
1122	应收账款	客户往来
1221	其他应收款	个人往来
1123	预付账款	供应商往来
2201	应付票据	供应商往来
2202	应付账款	供应商往来
2203	预收账款	客户往来

表 3.6　为往来业务设置的辅助项目

客户编码	往来单位名称
0102ZGL	中国旅行社
0102ZQL	中国青年旅行社
0102DMS	大明寺旅行社

将需要进行往来核算的科目（如应收账款、应付账款等）设置成往来辅助核算科目，同时，还需要建立往来单位项目目录，并建立往来核算科目与往来项目间的联系。

当系统要求区分往来客户和往来供应商时，应将往来单位划分为客户与供应商两大类。

如果一个往来单位被多个会计科目所引用，利用系统的往来核算功能，可以在输出各种往来账时，将这一往来单位所涉及的各个科目的发生额和余额汇总在同一个输出界面，以提供某一往来单位的完整业务资料，这也正是软件系统的往来辅助核算区别于一般手工核算的最大的优势。

（2）部门核算　部门辅助核算适用于需要按部门进行核算和考核的项目，如差旅费、办公费、招待费、销售收入、其他收入等。

采用部门辅助核算后，就可以将各部门作为辅助核算项目来设置，而不再将部门设置为各费用科目下的明细科目，即可以减少一个层次的明细科目。

由于辅助核算项目能够被不同的会计科目所引用，所以一套部门项目可成为多个会计科目下属的子项，从而大大减少了会计科目的数量。

西园酒店部门核算设计如表 3.7、表 3.8 所示。

表 3.7　采用部门辅助核算的会计科目设置

会计科目编码	会计科目名称	辅助核算说明
5502	管理费用	
550201	办公费	部门核算
550202	差旅费	部门核算

表 3.8　部门目录设置

部门编码	部门名称	备注
001	行政部	
002	财务部	
003	人事部	

这种核算方式特别适用于部门和部门核算科目较多的单位或内部管理要求较高的单位。

(3) 项目核算　所谓项目核算是指针对专门的核算对象或核算项目,以提供详细业务资料为目标所进行的一项辅助核算。

项目核算的特点在于,围绕一个专门的核算对象或核算项目,将所有发生在该对象上的各种收支进行归集,并以专项辅助账的形式予以输出。

如制造业中的产品成本项目,施工企业的施工项目等。

运用项目核算功能也需要对会计科目体系作出一定的调整,即把进行项目核算的科目设置为项目核算科目,然后将需要进行明细管理的对象设置成项目目录,如表3.9、表3.10所示。

表3.9　采用项目辅助核算的会计科目设置

会计科目编码	会计科目名称	辅助核算说明
1604	在建工程	
160401	人工费	项目核算
160402	材料费	项目核算
160403	其他费用	项目核算

表3.10　项目目录设置

项目编码	项目名称	备　注
001	办公楼	
002	职工食堂	
	……	

3.2.5　编码设计

计算机会计信息系统对数据的识别和处理需要通过一种具有唯一性的代号进行,这便是编码。它作为准确、快速、有效的数据输入,在计算机会计系统管理上显示了极大的威力。

1) 数据编码的基本原则

(1) 一物一号　共同性料品,若因不同供应商而影响生产部门作业,就不应将供应商编入料号;对不同供应商的相同原料,若对生产有影响时,编号可将等级概念纳入其中,如A、B、C级。

(2) 简短为宜　编码只要够用,可尽量简短,一是可减少输入或视觉错误;二是可节省输入时间。

(3) 忌用变数　如员工代号使用"部门+流水号"、料号采用"库房+流水号"就不适宜,因为员工会有调动,料号会出现一料多号的现象。

(4) 避免容易混淆的编码方式　编码中间不留空白,避免使用容易认错的文字或数字(如字母O与数字0),避免小写英文字母,以免识别或输入错误;避免使用特殊符号(如﹡、$、_、/、♯、%),免除输入麻烦。

(5) 考虑资料呈现的顺序及预留扩充性　资料编码顺序要确定以哪一角度为主。如M65010表示一员工号,M表示性别、65表示出生年、010表示流水号,若是以出生年为主要角度,则以上员工代码应为65M010;编码应预留一定空间,以便将来资料插入。如上述员工号M65010,假设新增一员工,为男性、65年出生,则可新增一编码M65011。

2) 数据编码举例

设置系统运行要素关键是对各项内容的编码的设置。

编码设置经常采用群码与顺序码相结合的方式。

如图 3.16 所示,商品编码的前 7 位采用群码设计,分别是商品大类、商品中类和商品小类编码,后 3 位采用顺序码。商品编码的级别为 4 级,总长度为 10 位。

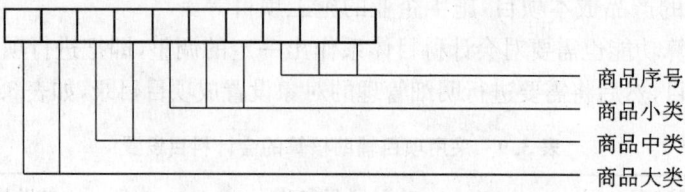

图 3.16 商品编码方案示意图

(1) 部门编码及其设置　部门是指用户单位下辖的需要区别核算方法或具有相应管理要求的单元。这里的部门是一个逻辑概念,其与单位内部实际的职能部门不一定一一对应,甚至可以完全不同。

部门档案的内容包括部门编码、部门名称、部门类别、部门负责人等项。

西园酒店部门编码设计如表 3.11 所示。

表 3.11 多级别的部门编码设置

部 门 编 码	部 门 名 称
01	行政部
0101	行政办
0102	财务部
0103	采购部
0104	人事部
02	经营部
0201	客房部
0202	餐饮部
0203	电话房
0204	客运部
0205	洗衣部
0206	商务中心
0207	销售部
03	辅助部门
0301	工程部

(2) 职员编码及其设置　职员是指参与用户单位的业务活动,且需要对其进行核算和业绩考核的人员。

职员档案中包含的基本信息有:职员编码、职员姓名、所属部门、职员属性、职员类别等。

西园酒店职员档案设计如表 3.12 所示。

表 3.12 职员档案基本信息

职员编码	职员姓名	部门名称	职员属性
010101	王 祥	行政办	总经理
010201	吴丁丁	财务部	财务经理
010202	蒋志虎	财务部	会计
010203	王 欢	财务部	会计

(3) 客户(供应商)编码及其设置 客户管理的主要内容包括客户分类、客户属性定义、新增或修改客户信息、编辑客户联系人等功能。表现为设置客户编码、客户名称、所在城市、所属行业、所属区域、联系地址、联系人、联系电话、邮政编码、银行账号、纳税号等详细信息。

客户代码也可采用分级管理的方法。

西园酒店客户(供应商)编码设计如表 3.13 所示。

这是对客户结合地区和属性的编码设置方案,其中,地区和单位属性各用 2 位数码表示,客户属性用 3 位字母表示。

表 3.13 客户(供应商)编码

客户编码	客户名称	客户简称	所属分类
0102ZGL	中国旅行社	中旅	国内旅行社
0102ZQL	中国青年旅行社	青旅	国内旅行社
0102DMS	大明寺旅行社	大旅	国内旅行社

(4) 原材料和商品编码及其设置 原材料和商品管理需要考虑的内容包括:原材料和商品编码规则、原材料和商品属性和规格定义、原材料和商品和劳务分类以及新增或修改信息的方便性等。

设置时包含的项目有原材料和商品编码,原材料和商品名称,原材料和商品计量单位、规格型号、批号、条形码、存货计价方法、保质期限等信息。

表 3.14 是某文化用品经营部对商品进行分类编码的实例。编码的前 7 位都是代表商品类别,后 3 位是指具体的商品。

表 3.14 商品编码设置

商品编码	商品名称
01	办公用品类
0101	打印机类
0101001	多功能一体化打印机
0101001001	X620e 型多功能一体化打印机
02	耗材类
0201	墨盒类
0201001	彩色打印墨盒
0201001001	25 号彩色打印墨盒

3.2.6 现金流量表编制

现金流量表编制流程如下:

(1) 指定现金流量科目(在"会计科目"界面点击"编辑"→"指定科目"),把现金、银行存款、其他货币资金选中。

（2）建立现金流量项目大类（系统已经预先设置好），如图3.17所示。

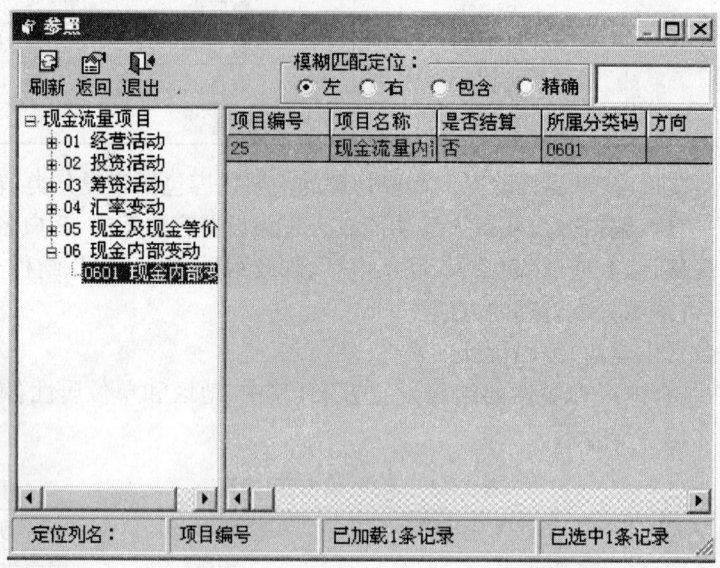

图3.17　建立现金流量项目大类

提示：

为了表示内部现金变动情况，需要增加"06 现金内部变动"项目类，然后在该类别下面新建项目"现金内部变动项目"，现金流入、流出不选，如图3.18所示。

项目编号	项目名称	是否结算	所属分类码	方向
18	偿还债务所支付的现金		0302	流出
10	处置固定资产、无形资产╲		0201	流入
19	分配股利、利润或偿还利息		0302	流出
12	购建固定资产、无形资产╲		0202	流出
04	购买商品、接受劳务支付的		0102	流出
21	汇率变动对现金的影响		0401	流入
16	借款所收到的现金		0301	流入
09	取得投资收益所收到的现金		0201	流入
17	收到的其他与筹资活动有关		0301	流入
03	收到的其他与经营活动的现		0101	流入
11	收到的其他与投资活动有关		0201	流入
02	收到的税费返还		0101	流入
08	收回投资所收到的现金		0201	流入
13	投资所支付的现金		0202	流出
15	吸收投资所收到的现金		0301	流入
22	现金及现金等价物净增加额		0501	流入
25	现金流量内部变动		0601	
01	销售商品、提供劳务收到的		0101	流入
06	支付的各项税费		0102	流出
20	支付的其他与筹资活动有关		0302	流出
14	支付的其他与投资活动有关		0202	流出
07	支付的与其他经营活动有关		0102	流出
05	支付给职工以及为职工支付		0102	流出

图3.18　增加项目

填制凭证时通过"流量"按钮指定分配流量,如图 3.19 所示。

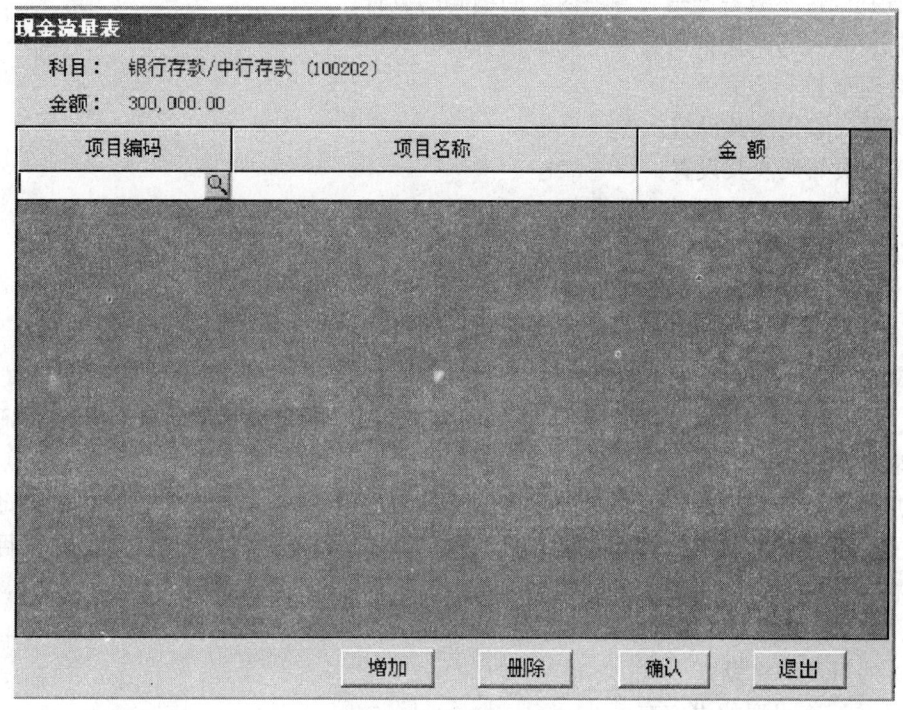

图 3.19 指定分配流量

(3) 生成报表 打开模板找到相应流量表模板。设置关键字定义公式。通过表页形式录入关键字生成报表。

3.3 江苏西园大酒店会计信息系统初始化

西园酒店因为采用了总账、报表、应收应付 4 个模块,所以该企业会计信息系统的初始化分为账套建立、基础性档案设置、各子模块环境参数设置、各子模块期初余额输入 4 个基本过程。

3.3.1 账套的建立

如前所述,账套的建立分为 4 个基本流程:
(1) 增设操作员信息。
(2) 建立核算账套。
(3) 分配操作员权限。
(4) 修改核算账套。
这里不再展开阐述。

3.3.2 基础性档案设置

所谓基础性参数,是指与用户单位的业务核算和日常业务管理相关的各类项目内容。如单位内的部门分类与目录、职员档案信息、往来单位的分类与目录、会计科目表、货款结算方式、银行账号等。

设置基础性参数关键是对各项内容的编码的设置。

编码设置经常采用群码与顺序码相结合的方式。

主要基础性档案有：

（1）部门编码及其设置。

（2）职员编码及其设置。

（3）客户（供应商）编码及其设置。

（4）原材料及其商品编码及其设置。

（5）凭证类型设置　常见凭证分类方式有：

① 按凭证所反映的业务类型，将凭证划分为收、付、转 3 类。可进一步将收、付款凭证区分为现收、银收、现付、银付 4 种类型。

② 按凭证是否涉及现金或银行存款的内容来划分，将记账凭证划分为现金凭证、银行凭证和转账凭证。

也可把由系统根据用户定义自动生成的凭证专门设置成一类，通常称为机制凭证。

设置凭证类型的限定条件，如"借方必有科目"、"贷方必有科目"、"借方必无科目"、"贷方必无科目"等。例如，将收款凭证的约束条件设定为"借方必有科目""1001,1002"，将转账科目的约束条件设定为"借贷必无科目""1001,1002"。

（6）外币及汇率设置

外币及汇率设置的内容有：

① 汇率方式选择：即选择使用固定汇率还是浮动汇率。

② 折算方式设置：外币汇率的标价方法有直接标价法和间接标价法两种。

直接汇率的折算公式为：本位币＝外币× 汇率

间接汇率的折算公式为：外币＝本位币÷汇率

③ 币别设置：用于定义所使用外币的符号与名称，如美元符号为"USD"或"＄"，名称为"美元"；日元货币符号为"JPY"；港币符号为"HKD"等。

④ 汇率小数位数设置：用来定义各种外币汇率的小数位数。

⑤ 最大折算误差设置：即确定系统折算误差警示功能的误差极限。

⑥ 记账汇率设置：记账汇率是指操作员在平时填制凭证和记账时所使用的汇率。

⑦ 调整汇率设置：即月末时以该汇率对外币进行折算，并将折算额与外币账户的期末余额进行比较，从而计算出该期汇兑损益额的汇率。

3.3.3　系统环境参数设置

1）总账系统参数设置

（1）凭证参数设置　通常有以下一些项目：

① 凭证编号控制。

② 出现赤字提示控制。

③ 系统受控科目控制：由用户确认某一项内容交由哪一功能模块控制的问题，即进行系统受控科目设置。

往来业务核算是系统受控科目控制中最典型的应用。

④ 凭证修改权限控制：是对是否允许操作员修改他人录入的凭证的确认。

⑤ 支票登记控制：是否启用系统的支票管理功能,需要作适当选择。

⑥ 科目权限控制：这是对操作使用的会计科目是否作限制的一项设置。

⑦ 凭证审核控制：通常表现为"凭证经审核后才能记账"或"审核与录入不能为同一操作员"等复选项。

⑧ 出纳签字控制：根据单位对出纳业务的管理惯例来选择收付凭证是否需要经出纳签字才能入账。

(2) 账簿参数设置　账簿参数设置有以下几项：

① 明细账查询权限控制：对操作员的查询和打印权限作进一步细化。如只允许某操作员查询或打印某科目明细账,而不能查询或打印其他科目的明细账。

② 打印位数设置：对摘要、金额、外币、数量、汇率、单价等栏目宽度进行设置。

③ 每页打印行数设置。

(3) 其他参数的设置

① 会计日历：用于设置各个会计期间的开始日期与结束日期。账套启用后,会计期间与启用日期就不能再被修改。

② 小数位数设置：用于设置系统中所涉及的数量、单价等内容的小数位数。多数软件的默认小数位数都是2位,个别软件提供了2~6位小数供用户选择。

③ 排序方式设置：在显示或打印部门、客户、员工等项目内容的排列规则。

2) 应收应付系统参数设置

(1) 账套参数　在运行应收应付系统之前,应先设置所需的账套参数。

① 选择应收应付账款核销方式：在选择应收应付账款的核销方式时,可按余额、单据或存货3种方式进行账款核销。如果采用按余额核销方式,应首先根据选定的单据,按单据的到期日从前向后排序,然后从时间最早的单据开始核销。如果选择按单据核销方式,应将满足条件的结算单据全部列出,根据所选择的单据进行核销。如果选择按存货核销,系统将满足条件的未结算单据按存货列出,选择要结算的存货,根据所选择的存货进行核销。

选择不同的核销方式,将影响账龄分析的精确性。一般而言,选择按单据核销或按存货核销能够进行更精确的账龄分析。

② 选择控制科目的依据：控制科目是指所有带有客户及供应商往来辅助核算的科目。系统提供按客户(供应商)分类、按客户(供应商)、按地区分类3种设置控制科目的依据。其中,客户(供应商)分类指根据一定的属性将企业的往来客户分为若干大类。

如果是按客户(供应商)分类,可以针对不同的客户(供应商)进行分类,并设置不同的应收应付科目和预收(预付)科目。例如,可以根据客户和企业发生业务往来的时间分为长期客户、中期客户和短期客户,也可以根据客户的信用情况将客户分为优质客户、良性客户、一般客户和信用较差的客户等。如果有特殊的客户(供应商)则可以在该客户(供应商)下设置不同的应收(应付)科目和预收(预付)科目,即按客户(供应商)进行设置。如果客户(供应商)涉及多个地区,可按地区分类设置,针对不同的地区分类,设置不同的应收(应付)科目和预收(预付)科目。例如,将客户分为华东、华北、西南等地区,则可在上述地区分类下设置科目。

③ 选择存货销售科目：存货销售科目设置一般有按存货分类设置和按存货设置两种方式。存货分类是指根据存货的属性对存货所划分的大类。

在设置存货销售科目时,可针对存货分类设置不同的科目,例如,可以将存货分为原材料、燃料及动力、半成品及产成品等大类。如果存货种类不多时,可按存货进行设置,即直接针对不同的存货设置不同的科目。

④ 选择制单方式:在选择制单方式时,可选择明细到客户(供应商)、明细到单据或汇总制单3种方式。

A. 明细到客户(供应商):是指将一个客户(供应商)的多笔业务合并生成一张凭证时,如果核算多笔业务的控制科目相同,系统自动将其合并成一条分录,目的是在总账系统中能够查看到每一个客户(供应商)的详细信息。

B. 明细到单据:是指将一个客户(供应商)的多笔业务合并生成一张凭证时,系统会将每一笔业务形成一条分录,目的是在总账系统中能够查看到每个客户(供应商)的每笔业务的详细情况。

C. 汇总制单:是指将多个客户(供应商)的多笔业务合并生成一张凭证时,如果核算多笔业务的控制科目相同时,系统自动将其合并成一条分录,目的是精简总账中的数据,在总账系统中只能查看到该科目的一个总的发生额。

⑤ 选择坏账处理方式:在选择坏账处理方式时,主要有备抵法和直接转销法两种方式。备抵法包括:应收账款余额百分比法、销售余额百分比法和账龄分析法3种方法。

⑥ 选择汇兑损益计算方式:选择汇兑损益计算方式时,可采用外币余额结清时计算和月末计算两种方式。

A. 外币余额结清时计算:是指当某种外币余额结清时才计算汇兑损益,否则不计算汇兑损益,在计算汇兑损益时,可显示外币余额为零且本币余额不为零的外币单据。

B. 月末计算:是指在每个月末计算汇兑损益时,可显示所有外币余额不为零或者本币余额不为零的外币单据。

⑦ 选择预收(预付)款的核销方式:在选择预收(预付)款的核销方式时,如果按单据核销,应根据所选择的单据,对预收(预付)款一笔一笔地进行核销。如果按余额核销,即按预收(预付)款收到的时间从前往后进行核销。选择不同的核销方式将影响到账龄分析的精确性。一般情况下,选择按单据核销能够更精确地进行账龄分析。

⑧ 是否显示现金折扣或输入发票的提示信息:选择显示现金折扣及输入发票显示提示信息时,系统会在单据结算中显示可享受折扣和本次折扣,并计算可享受的折扣,显示发票提示信息。若选择不显示现金折扣及输入发票提示信息时,则既不计算也不显示现金折扣和发票提示信息。

(2) 业务处理核算规则设置 一般包括以下几方面的内容:

① 凭证科目的设置:由于应收(应付)业务类型较为固定,生成的凭证类型也较固定,因此为简化凭证生成操作,可以预先设置各业务类型凭证中常用的会计科目。

A. 基本科目设置:基本科目是在核算应收(应付)款项时经常用到的科目,可以作为常用科目设置,而且科目必须是最明细科目。应收账款和预收账款是最常用的核算本位币赊销欠款和预收款的科目,可作为应收账款系统基本科目进行设置。企业也可根据需要将预收款并入应收账款核算。应收和预收款科目必须是有客户类辅助核算的科目,同样地,应付和预付款科目也必须是有供应商类辅助核算的科目。

销售收入科目、应交税金(应交增值税销项税额)科目、销售退回科目是最常用的核算销售业务的科目,可以作为核算销售收入、销项税额及销售退回的基本科目,在应收账款系统中进行设置(销售退回也可并入销售收入科目核算)。而材料采购、应交税金(应交增值税进项税额)科目是最常用的核算采购业务的科目,可以作为核算材料采购、进项税额的基本科目,在应付账款系统中进行设置。

除上述基本科目外,银行承兑科目、商业承兑科目、现金折扣科目、票据利息科目、票据费用科目、汇兑损益科目、币种兑换差异科目和坏账准备科目等都可以作为企业核算某类业务的基本科目。

B. 控制科目设置:在核算客户的赊销欠款时,如果针对不同的往来单位分别设置了不同的应收(应付)账款科目和预收(预付)账款科目,那么应先依据设置账套参数时的选择,即选择是针对不同的客户及供应商设置,还是针对不同的客户或供应商分类设置,或者是按不同的地区分类设置,然后依次进行往来单位按客户(供应商)分类或地区分类的编码、名称、应收(应付)科目和预收(预付)科目等内容的设置。

如果某个往来单位核算应收(应付)账款或预收(预付)账款的科目与常用科目设置中的一样,则可以不设置;否则,应进行设置。科目必须有客户和供应商往来辅助核算的末级科目。

C. 产品科目设置:如果针对不同的存货(存货分类)分别设置不同的销售收入科目、应交增值税销项税额科目和销售退回科目,则也应先在账套参数中选择设置的依据,即选择是针对不同的存货设置,还是针对不同的存货分类设置,然后按存货的分类编码、名称、销售收入科目、应交增值税销项税额科目和销售退回科目进行存货的销售科目的设置。

如果某个存货(存货分类)的科目与常用的科目设置中的一样,则可以不设置;否则,应进行设置。

D. 结算方式科目设置:不仅可以设置常用科目,还可以为每种结算方式设置一个默认的科目,以便在应收应付账款核销时,直接按不同的结算方式生成相应的总账处理中所对应的会计科目。

② 坏账准备设置:是指对坏账准备期初余额、坏账准备科目、对方科目及提取比率进行的设置。

在第一次使用系统时,应直接输入期初余额。在以后年度使用系统时,坏账准备的期初余额由系统自动生成且不能进行修改。坏账提取比率可分别按销售收入百分比法和应收账款余额百分比法,直接输入计提的百分比;按账龄百分比法提取,可直接输入各账龄期间计提的百分比。

③ 账龄区间的设置:为了对应收账款进行账龄分析,需要设置账龄区间。在进行账龄区间的设置时,账龄区间总天数和起始天数直接输入,系统根据输入的总天数自动生成相应的区间。

④ 报警级别设置:通过对报警级别的设置,系统将按照往来单位欠款余额与其受信额度的比例分为不同的类型而进行报警设置,以便于企业掌握各个往来单位的情况。

如果企业要对应收账款的还款期限做出相应的规定,则可使用超期报警功能。在运用此功能时,系统将自动列出当天为止超过规定期限的应收账款清单,从而使企业可以及时催款,避免不必要的经济损失。这一信息可按往来单位分类,也可按分管人员进行分类。

在进行报警级别设置时,直接输入级别名称和各区间的比率。其中,级别名称可以采用编号或者其他形式,但名称最好能够上下对应。

⑤ 单据类型设置:单据的类型可分为发票和应收(应付)单两大类型。如果同时使用销售(采购)系统,则发票的类型包括增值税专用发票、普通发票、销售调拨单和销售日报等。如果单独使用应收(应付)系统,则发票的类型不包括后面两种。

应收应付单是记录销售(采购)业务之外的应收(应付)款情况的单据,可划分为不同的类型,以区分应收应付货款之外的其他应收(应付)款。例如,可以将应收单分为应收代垫费用款、应收利息款、应收罚款和其他应收款等。应收单的对应科目可自由定义。

3.3.4 期初余额输入

1) 会计科目编码原则

设置科目编码时需要遵循的几项原则:

(1) 系统性原则　对总账科目和规范的二级科目编码的设置必须符合会计制度的有关规定。全部科目编码形成一个系列。

(2) 一义性原则　要保证每一个代码对应于惟一的一个会计科目。

(3) 简洁性原则　在满足管理要求和适合计算机处理的前提下,力求使编码简单明了。

(4) 可扩展性原则　在设计编码时一定要充分考虑各方面的要求。明细科目的代码长度通常是以这一级次科目最大可能达到的个数来确定。

2) 会计科目表的建立

(1) 增加会计科目　录入会计科目时需要考虑并顺序输入以下内容:

① 会计科目代码:会计科目代码是指在软件系统中为会计科目确定的统一编码。科目编码通常只用数字来表示。

② 会计科目名称:多数会计软件对会计科目名称有长度限制。

③ 会计科目类型:会计软件也将科目类型设置成资产类、负债类、所有者权益类、共同类、成本类和损益类6大类。

科目类型一般只在一级科目设置,下级科目的类型与其上一级科目的类型相同。

④ 会计科目性质:科目性质指的是正常业务情况下科目余额所在的方向。资产类科目的科目性质为借方,负债和所有者权益类科目的科目性质为贷方。

⑤ 助记码:助记码是帮助用户快速地记忆科目的代码。其作用是加快录入速度,减少汉字的录入量。

⑥ 账户格式:指以此会计科目开设的账户的明细账输出格式。通常有三栏式、多栏式、数量金额式等。

用友软件提供金额式、外币金额式、数量金额式、外币数量式4种形式。

⑦ 科目特定核算要求

A. 外币核算:为"外币核算"科目,并且要指定外币名称。

B. 数量核算:标记会计科目是否有数量核算并设置数量的计量单位。

(2) 删除会计科目　被删除的科目需要符合以下条件:

① 科目未被其他设置项使用。

② 没有任何一张记账凭证用到该科目。

③ 该科目没有建立明细科目。

(3) 修改会计科目　科目编码是不能被修改的。
① 科目已被其他设置项使用时不能被修改。
② 凡已建有下级科目的科目不能被直接修改。

(4) 查找会计科目　两层含义,一是在科目表中查寻指定特征的会计科目;二是查询某一科目的各项设置参数。

(5) 指定会计科目　由用户指定适用某一特殊功能的会计科目,这项操作称为指定科目。

如将"现金"科目指定为"现金日记账"科目,将"银行存款"科目指定为"银行存款日记账"科目等。

3) 总账系统期初余额输入

如果是在年初时建账,则期初余额就是年初余额,可直接录入各账户的年初余额。

如果是年中启用账务处理系统,则应先将各账户的年初余额和年初到启用期前的借贷方累计发生额一并整理出来,多数通用软件都将根据年初余额和累计发生额自动计算出启用期期初余额。

录入期初余额时,一般只需要输入最末级科目的发生额和余额即可,各非最末级科目的发生额和余额可由计算机自动进行计算生成。

(1) 基本账务数据录入　所有数据基本上只与最末级会计科目直接相关联。

所谓最末级科目是指不含有下级科目的会计科目。最末级科目可以是各级明细科目,也可以是通常意义上的总账科目。

(2) 辅助账期初数据录入　对于部门辅助核算科目,系统将要求输入各部门的年初余额和本年累计发生额;对于往来辅助核算科目,除了按要求输入年初余额和本年累计发生额外,还需要逐笔输入往来未清账务的发生时间、内容、经手人、编号等内容,以供日后清账核销时使用;在录入项目辅助核算科目数据时,除了按要求输入年初数和本年累计发生额外,也需要逐笔输入项目业务的内容、经手人、编号等内容。

期初数据反方向余额用负数形式输入。

若使用了应收(应付)系统,并且客户(供应商)往来由应收(应付)系统核算,那么,应该在应收(应付)系统中录入含客户(供应商)辅助核算科目的明细账期初数额。

(3) 银行对账期初数据录入　第一次使用银行对账功能前,系统要求分别录入日记账和对账单的未达账项,在开始使用银行对账功能之后则只需录入银行对账单即可。

(4) 试算平衡　如果试算后结果不平衡,则不能正式启用该账套。

期初余额试算不平衡,是指全部科目的借方期初余额合计数和全部科目的贷方期初余额合计数不相等,应仔细核对、认真查证并修改。

余额校验平衡后,系统将以"启用账套"的形式使当前系统过渡进入日常业务处理过程。

4) 西园酒店应收系统期初余额输入示例

(1) 基本科目设置　点击"应收系统"→"设置"→"初始设置"→"基本科目设置",如图3.20所示。

应收科目为1122,预收科目为2203,销售收入科目为6001,税金科目为22210105。

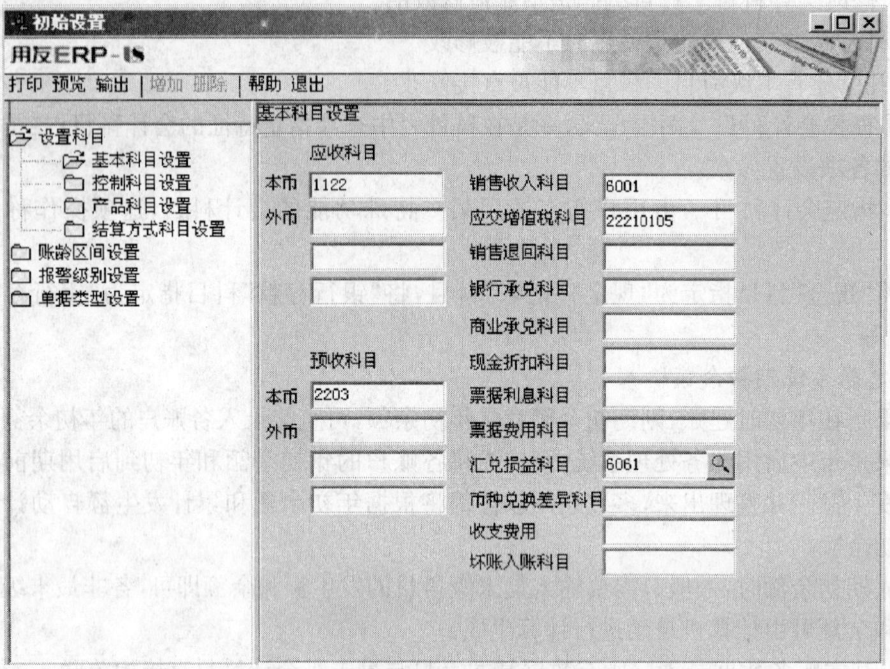

图 3.20 基本科目设置

（2）结算方式科目设置　点击"应收系统"→"设置"→"初始设置"→"结算方式科目设置"，如图 3.21 所示。

现金结算对应 1001，支票结算、汇票结算、电汇结算、其他结算对应 100202。

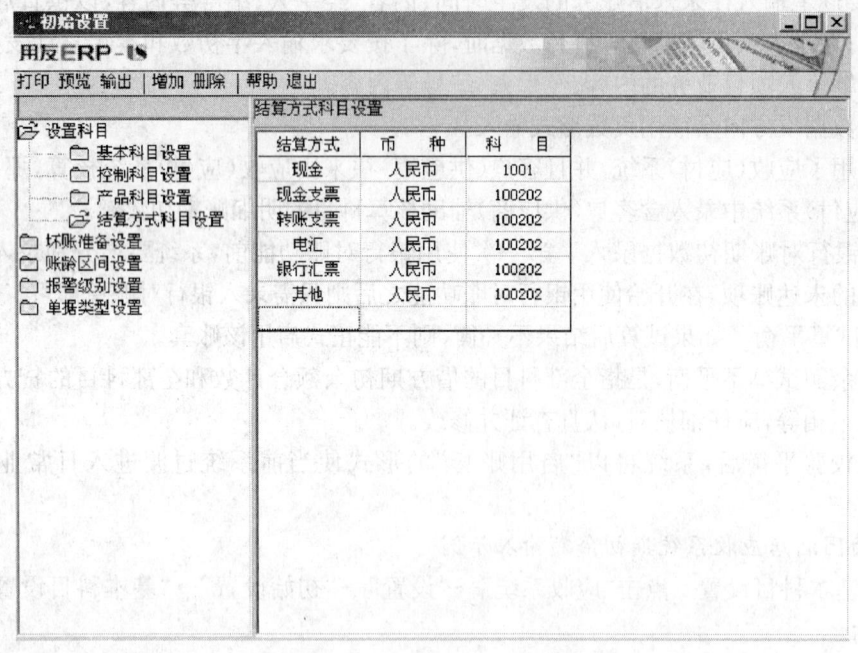

图 3.21 结算方式科目设置

（3）坏账准备设置　点击"应收系统"→"设置"→"初始设置"→"坏账准备设置"，如图

3.22所示。

提取比率为0.5%,坏账准备期初余额为0,坏账准备科目为1231,对方科目为670101。

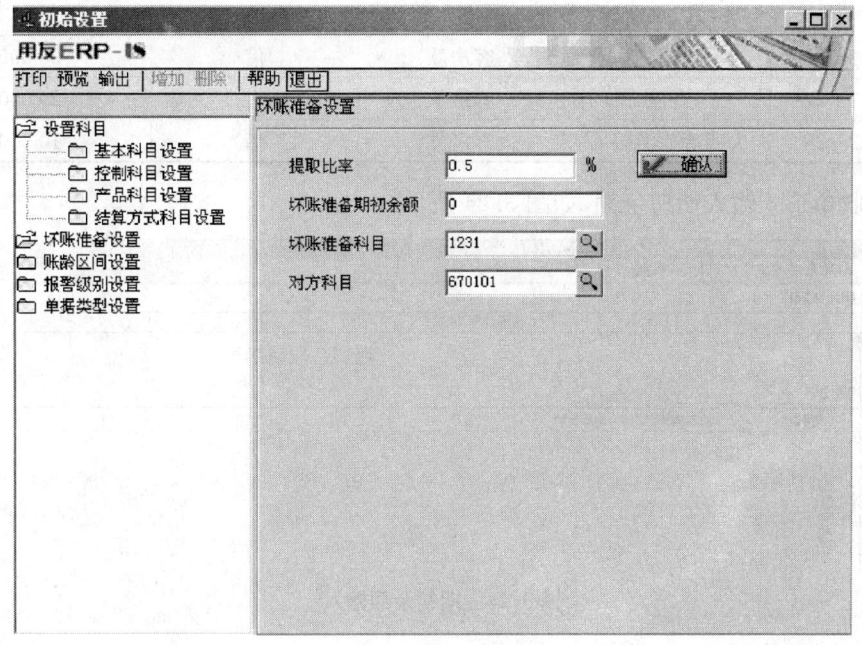

图 3.22　坏账准备设置

（4）账龄区间设置　点击"应收系统"→"设置"→"初始设置"→"账龄区间设置",如图3.23所示。

区间有1—30,31—60,61—90,91—180,181—360,361以上几种。

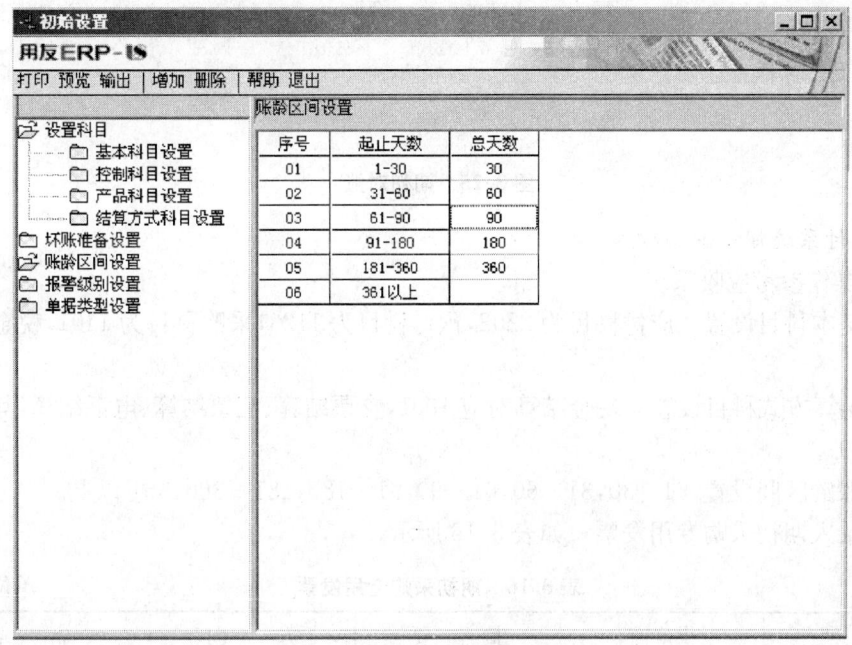

图 3.23　账龄期间设置

(5) 期初应收单据录入　点击“应收系统”→“设置”→“期初余额”，如表 3.15 所示。

表 3.15　期初余额表　　单位:元

日　期	客　户	摘　要	方　向	金　额
2007 - 12 - 26	中旅	客房款	借	30 000
2007 - 12 - 27	青旅	客房款	借	20 000
2007 - 12 - 28	大明寺旅游公司	客房款	借	10 000

以应收单形式输入期初余额，如图 3.24 所示。

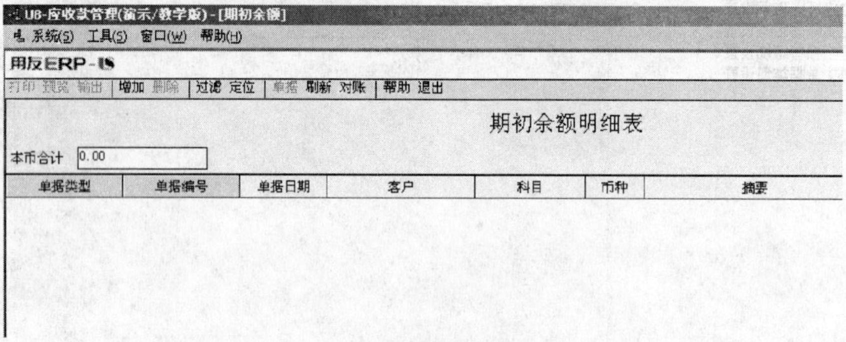

图 3.24　期初余额输入

点击“增加”输入 3 张应收单。

应收单输入完毕，退出，点击“刷新”，点击“对账”。只有与总账系统差额为零，期初余额输入工作才算完成，如图 3.25 所示。

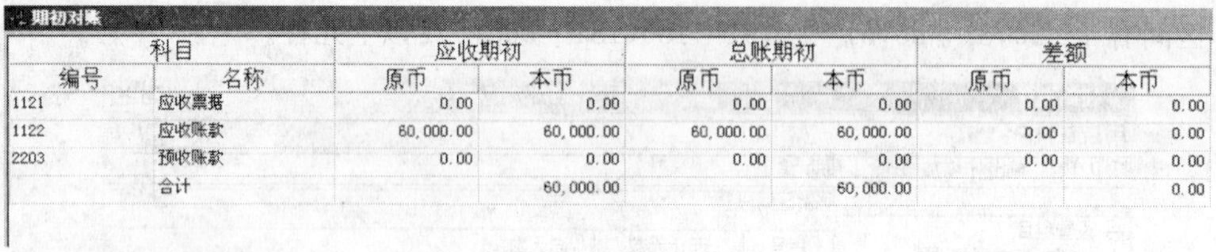

期初对账

科目		应收期初		总账期初		差额	
编号	名称	原币	本币	原币	本币	原币	本币
1121	应收票据	0.00	0.00	0.00	0.00	0.00	0.00
1122	应收账款	60,000.00	60,000.00	60,000.00	60,000.00	0.00	0.00
2203	预收账款	0.00	0.00	0.00	0.00	0.00	0.00
	合计		60,000.00		60,000.00		0.00

图 3.25　期初对账

5) 应付系统期初余额输入

基本操作参考应收系统。

(1) 基本科目设置　应付科目为 2202，预付科目为 1123，采购科目为 1401，税金科目为 22210101。

(2) 结算方式科目设置　现金结算对应 1001，支票结算、汇票结算、电汇结算、其他结算对应 100202。

(3) 账龄区间设置　1—30，31—60，61—90，91—180，181—360，361 以上。

(4) 录入期初采购专用发票　如表 3.16 所示。

表 3.16　期初采购专用发票　　单位:元

日　期	供应商	摘　要	方　向	金　额
2007 - 12 - 29	张裕酒业	购货款	贷	68 600

3.4 江苏西园大酒店会计信息系统日常与期末处理

3.4.1 西园酒店日常会计业务

西园酒店是一家酒店企业,它以客房、餐饮作为主要经营业务。西园酒店日常会计业务如下。

1) 客房服务核算

客房服务核算主要有下列内容:

(1) 客房收入　取得客房收入时,记入"主营业务收入"里的客房部("主营业务收入"设置了部门核算,便于将来统计汇总使用)。

酒店企业可以根据自己需要,在客房部下面增设明细部门,如"一号楼"、"二号楼",反映出不同类型客房的销售情况。

(2) 营业税金及附加　酒店企业的税金以营业税(一般是5%)作为主要税种,城市维护建设税(一般是7%)、教育费附加(3%)是两个相关的附加税。

计提税金时,借方都记入"营业税金及附加";贷方分别记入"应交税费"的相关明细。

(3) 客房营业成本　一般记入"主营业务成本"。

(4) 营业费用　日常经营中发生的各项费用可以考虑增设"营业费用"一级科目来核算。

提示:

在《企业会计准则——应用指南》里面没有"营业费用"这个科目。

2) 餐饮服务核算

餐饮部分核算同客房服务基本类似,可以参考上面的客房服务核算。

提示:

餐饮部分由于经营比较灵活,收入弹性比较大,而且餐饮部分的成本构成非常复杂,成本费用控制很困难,常用毛利率指标进行核算。

3.4.2 总账系统日常与期末处理

西园酒店总账系统日常与期末处理流程与第1章扬科公司基本相同,分为凭证填制、凭证审核、记账,期末转账生成、对账、结账等基本步骤。具体操作可以参考第1章。

提示:

因为本章要编制现金流量表,所以在填制涉及现金流量的凭证时,要选中"填制凭证"中的"流量"菜单,选择正确的流量项目。

3.4.3 应收应付系统日常处理

应收应付系统日常业务处理主要包括应收(应付)单据处理、收(付)款单据处理、票据管理、转账处理、坏账处理、制单、查询统计、汇兑损益和期末处理等。

1) 应收(应付)单据处理

单据处理是应收应付系统处理的起点,可以输入销售(采购)业务中的各类发票以及销售(采购)业务之外的应收(应付)单据。其基本的操作流程是:单据输入→单据审核→单据制证→单据查询。

(1) 单据输入　对未收(付)款项的单据进行输入,输入时首先用代码输入客户(供应商)名称,与客户(供应商)相关内容由系统自动生成。其次进行货物名称、数量和金额等内容的输入,最后保存退出。

在进行单据输入之前,首先应确定单据名称、单据类型以及方向,然后根据业务内容输入有关信息。

(2) 单据审核　是在单据保存后对单据正确性进一步审核确认。审核人和制单人可以是同一个人。单据被审核后,将从单据处理功能中消失,但可以通过单据查询功能查看此单据详细资料。

(3) 单据制证　可在单据审核后由系统自动编制凭证,也可以集中处理。在应收(应付)管理系统中生成的凭证将由系统自动传递到总账系统中,并由有关人员进行审核和记账等账务处理工作。

(4) 单据查询　是指对未审核单据的查询。其功能可以查看全部单据。

2) 收(付)款单据处理

收(付)款单据处理是对已收到或支付款项的单据进行输入,并进一步核销的过程。在单据结算功能中,输入收款单、付款单,并对发票及应收单(应付单)进行核销,形成预收(预付)款并核销预收(预付)款,处理代付款。

(1) 输入结算单据　输入结算单据是对已交来应收(应付)款项的单据进行输入,由系统自动进行结算。在根据已收到(支付)应收(应付)款项的单据进行输入时,首先必须输入客户(供应商)名称。在进行相应操作时,系统自动显示相关客户(供应商)信息。其次必须输入结算科目、金额和相关部门、业务员名称等内容。

单据输入完毕后,由系统自动生成相关内容。如果输入是新的结算方式,则应先在"结算方式"中增加新的结算方式。如果要输入另一客户(供应商)的收款(付款)单,则需重新选择客户(供应商)的名称。

注意:

收款单日期必须大于已结账日期、小于等于当前的业务日期。

在单据输入时,结算方式、结算科目及结算金额不能为空。

(2) 单据核销　单据核销是对往来已达账做删除处理的过程,表示本笔业务已结清,即确定收款(付款)单与原始发票之间的对应关系后,进行机内自动冲销的过程。如果结算金额与上期余额相等,则销账后余额为零;如果结算金额比上期余额小,则其差额为销账后的余额。单据核销可以由计算机自动进行核销也可以手工核销。

由于计算机处理采用建立往来辅助账进行往来业务的管理,为了避免辅助账过于庞大而影响计算机运行速度,对于已核销的业务应进行删除。删除工作通常在年底结账时进行。

当会计人员准备核销往来账时,应在确认往来已达账后,才可做核销处理,删除已达账。

为了防止误删除操作,软件中一般都设计有放弃核销或核销前做两清标记功能,即在已达账项上打上已结清标记,待核实后才执行核销功能,经删除后的数据不能恢复。

提示:

单据核销前应经专门人员核实待核销的往来账项,指定专人负责往来账的核销工作。

3) 票据管理

可以在此对银行承兑汇票和商业承兑汇票进行管理,包括记录票据详细信息和记录票据处理情况。如果要进行票据登记簿管理,必须将应收票据科目设置成为带有客户往来辅助核算的科目。

4) 转账处理

在日常处理中,经常发生如下几种转账处理的情况:

(1) 应收冲应付　用某客户的应收账款冲抵某供应商的应付账款。系统通过应收冲应付功能将应收(付)款业务在客户和供应商之间进行转账,实现应收(付)业务的调整,解决应收债权与应付债务的冲抵。

(2) 应收(付)冲应收(付)　指一家客户(供应商)的应收(付)款转到另一家客户(供应商)中。系统将应收(付)款业务在客商之间进行转入、转出,实现应收(付)业务的调整,解决应收(付)款业务在不同客商间入错户或合并户问题。

(3) 预收(付)冲应收(付)　若某客户有预收(付)款时,可用该客户的一笔预收(付)款冲其一笔应收(付)款。

(4) 单据冲蓝票单据　当发生退票时,用红字发票对冲蓝字发票。

5) 坏账处理

(1) 计提坏账准备　所谓"坏账"就是购贷方因某种原因不能付款,造成贷款不能收回的信用风险。坏账处理是对"坏账"采取的措施,包括计提坏账准备、坏账发生、坏账回收生成输出催款单。

系统提供的计提坏账的方法主要有销售收入百分比法、应收账款余额百分比法和账龄分析法。

① 销售收入百分比法：系统自动算出当年销售收入总额,并根据计提比率计算出本次计提金额。

初次计提时,如果没有预先设置,则应首先进行初始设置。设置内容包括：提取比率、坏账准备期初余额。销售总额的默认值为本会计年度的发票总额,可根据实际情况进行修改,但计提比率不能在此修改,只能到初始设置中修改。

② 应收账款余额百分比法：系统自动算出当年应收账款余额,并根据计提比率计算出本次计提金额。

初次计提时,如果没有预先设置,则应首先进行初始设置。设置的内容包括：提取比率、坏账准备期初余额。应收账款余额的默认值为本会计年度最后一天的所有未结算完的发票和应收单据余额之和与预收款数额相减值。外币账户时,用其本位币余额。企业可根据实际情况对其默认值进行修改,但计提比率不能在此修改,只能到初始设置中修改。

③ 账龄分析法：账龄分析法是根据应收账款入账时间长短来估计坏账损失的一种方法。它是企业加强应收账款回收与管理的重要方法之一。一般说来,账款拖欠的时间越长,发生坏账的可能性就越大。

系统自动计算出各区间的应收账款余额,并根据计提比率计算出本次的计提金额。

初次计提时,如果没有预先设置,则应首先进行初始设置。各区间的余额由系统自动生成(由本会计年度最后一天所有未结算完的发票和应收单据余额之和减去预收款数额得到),也可以根据实际情况对其进行修改。但计提比率不能在此修改,只能到初始设置中去修改。

(2) 坏账发生和坏账收回　在处理坏账发生时，一般需要输入下列内容：客户（指往来客户的名称）、日期（指发生坏账的日期）、业务员（指业务员编号或业务员名称）、部门（指部门编号或部门名称，如果不输入部门，则表示选择所有的部门）等。

在处理坏账收回业务时，一般需输入下列内容：客户名称、收回坏账的日期（如果不输入，则系统默认为当前业务日期）、金额、业务员编号或名称、部门编号或名称、选择所需币种、结算单号（系统将调出该客户所有未经处理且金额等于收回金额的收款单，可选择该次收回业务所形成的收款单）等。

(3) 生成输出催款单　催款单是对客户或本单位职员欠款催还的管理方式。催款单用于在设置有辅助核算的应收款和其他应收款的科目中。

不同行业催款单预置的格式可以不同。其内容主要包括两个部分：系统预置的文字性叙述和系统自动取数生成的应收账款或其他应收款对账单。可以对其内容进行编辑修改，而在修改退出时，系统将自动保存本月所做的最后一次修改。

催款单打印输出时，可以打印输出所有客户的应收账款或所有职员的其他应收款（备用金）情况，也可以有选择地打印输出某一客户或某一职员的催款单。催款单中还可以按条件显示所有的账款和未经核销的账款金额。

6) 制单处理

使用制单功能进行批处理制单，可以快速地、成批地生成凭证。制单类型包括应收（应付）单据制单、结算单制单、坏账制单、转账制单和汇兑损益制单等。企业可根据实际情况选取需要制单的类型。制单时一般需要完成以下几项工作：

(1) 制单日期　制单日期系统默认为当前业务日期。制单日期应大于等于所选单据的最大日期，但小于等于当前业务日期。

如果同时使用了总账系统，所输入的制单日期应该满足总账制单日期要求。即大于等于同月同凭证类别的日期，系统会将日期小于等于当前业务日期的所有未制单已经记账的单据全部列出。

(2) 凭证类别　为每一个制单类型设置一个默认的凭证类别。

(3) 选择要进行制单的单据　一般情况下，系统会给出一个序号，对想要制单的单据可以修改系统所给出的序号。

(4) 进入凭证界面　可以修改科目、项目、部门、个人、制单日期、摘要、凭证类别和附单据数等栏目。金额由系统自动生成。

提示：

一张原始单据制单后，将不能再次制单。

7) 单据查询

单据查询包括发票、应收（付）单、结算单、凭证、单据报警和信用报警的查询。可以查询已经审核的各类型应收（付）单据的收（付）款和结余情况，也可以查询结算单的使用情况，还可以查询本系统所生成的凭证，并且对其进行修改、删除和冲销等操作。

8) 汇兑损益

如果客户往来有外币核算，且在总账中"账簿选项"选取客户往来由应收（付）系统核算，则在此计算外币单据的汇兑损益并对其进行相应处理。

9) 期末处理

(1) 往来账表输出　往来业务信息经输入、加工处理后，便可进行单位往来账表的输出操作。输出操作分为屏幕查询、打印输出两种方式。

① 往来账表的查询：往来账表查询模块，可实现对往来汇总表、明细账、原始发票和客户等信息的查询操作，并生成相应的各种信息统计表。

② 往来账表的打印：往来账表打印功能，可实现对各种单据、账表（如往来汇总表、往来账款明细账）等的打印操作。

（2）往来账表分析　账表分析是往来账款管理系统的重要功能。对于资金往来比较频繁、业务量大、金额也较大的企业，在选择软件时更应注意账表分析功能是否能满足企业的需要。

一般情况下，往来账款管理系统中的往来账表分析功能可对一定时间内的应收与收款、应付与付款的总额进行统计，并可提供多对象的分析功能。例如，应收、应付明细账的多对象分析功能可提供产品或客户的详细应收、应付及收和付款记录；欠款分析提供的多对象分析功能，可显示欠款构成、欠款数额、信用额度的使用情况、报警级别和最后业务信息等。

账龄分析提供的多对象分析功能可对应收、应付的账款的账龄，包括客户、供应商的账龄和单据的账龄进行分析；可对预收和预付款的账龄，包括客户的账龄和单据的账龄进行分析。

3.4.4　系统期末处理

1）总账期末转账处理

（1）总账期末转账处理的前提条件　当期所有经济业务处理完毕（经过填制凭证、审核凭证、记账三个基本程序）后，方能进行期末处理

（2）期末转账处理基本流程　期末转账流程如图3.26所示。

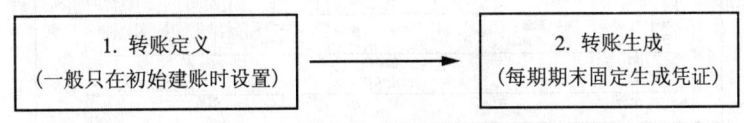

图 3.26　总账期末转账处理流程

（3）期末转账处理示例

① 制造费用结转

A. 会计分录

借：生产成本——制造费用

　　贷：制造费用

B. 操作步骤：分录是一借一贷，可以使用对应结转，具体步骤如下：

a. 转账定义：首先进行转账定义，点击"期末处理"→"转账定义"→"对应结转"→"增加"，如图 3.27 所示。

b. 转账生成：进行转账生成，点击"期末处理"→"转账定义"→"对应结转"→"增加"，如图 3.28 所示。

② 完工产品结转

A. 会计分录

借：库存商品

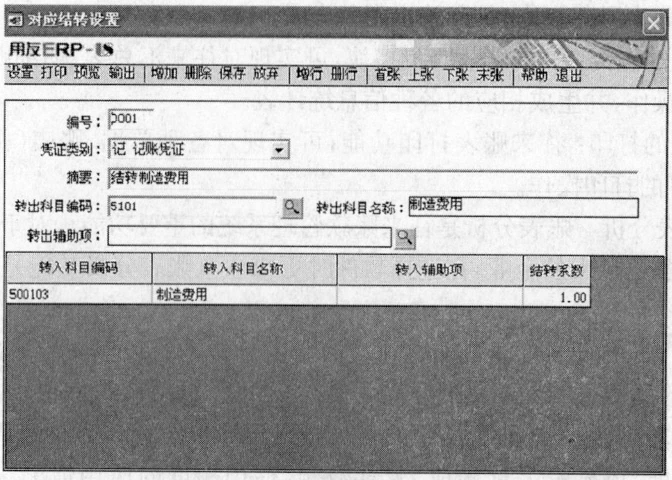

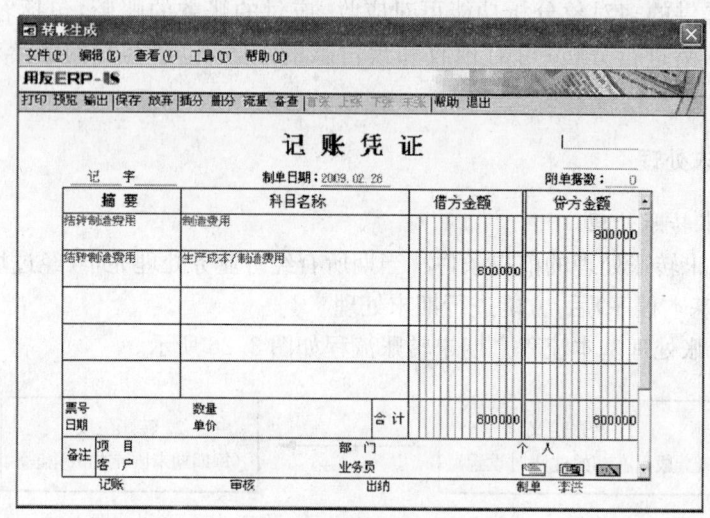

图 3.27 制造费用结转转账定义

图 3.28 制造费用结转转账生成

贷:生产成本(直接材料/直接人工/制造费用)

B. 操作步骤:分录是一借多贷,可以使用自定义结转,步骤如下:

a. 转账定义:首先进行转账定义,点击"期末处理"→"转账定义"→"自定义结转"→"增加",如图 3.29 所示。

b. 转账生成:进行转账生成,点击"期末处理"→"转账生成"→"自定义结转"→"增加",如图 3.30 所示。

③ 销售成本结转

A. 会计分录

借:主营业务成本

 贷:库存商品

提示:

主营业务成本、库存商品科目事先要在会计科目里面设置成数量金额格式。

B. 操作步骤

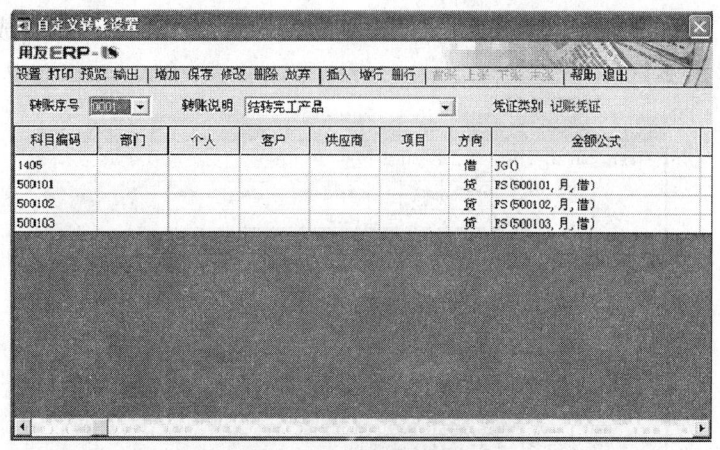

图 3.29 完工产品结转转账定义

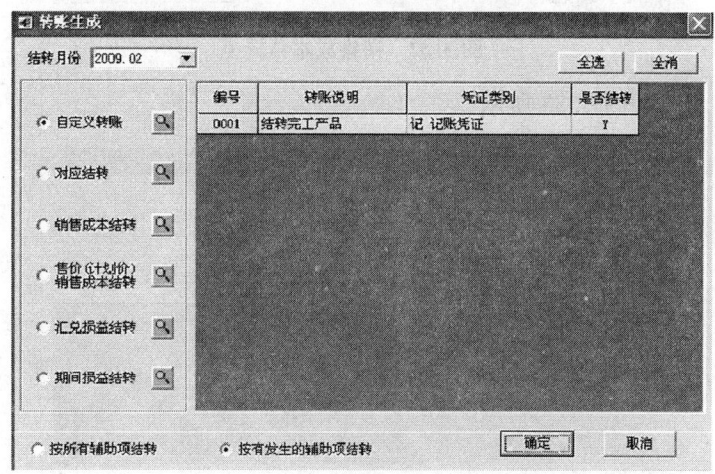

图 3.30 完工产品转账生成

a. 转账定义:首先进行转账定义,点击"期末处理"→"转账定义"→"销售成本结转"→"增加",如图 3.31 所示。

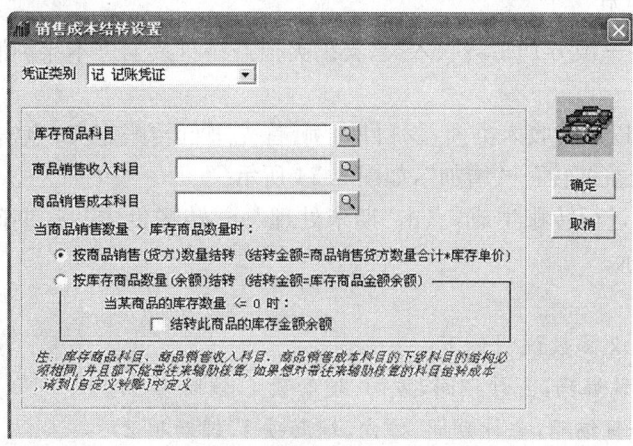

图 3.31 销售成本结转转账定义

b. 转账生成：进行转账生成，点击"期末处理"→"转账生成"→"销售成本结转"→"增加"，如图 3.32 所示。

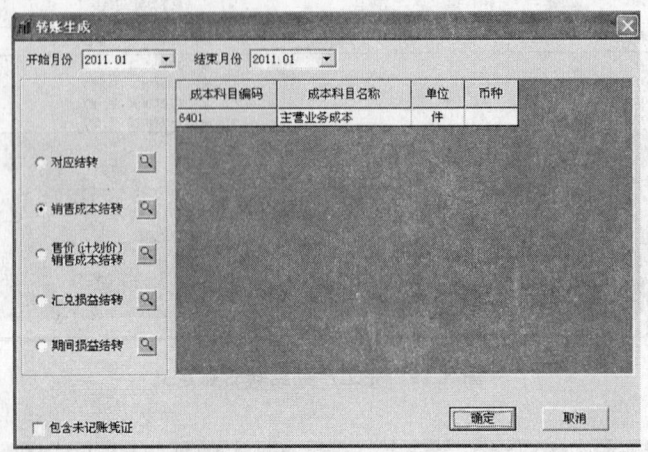

图 3.32　销售成本结转 1

点击"下一步"，如图 3.33 所示。

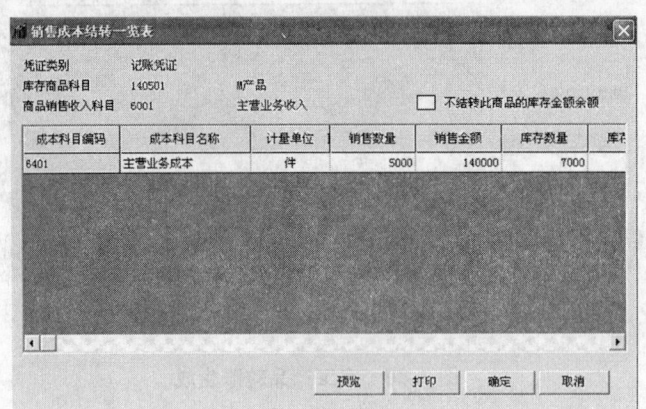

图 3.33　销售成本结转 2

④ 期末损益结转

A. 会计分录：一般分别结转收入类、支出类损益科目数据进本年利润科目（分录略）。

B. 操作步骤

a. 转账定义：以结转收入类损益科目为例，首先进行转账定义，点击"期末处理"→"转账定义"→"期间损益结转"→"增加"，如图 3.34 所示。

b. 转账生成：进行转账生成，点击"期末处理"→"转账生成"→"期间损益结转"→"增加"，如图 3.35 所示。

提示：

常见的转账定义函数说明如下：

期初：QC(科目编码,会计期间,方向,辅助项1,辅助项2)。

期末：QM(科目编码,会计期间,方向,辅助项1,辅助项2)。

发生：FS(科目编码,会计期间,方向,辅助项1,辅助项2)。

净额：JE(科目编码,会计期间,辅助项1,辅助项2)。

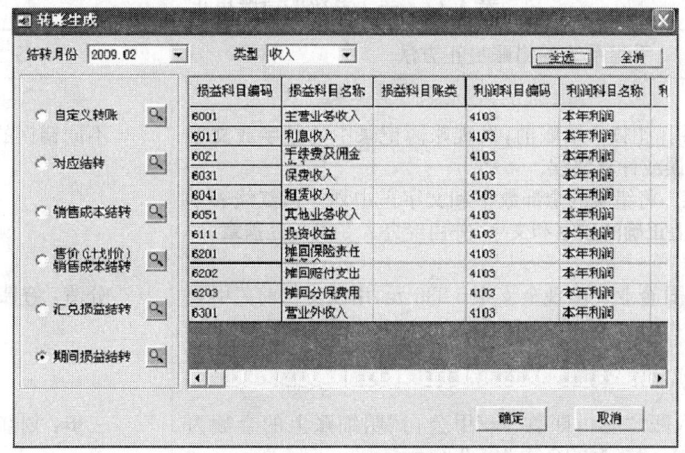

图 3.34 收入类损益结转转账定义

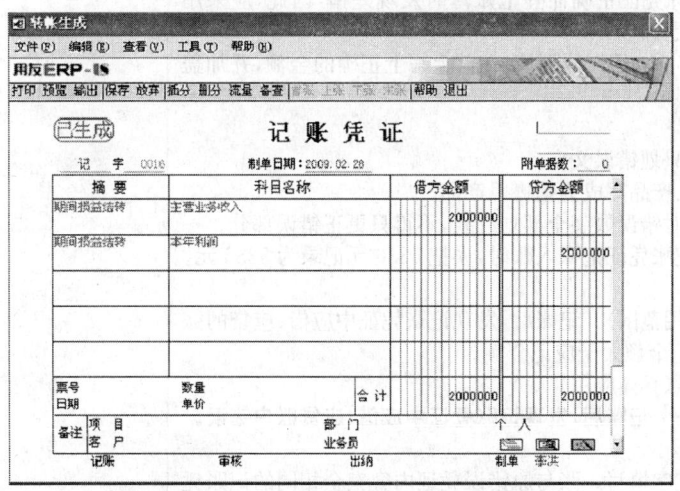

图 3.35 收入类期间损益结转转账生成

取对方科目计算结果：JG( )。

借贷平衡差额：CE( )。

2）期末结账的基本流程

在当期各子模块（总账、应收、应付系统）都处理完毕后进行期末结账工作。

① 应收应付系统结账。

② 总账系统对账、结账。

3.4.5 错账更正

会计信息系统对于准确性有着非常高的要求，错账更正是一个合格会计人员的基本操作技能。下面结合手工系统错账更正，来学习一下计算机会计信息系统的错账更正。

1）手工系统的错账更正

如表 3.17 所示。

表 3.17　手工系统的错账更正

手工系统的错账更正方法	备　注
一、划线更正法 　　(1) 定义(适用范围)　结账前,发现账簿记录中的**数字或文字**错误,属于过账笔误或计算错误。 　　(2) 更正步骤　将错误的全部数字和文字正中划**一道红线**表示注销,在其上面写上**正确**的数字和文字,并由经办人在更正处**盖章**。 　　(3) 举例 　　例 1：11 月 5 日企业开出现金支票 5 836 元,用以支付前欠甲公司货款。 　　　　借：应付账款——甲公司　　　　5 836 　　　　　　贷：银行存款　　　　　　　　　　5 836 　　并据以登记入账,"应付账款——甲公司"明细账上的金额为 5 836 元,银行存款日记账上的金额为 5 386 元。 　　解：根据记账凭证登记银行存款日记账时,误把 5 836 元记录为 5 386 元,因会计凭证正确而登记账簿时发现差错,因此,应采用划线更正法进行更正。 　　　　将金额 5 386 用红线划掉,在其上写上正确的金额,并加盖记账人员的印章。 　　(4) 注意点 　　① 文字错误只划错误文字。 　　例如：销售乙产品写成为销售甲产品。 　　② 数字错误时错误数字全部划红线,不得只更正错误部分。 　　例如：根据记账凭证记账入账时,误把 5836 元记录为 5386 元。 二、红字更正法 　　(1) 定义(适用范围)　**记账**后,发现记账凭证中应借、应贷的账户发生错误**或**实记金额大于应记金额。 　　(2) 更正步骤(具体应用) 　　**错误类型之一：**记账后,发现记账凭证中应借、应贷账户错误。 　　① 更正 　　第一步：用**红字**填写一张与原错误凭证内容完全相同的记账凭证,在"摘要"栏注明"注销×月×日×字×号凭证"字样,并据此登记入账。 　　第二步：用**蓝字**重新填制一张内容正确的记账凭证,在摘要栏内注明"更正×月×日×字×号凭证",并据以登记入账。 　　② 举例 　　例 2：11 月 30 日,企业摊销应由本月行政管理部门承担的财产保险费 1 000 元。 　　填制记账凭证时,作如下记录： 　　　　借：财务费用　　　1 000 　　　　　　贷：其他应收款　　　1 000　　并据以登记入账。 　　解：原记账凭证将借方的会计科目用错,用红字更正法。 　　首先用红字填制一张与原记账凭证内容相同的记账凭证,并据以登记入账。 　　　　借：财务费用　 1 000 　　　　　　贷：其他应收款　 1 000 　　然后,用蓝字填制一张内容正确的记账凭证,并据以登记入账。 　　　　借：管理费用　　　1 000 　　　　　　贷：其他应收款　　　1 000	不同错误的不同处理 分清：登账和结账 三步：划红线、更正、盖章 强调"或" 分析：红字更正法的两种情况 具体有关凭证的更正处理

· 108 ·

续 表

错账更正方法	备 注
错误类型之二：会计凭证中应借、应贷账户没错，只是实记金额大于应记金额。 ① 更正　将多记的金额用红字填制一张与原凭证相同的记账凭证，并登记入账，用以冲销多记金额。 ② 举例 例3：11月30日企业收到A公司偿还的货款70 200元，入存款账户。 填制凭证时，作如下记录，并据以登记入账。 　　借：银行存款　　　　　　　72 000 　　　贷：应收账款——A公司　　　　72 000 解：计算得知：所记金额72 000元大于应记金额70 200元，差额为1 800元。这类错账应使用红字更正法，按规定手续进行更正。 　　借：银行存款　　　　　　 |1 800| 　　　贷：应收账款——A公司　　 |1 800| 并登记入账。 三、补充登记法 （1）定义（适用范围）　**记账后**，发现记账凭证中应借、应贷账户并无错，只是实记金额小于应记金额。 （2）更正步骤　按照少记的金额，填写一张与原记账凭证（会计科目，应借、应贷方向）完全相同的记账凭证，在"摘要"栏内注明"补充×月×日×字×号凭证少记的金额"，并据以登记入账。 （3）举例 例4：11月8日企业开出一张转账支票，支付上月欠甲公司的货款86 000元。填制记账凭证时，作如下记录，并已登记入账。 　　借：应付账款——甲公司　　68 000 　　　贷：银行存款　　　　　　　68 000 解：核对时，发现原记账凭证记录中误将86 000元记为68 000元，少记入18 000元，并已过入到相应账簿中，用补充登记法更正。 按少记金额18 000元，重新填制记账凭证并登记入账。 　　借：应付账款——甲公司　　18 000 　　　贷：银行存款　　　　　　　18 000 【小结】 错账更正方法主要涉及**一是找错；二是更正**。对于找错要分清主次错误，是会计凭证错误还是只有会计账簿错误，是会计科目错误还是金额或其他方面错误。 （1）没有记账以前→重新填制记账凭证。 （2）已经记账 　｛凭证正确，账簿登错→划线更正法 　｛凭证错误导致登账错｛账户错误→红字更正法 　　　　　　　　　　　｛账户正确、金额错｛多记→红字更正法 　　　　　　　　　　　　　　　　　　　｛少记→补充登记法	凭证中只是少记金额

2）计算机会计信息系统的错账更正

（1）由于计算机会计信息系统有自动校验的功能，"结账前，发现账簿记录中的数字或文字错误，属于过账笔误或计算错误。"这种需要采取划线更正法改正的情况并不存在。

（2）出现红字或者补充登记法适用的错账情况，可以按照手工更正方法在"总账"→"凭证"→"填制凭证"里进行更改。需要特别提醒的是：如果需要在"总账"→"凭证"→"填制凭证"里填制一张红字冲销凭证，需要冲销的那种凭证必须已经记过账。

(3) 在总账系统里，计算机会计信息系统专门提供了一种反向操作功能，可以把已经记账的凭证取消记账，再进行修改，具体操作见第1章相关总结列表。

(4) 在应收应付系统里，以应收系统为例，记账基本流程如下：

① 应收款发生的时候填制应收单→审核→生成凭证；

② 在客户还款的时候填制收款单→审核→生成凭证；

③ 用收款单金额与应收单金额进行核销。

修改的基本原则是正流程怎么操作，反流程倒着来。

对于进行过核销的单据首先在"期末"→"取消操作"里取消核销；对于没有进行过核销的单据可直接修改，计算机会计信息系统的错账更正如表3.18所示。

表3.18 计算机会计信息系统的错账更正

阶段	需要修改凭证所处状态	操 作 步 骤	一 般 原 则
一	应收单录入，未审核	进入应收单录入，直接修改，保存	谁填制谁修改（填制与修改同一人）
二	应收单录入，已经审核，未生成凭证	以审核人身份进入应收单审核，选中已经审核，取消审核，状态回到第一阶段，再按照第一阶段方法修改	谁审核谁取消（审核凭证与取消审核同一人）
三	应收单录入，已经审核，已经生成凭证	用账套主管身份进入**凭证查询，删除该凭证**，回到第二阶段，再如第二阶段方法修改	
四	应收单录入，已经审核，已经生成凭证，并且已经与收款单做过核销	用账套主管身份进入"期末处理"，取消操作，取消核销，这样回到三阶段，按照第三阶段方法修改	

3.5 江苏西园大酒店会计信息系统实训

3.5.1 基础设置

【实训目的】

(1) 掌握用友U8的基本操作——启动和退出。

(2) 掌握账务处理系统的启动与退出。

(3) 了解新账套的建立。

(4) 掌握账务初始化工作——财务分工、汇率管理等基础设置的操作。

【实训内容】

1) 账套设置

(1) 建立账套

① 以系统管理员（Admin）身份登录"系统管理"，增加下列操作员，如表3.19所示。

表 3.19　操作员列表

编　号	姓　名	所属部门	角　色
001	吴丁丁	财务部	账套主管
002	蒋志虎	财务部	总账会计
003	王　欢	财务部	应收会计、应付会计
004	庄　重	财务部	出纳

② 输入账套及其他信息

A. 账套信息：账套号：1＋学生学号末两位；账套名称：江苏西园大酒店；账套路径：默认；启用会计期：2008年11月。

B. 单位信息：单位名称：江苏西园大酒店；单位简称：西园酒店；单位地址：扬州市翠岗路666号；法人代表：王祥；邮政编码：225009；联系电话及传真：87697888；电子邮件：jsxhh@SINA.com；税号：320621703736567。

C. 核算类型：本币代码：RMB；本币名称：人民币；企业类型：商业；行业性质：2007年新会计制度科目；账套主管：吴丁丁，按行业性质预置会计科目。

D. 基础信息：包括存货、客户、供应商分类核算，有外币业务。

E. 分类编码方案：科目编码级次：4-2-2-2-2；客户权限组级次：2-2-3；客户分类编码级次：2-2-3；部门编码级次：2-2；供应商权限组级次：2-2-3；供应商分类编码级次：2-2-3；数据精度定义均按默认值。

③ 系统启用：2008年11月1日，系统管理员启用应付、应收、总账等系统。

④ 操作员权限设置：如表3.20所示。

表 3.20　操作员权限

编　号	姓　名	权　限
002	蒋志虎	公用目录设置、除出纳外的总账权限
003	王　欢	公用目录设置、应收、应付系统权限
004	庄　重	公用目录设置、总账之出纳、出纳签字

(2) 模块参数设置　以001吴丁丁身份登录"企业应用平台"，账套选124，设置各模块参数。

① 总账：制单权限控制到科目；出纳凭证必须经由出纳签字；数量、单价小数位保留2位；部门、个人、项目排序方式均按编码排序。

② 应收款管理：应收款核销方式：按单据；单据审核日期依据：单据日期；坏账处理方式：应收余额百分比法；应收账款核算模型：详细核算。

③ 应付款管理：应付款核销方式：按单据；单据审核日期依据：单据日期；应付账款核算模型：详细核算。

2) 基础档案

以账套主管吴丁丁的身份登录"企业应用平台"，设置基础档案。

① 部门档案，基础设置→基础档案→机构人员—部门档案，如表3.21所示。

表 3.21　部门档案

部门编码	部门名称
01	行政部
0101	行政办
0102	财务部
0103	采购部
0104	人力资源部
02	经营部
0201	客房部
0202	餐饮部
0203	电话房
0204	客运部
0205	洗衣部
0206	商务中心
0207	销售部
03	辅助部门
0301	工程部

② 职员档案,基础设置→基础档案—机构人员—人员档案,如表 3.22 所示。

表 3.22　职员档案

职员编码	职员姓名	部门名称	职员属性
010101	王祥	行政办	总经理
010201	吴丁丁	财务部	财务经理
010202	蒋志虎	财务部	会计
010203	王欢	财务部	会计
010204	庄重	财务部	出纳
010301	孙磊	采购部	部门经理
010401	谈荣	人事部	部门经理
020101	蒋建	客房部	部门经理
020201	梁瑜	餐饮部	业务人员
020301	周密	电话房	业务人员
020401	余凡	客运部	部门经理
020501	朱明宇	洗衣部	业务人员
020601	陈文斌	商务中心	部门经理
020701	王春	销售部	业务人员
030101	徐梅	工程部	部门经理

③ 客户分类(编码级次 2-2),基础设置→基础档案—客商信息—客户分类,如表 3.23 所示。

表 3.23 客户分类

客户分类编码	客户分类名称
01	国内
0101	公司
0102	旅行社
02	国际
0201	公司
0202	旅行社

④ 客户档案,基础设置→基础档案—客商信息—客户档案,如表 3.24 所示。

表 3.24 客户档案

客户编码	客户名称	客户简称	所属分类	开户银行	账号	税号	业务员	部门
0102ZGL	中国旅行社	中旅	国内旅行社	工商银行	1234	123456789011111	王春	销售部
0102ZQL	中国青年旅行社	青旅	国内旅行社本地	工商银行	1122	123456789222222	王春	销售部
0102DMS	大明寺旅行社	大旅	国内旅行社本地	交通银行	1312	123456789333333	王春	销售部

⑤ 供应商分类,基础设置→基础档案—客商信息—供应商分类,如表 3.25 所示。

表 3.25 供应商分类

类别编码	类别名称
01	食品类
02	酒水类
03	客用类
04	文具类
05	清洁剂类
06	印刷品类
07	布草类
08	工程类
09	其他

⑥ 供应商档案,基础设置→基础档案—客商信息—供应商档案,如表 3.26 所示。

表 3.26 供应商档案

供应商编码	供应商名称	供应商简称	所属分类	开户银行	账号	税号	业务员	部门
0201ZY	张裕酒业	张裕酒业	酒水类	工商银行	6666	256188777666555	孙磊	采购部

⑦ 外币及其汇率,基础设置→基础档案—财务—外币设置,美元,11月份记账汇率为7,采取固定汇率法。

⑧ 凭证类别,基础设置→基础档案—财务—凭证类别,如表 3.27 所示。

表 3.27 凭证类别

类别字	类别名称	限制类型	限制科目
收	收款凭证	借方必有	1001,100201,100202,1012
付	付款凭证	贷方必有	1001,100201,100202,1012
转	转账凭证	凭证必无	1001,100201,100202,1012

⑨ 结算方式,基础设置→基础档案—收付结算—结算方式,如表 3.28 所示。

表 3.28 结算方式

结算方式编码	结算方式名称	票据管理标志
1	现金	否
2	支票	是
201	现金支票	是
202	转账支票	是
3	电汇	否
4	银行汇票	否
5	其他	否

⑩ 开户银行,基础设置→基础档案—收付结算—本单位开户银行,如表 3.29 所示。

表 3.29 开户银行

编 码	开户银行名称	账 号	暂封标志
001	中国工商银行	11111111111	否
002	中国银行	22222222222	否

3.5.2 期初设置

【实训目的】

(1)掌握科目的设置、辅助账的设置、现金银行科目的修改删除。
(2)掌握录入和修改科目的期初余额,辅助账的期初余额的录入。

【实训内容】

1)总账系统初始设置

(1)期初余额,如表 3.30 所示。

① 设置会计科目:基础设置→基础档案→财务→会计科目。
② 输入总账期初余额:业务工作→财务会计→总账→设置→期初余额。
③ 输入应收应付款明细:业务工作→财务会计→总账→设置→期初余额→辅助期初余额→往来明细→增加→汇总。

表 3.30 期初余额表   单位：元

序号	科目编码	科目名称	辅助核算	余额方向	期初余额
1	1001	库存现金	日记,现金流量	借	2 500
2	1002	银行存款	日记、银行现金流量	借	5 000 000
	100201	工行存款	日记、银行现金流量	借	1 400 000
	10020101	美元存款	日记、银行现金流量	借	1 400 000
		美元	日记、银行现金流量	借	$ 200 000
	100202	中行存款	日记、银行现金流量	借	3 600 000
3	1003	存放中央银行款项		借	
4	1011	存放同业		借	
5	1012	其他货币资金	现金流量	借	2 500
	101201	外埠存款		借	2 500
	101202	银行本票		借	
	101203	银行汇票		借	
	101204	信用卡		借	
6	1021	结算备付金		借	
7	1031	存出保证金		借	
8	1101	交易性金融资产		借	
9	1111	买入返售金融资产		借	
10	1121	应收票据	客户往来	借	
11	1122	应收账款	客户往来	借	60 000
12	1123	预付账款	供应商往来	借	
13	1131	应收股利		借	
14	1132	应收利息		借	
15	1201	应收代位追偿款		借	
16	1211	应收分保账款		借	
17	1212	应收分保合同准备金		借	
18	1221	其他应收款		借	3 900
	122101	备用金	部门	借	3 000
	122102	个人应收款	个人往来	借	900
19	1231	坏账准备		贷	
20	1301	贴现资产		借	
21	1302	拆出资金		借	
22	1303	贷款		借	
23	1304	贷款损失准备		贷	

续 表

序号	科目编码	科目名称	辅助核算	余额方向	期初余额
24	1311	代理兑付证券		借	
25	1321	代理业务资产		借	
26	1401	材料采购		借	
27	1402	在途物资		借	
28	1403	原材料		借	18 000
	140301	食品类		借	6 000
	140302	酒水类		借	
	140303	物品类		借	12 000
	140304	工程类		借	
	140305	其他		借	
29	1404	材料成本差异		借	
30	1405	库存商品		借	
31	1406	发出商品		借	
32	1407	商品进销差价		借	
33	1408	委托加工物资		借	
34	1411	周转材料		借	
35	1421	消耗性生物资产		借	
36	1431	贵金属		借	
37	1441	抵债资产		借	
38	1451	损余物资		借	
39	1461	融资租赁资产		借	
40	1471	存货跌价准备		贷	
41	1501	持有至到期投资		借	
42	1502	持有至到期投资减值准备		贷	
43	1503	可供出售金融资产		借	
44	1511	长期股权投资		借	
45	1512	长期股权投资减值准备		贷	
46	1521	投资性房地产		借	
47	1531	长期应收款		借	
48	1532	未实现融资收益		贷	
49	1541	存出资本保证金		借	
50	1601	固定资产		借	300 000
	160101	厨房设备		借	200 000
	160102	洗涤设备		借	100 000
	160103	其他机器设备		借	
51	1602	累计折旧		贷	30 000
	160201	厨房设备		贷	20 000

续 表

序号	科目编码	科目名称	辅助核算	余额方向	期初余额
	160202	洗涤设备		贷	10 000
	160203	其他机器设备		贷	
52	1603	固定资产减值准备		贷	
53	1604	在建工程		借	
	160401	洗涤设备		借	
	160402	建筑工程		借	
54	1605	工程物资		借	
	160501	专用材料		借	
	160502	专用设备		借	
55	1606	固定资产清理		借	
56	1611	未担保余值		借	
57	1621	生产性生物资产		借	
58	1622	生产性生物资产累计折旧		贷	
59	1623	公益性生物资产		借	
60	1631	油气资产		借	
61	1632	累计折耗		贷	
62	1701	无形资产		借	
63	1702	累计摊销		贷	
64	1703	无形资产减值准备		贷	
65	1711	商誉		借	
66	1801	长期待摊费用		借	
67	1811	递延所得税资产		借	
68	1821	独立账户资产		借	
69	1901	待处理财产损益		借	
70	2001	短期借款		贷	
71	2002	存入保证金		贷	
72	2003	拆入资金		贷	
73	2004	向中央银行借款		贷	
74	2011	吸收存款		贷	
75	2012	同业存放		贷	
76	2021	贴现负债		贷	
77	2101	交易性金融负债		贷	
78	2111	卖出回购金融资产款		贷	
79	2201	应付票据	供应商往来	贷	
80	2202	应付账款	供应商往来	贷	68 600
81	2203	预收账款	客户往来	贷	
82	2211	应付职工薪酬		贷	

续 表

序号	科目编码	科目名称	辅助核算	余额方向	期初余额
	221101	工资		贷	
	221102	员工福利		贷	
	221103	职工养老保险金		贷	
83	2221	应交税费		贷	31 500
	222101	应交增值税		贷	
	22210101	进项税额		贷	
	22210102	已交税金		贷	
	22210103	转出未交增值税		贷	
	22210105	销项税额		贷	
	22210109	转出多交增值税		贷	
	222102	未交增值税		贷	
	222103	应交所得税		贷	
	222104	应交营业税		贷	31 500
	222105	应交城市维护建设税		贷	
84	2231	应付利息		贷	
85	2232	应付股利		贷	
86	2241	其他应付款		贷	
87	2251	应付保单红利		贷	
88	2261	应付分保账款		贷	
89	2311	代理买卖证券款		贷	
90	2312	代理承销证券款		贷	
91	2313	代理兑付证券款		贷	
92	2314	代理业务负债		贷	
93	2401	递延收益		贷	
94	2501	长期借款		贷	
95	2502	应付债券		贷	
96	2601	未到期责任准备金		贷	
97	2602	保险责任准备金		贷	
98	2611	保户储金		贷	
99	2621	独立账户负债		贷	
100	2701	长期应付款		贷	
101	2702	未确认融资费用		贷	
102	2711	专项应付款		贷	
103	2801	预计负债		贷	
104	2901	递延所得税负债		贷	
105	3001	清算资金往来		借	
106	3002	货币兑换		借	

续 表

序号	科目编码	科目名称	辅助核算	余额方向	期初余额
107	3101	衍生工具		借	
108	3201	套期工具		借	
109	3202	被套期项目		借	
110	4001	实收资本		贷	4 000 000
111	4002	资本公积		贷	600 000
	400201	资本(或股本)溢价		贷	600 000
	400202	接受捐赠非现金资产准备		贷	
	400203	接受现金捐赠		贷	
112	4101	盈余公积		贷	350 100
	410101	法定盈余公积		贷	223 300
	410102	任意盈余公积		贷	126 800
	410103	法定公益金		贷	
113	4102	一般风险准备		贷	
114	4103	本年利润		贷	
115	4104	利润分配		贷	306 700
	410401	未分配利润		贷	306 700
116	4201	库存股		贷	
117	5001	生产成本		借	
118	5101	制造费用		借	
119	5201	劳务成本		借	
120	5301	研发支出		借	
121	5401	工程施工		借	
122	5402	工程结算		借	
123	5403	机械作业		借	
124	6001	主营业务收入	部门	贷	
125	6011	利息收入		贷	
126	6021	手续费及佣金收入		贷	
127	6031	保费收入		贷	
128	6041	租赁收入		贷	
129	6051	其他业务收入		贷	
130	6061	汇兑损益		借	
131	6101	公允价值变动损益		借	
132	6111	投资收益			
133	6201	摊回保险责任准备金		贷	
134	6202	摊回赔付支出		贷	
135	6203	摊回分保费用		贷	
136	6301	营业外收入		贷	

续 表

序号	科目编码	科目名称	辅助核算	余额方向	期初余额
137	6401	主营业务成本		借	
138	6402	其他业务成本		借	
139	6403	营业税金及附加		借	
140	6411	利息支出		借	
141	6421	手续费及佣金支出		借	
142	6501	提取未到期责任准备金		借	
143	6502	提取保险责任准备金		借	
144	6511	赔付支出		借	
145	6521	保单红利支出		借	
146	6531	退保金		借	
147	6541	分出保费		借	
148	6542	分保费用		借	
149	6601	销售费用		借	
	660101	广告费	部门	借	
	660102	差旅费	部门	借	
	660103	水电费	部门	借	
150	6602	管理费用		借	
	660201	工资及其福利费	部门	借	
	660202	办公费	部门	借	
	660203	电话费	部门	借	
	660204	差旅费	部门	借	
	660205	折旧费	部门	借	
151	6603	财务费用		借	
	660301	利息收入和支出		借	
	660302	银行手续费		借	
	660303	汇兑损益		借	
152	6604	勘探费用		借	
	6605	营业费用		借	
153	6701	资产减值损失		借	
	670101	计提坏账准备		借	
154	6711	营业外支出		借	
	671101	罚款支出		借	
155	6801	所得税费用		借	
156	6901	以前年度损益调整		借	

(2) 辅助账期初余额

① 1122 应收账款,如表 3.31 所示。

表 3.31 应收账款余额表　　　　　　　　　　　　　　　单位：元

日　期	客　户	摘　要	方　向	金　额
2007-12-26	中旅	客房款	借	30 000
2007-12-27	青旅	客房款	借	20 000
2007-12-28	大旅	客房款	借	10 000

② 122101 其他应收款——备用金,如表 3.32 所示。

表 3.32 其他应收款——备用金余额表　　　　　　　　　单位：元

日　期	部　门	摘　要	方　向	金　额
2007-12-29	餐饮部	备用金	借	2 000
2007-12-29	工程部	备用金	借	1 000

③ 122102 其他应收款——个人应收款,如表 3.33 所示。

表 3.33 其他应收款——个人应收款余额表　　　　　　　单位：元

日　期	部　门	个　人	摘　要	方　向	金　额
2007-12-29	销售部	王春	出差借款	借	900

④ 2202 应付账款,如表 3.34 所示。

表 3.34 应付账款余额表　　　　　　　　　　　　　　　单位：元

日　期	供应商	摘　要	方　向	金　额
2007-12-29	张裕酒业	购货款	贷	68 600

(3) 数据权限,业务工作—财务会计—总账—设置—数据权限,如表 3.35 所示。

表 3.35 数据权限

用　户	科目权限	部门权限	用　户
002 蒋志虎	全选	全选	全选
003 王欢	全选	全选	全选
004 庄重	1001,1002,1012	全选	全选

(4) 期间损益结转设置　业务工作—财务会计—总账—期末—转账定义—期间损益结转。凭证类别：转账凭证；本年利润科目：4103。

2) 应收款系统初始设置

应收款系统的操作员为王欢。

(1) 基本科目设置　应收科目为 1122,预收科目为 2203,销售收入科目为 6001,税金科目为 22210105。

(2) 结算方式科目设置　支票结算,汇票结算,电汇结算,其他结算对应 100202。

(3) 坏账准备设置　提取比率为 0.5%,坏账准备期初余额为 0,坏账准备科目为 1231,对方科目为 670101。

(4) 账龄区间设置　分为 1—30,31—60,61—90,91—180,181—360,361 以上几种区间。

(5) 期初应收单据　如表 3.36 所示。

表3.36 期初应收单据   单位：元

日期	客户	摘要	方向	金额
2007-12-26	中旅	客房款	借	30 000
2007-12-27	青旅	客房款	借	20 000
2007-12-28	大旅	客房款	借	10 000

3) 应付款系统初始设置

该系统操作员：王欢。

（1）基本科目设置 应付科目为2202，预付科目为1123，采购科目为1401，税金科目为22210101。

（2）结算方式科目设置 现金结算对应1001，支票结算、汇票结算、电汇结算、其他结算对应100202。

（3）账龄区间设置 分为1—30，31—60，61—90，91—180，181—360，361以上几种区间。

（4）录入期初采购专用发票 如表3.37所示。

表3.37 期初应付单   单位：元

日期	供应商	摘要	方向	金额
2007-12-29	张裕酒业	购货款	贷	68 600

3.5.3 日常业务

【实训目的】

（1）掌握填制凭证的方法。

（2）掌握修改凭证的操作方法。

【实训内容】

（注：涉及应收应付业务的用＊标注。）

（1）接到银行通知，收到某投资者以现金投入的资本。

借：银行存款——中行　　　　　　　　　　　300 000.00
　　贷：实收资本（或股本）　　　　　　　　　100 000.00
　　　　资本公积——资本（或股本）溢价　　　200 000.00

（2）向中行申请银行汇票10 000元，取得本票时。

借：其他货币资金——银行汇票存款　　　　　10 000
　　贷：银行存款——中行　　　　　　　　　　10 000

（3）使用银行汇票购买酒水8 000元。

借：原材料——酒水类　　　　　　　　　　　8 000
　　贷：其他货币资金——银行汇票存款　　　　8 000

（4）银行汇票使用完毕，余款转销。

借：银行存款　　　　　　　　　　　　　　　2 000
　　贷：其他货币资金——银行汇票存款　　　　2 000

＊（5）接到银行通知，收到中国旅行社汇来的欠款30 000元、中国青年旅行社汇来的欠款20 000元及大明寺旅行社汇来的欠款8 000元（结算方式均为"电汇"）。

操作流程：① 在应收系统日常录入3张收款单并审核；

② 核销处理；

③ 根据收款单生成凭证，传至总账系统。

说明：凭证内容应为：

借： 银行存款——中行	58 000.00
贷：应收账款——中国旅行社	30 000
应收账款——中国青年旅行社	20 000
应收账款——大明寺旅行社	8 000

*(6) 客房部为中旅提供客房服务，价款8 000元，款未收到，营业税率5%。

操作流程：应收系统日常填制应收单；根据应收单生成凭证传至总账系统。

借：应收账款——中旅	8 000
贷：主营业务收入——客房部	8 000

操作：在总账系统填制下面凭证：

借：营业税金及附加	8 000×5%＝400
贷：应交税费——应交营业税	400

*(7) 由青旅来饭店预订宴席10桌，每桌600元，共计6 000元，收到预收款3 000元转账支票，存入银行。

操作流程：在应收系统填制收款单，性质是预收款，审核并生成凭证。

借：银行存款	3 000
贷：预收账款——青旅	3 000

*(8) 由青旅预定宴席结束，10桌宴席价款6 000元，外加酒水400元，共计6 400元，扣除预订金，收到支票3 400元，存入银行。

操作流程：在应收系统填制应收单，金额6 400元，生成凭证，传至总账系统。

　　　　　在应收系统填制收款单，金额3 400元，生成凭证，传至总账系统。

　　　　　在应收系统转账处理，预收冲应收，金额3 000元，生成凭证传至总账系统。

借：应收账款	6 400
贷：主营业务收入——餐饮部	6 400
借：银行存款	3 400
贷：应收账款	3 400
借：预收账款——青旅	3 000
贷：应收账款——青旅	3 000

总账系统填制以下凭证：

借：营业税金及附加	320
贷：应交税费——应交营业税	320

(9) 采购购入大米100千克，单价3元/千克，金额300元，增值税39元，货款以支票支付，大米已经验收入库，另以现金支付运费20元。

借：原材料——食品类	359
贷：银行存款——中行	339
库存现金	20

(10) 购进活螃蟹2 000元，直接由餐饮部领用。

借：主营业务成本——餐饮部	2 000

贷：库存现金　　　　　　　　　　　　　　　　　　　　2 000
（11）中旅来团，收到 50 000 美元，当天存入银行。
　　借：银行存款——工行（美元存款）　　　　　　　　　　50 000
　　　贷：主营业务收入——销售部　　　　　　　　　　　　　50 000
（12）收到出差人员交回的差旅费剩余款并结算。
　　借：库存现金　　　　　　　　　　　　　　　　　　　　45.00
　　　　销售费用——差旅费（销售部）　　　　　　　　　　855.00
　　　贷：其他应收款——个人应收款（王春）　　　　　　　　900.00
（13）管理部门报销费用。
　　借：管理费用——电话费（财务部）　　　　　　　　　　600.00
　　　　管理费用——电话费（人力资源部）　　　　　　　　800.00
　　　　管理费用——办公费（财务部）　　　　　　　　　1 500.00
　　　　管理费用——办公费（人力资源部）　　　　　　　　600.00
　　　贷：银行存款——中行存款　　　　　　　　　　　　3 500.00
*（14）向张裕酒业购进葡萄酒价值 30 000 元，款未付（以应付单的形式确认该笔应付款，不考虑税）。
　　　操作流程：① 录入涉及张裕酒业的应付单并审核，金额为 30 000 元（对应的对方科目为
　　　　　　　　　原材料——酒水类，金额为 30 000 元）。
　　　　　　　　② 根据应付单生成凭证，传至总账系统。
　　　　　　　说明：凭证内容应为
　　借：原材料——酒水类　　　　　　　　　　　　　　30 000.00
　　　贷：应付账款——张裕酒业　　　　　　　　　　　　30 000
（15）收到中旅公司预付的客房款 8 000 元，结算方式为"支票"。
　　　操作流程：① 录入收款单并审核（注意款项来源为"预收款"）。
　　　　　　　　② 根据收款单生成凭证，传至总账系统。
　　　说明：凭证内容应为：
　　借：银行存款　　　　　　　　　　　　　　　　　　8 000.00
　　　贷：预收账款——中旅　　　　　　　　　　　　　　8 000.00
（16）将中旅的预收款冲抵其应收账款。
　　　操作流程：① 执行"预收冲应收"功能。
　　　　　　　　② 生成凭证，传至总账系统。
　　　说明：凭证内容应为：
　　借：预收账款——中旅　　　　　　　　　　　　　　8 000.00
　　　贷：应收账款——中旅　　　　　　　　　　　　　　8 000.00

3.5.4　错账更正和账簿使用

【实训目的】

（1）掌握凭证复核和记账的操作方法。

（2）掌握已记账凭证的修改的操作方法。

（3）查询各种账簿的数据。

【实训内容】

(1) 以操作员"蒋志虎"的身份对实训 3.5.3 的所有凭证进行审核签字、记账。

(2) 将已记账凭证恢复至记账前状态,取消下列凭证的审核签字,然后对下列凭证进行修改,最后再将所有凭证重新审核和记账。

将凭证　借:原材料——食品类　　　　　　　　359
　　　　　贷:银行存款　　　　　　　　　　　　339
　　　　　　　库存现金　　　　　　　　　　　　20
改为:借:原材料——食品类　　　　　　　　399
　　　　　贷:银行存款　　　　　　　　　　　　379
　　　　　　　库存现金　　　　　　　　　　　　20

(3) 查账

① 查询现金日记账:日期:本月(只需前 3 条分录),结果填入表 3.38 中。

表 3.38　现金日记账　　　　　　　　　　　单位:元

本　月	日	凭证号数	借　方	贷　方	余　额
	本月合计				
	当前累计				

② 查询下列科目的明细账,并且联查凭证,将结果填入表 3.39 中。

表 3.39　明细账　　　　　　　　　　　单位:元

科目名称	本月份共有几笔分录	第一笔分录的凭证借方科目名称
应收账款		
主营业务收入		
销售费用/差旅费		

③ 查询部门总账:指定部门查科目总账,如"销售部",结果填入表 3.40 中(只要前 2 条)。

表 3.40　总账　　　　　　　　　　　单位:元

科目名称	期初余额	借方合计	贷方合计	期末余额

④ 查询"王春"个人明细账,将结果填入表 3.41 中(只要第一条记录)。

表 3.41　明细账　　　　　　　　　　　单位:元

日　期	凭证号数	科　目	余　额
		科目小计	
		个人小计	

⑤ 查询发生额及余额表：查询所有余额范围在1 000～5 000元之间所有资产类科目的余额表，查看资产小计。

⑥ 查询客户往来余额表：指定单位"中旅"查余额表，结果填入表3.42中。

表3.42　客户往来余额表　　　　　　　　　　　　　　单位：元

科目名称	借　方	贷　方	方　向	期末余额
合计				

⑦ 客户往来账龄分析：查询"113应收账款"账龄分析（自定义账龄分析区间），分别为：1—30天，31—60天，61—120天，121—180天，181—365天，366天以上。

3.5.5　期末处理

【实训目的】

掌握月末转账凭证的编制。

【实训内容】

(1) 定义下列月末转账凭证

① 定义汇兑损益结转凭证：汇兑损益的入账科目为"财务费用——汇兑损益"。

② 定义期间损益结转利润的凭证。

(2) 采用对应结转结转当月增值税。

(3) 生成下列月末转账凭证

① 生成汇兑损益结转凭证（美元的月末调整汇率为6.9），并进行审核、记账。

② 生成当月各项收入结转至本年利润，并进行审核、记账。

借：主营业务收入

　　其他业务收入

　　投资收益

　　营业外收入

　贷：本年利润

③ 生成当月各项成本、费用、支出结转至本年利润，并进行审核、记账。

借：本年利润

　贷：主营业务成本

　　　主营业务税金及附加

　　　销售费用

　　　其他业务支出

　　　管理费用

　　　财务费用

　　　营业外支出

(4) 结账

① 执行应收系统结账。

② 执行应付系统结账。

③ 执行总账系统结账。

3.5.6 报表编制

【实训目的】
(1) 掌握报表格式的设计和计算公式的编制。
(2) 掌握日常财务报表的编制流程。
(3) 掌握现金流量表的制作方法。

【实训内容】
(1) 资产负债表制作　定义资产负债表格式及计算公式,保存为"资产负债表.rep"文件。
(2) 利润表制作　定义利润表格式及计算公式,保存为"利润表.rep"文件。
(3) 现金流量表制作　定义现金流量格式及计算公式,保存为"利润表.rep"文件。

习题与答案

一、习题

1) 判断题

(1) 业务明细账中可以查询既是客户又是供应商单位的汇总往来账的前提条件,是该客户档案中必须事先选择好其对应的供应商。　　　　　　　　　　　　　　(　　)

(2) 在应收款系统中,无论"单据报警"还是"信用报警",系统均提供了自动报警和人工查询两种方式。　　　　　　　　　　　　　　　　　　　　　　　　　　　(　　)

(3) 在应收款系统中,如果要对一张凭证进行删除操作,则该凭证的凭证日期不能在本系统的已结账月份。一张凭证被删除后,它所对应的原始单据应重新填制。　　　(　　)

(4) 在同时启动销售系统与应收款系统的情况下,应收款系统可以向销售系统传递记账凭证。　　　　　　　　　　　　　　　　　　　　　　　　　　　　　　(　　)

(5) 无论采用"详细核算"应用方案还是"简单核算"应用方案,应收款系统均可以对销售发票进行制单处理,并传递给总账。　　　　　　　　　　　　　　　　　　(　　)

(6) 在应收款系统中无论采用详细核算应用方案还是采用简单核算应用方案,都可以对往来明细进行实时查询、分析。　　　　　　　　　　　　　　　　　　　　(　　)

(7) 在应收款系统中,根据客户往来款项核算和管理的程度不同,系统提供了"详细核算"和"简单核算"两种应用方案。不同的应用方案,其系统功能、产品接口、操作流程等均不相同。　　　　　　　　　　　　　　　　　　　　　　　　　　　　　　　　(　　)

(8) 在应收款系统中,期初余额的形式只能是其他应收单。　　　　　　　　(　　)

(9) 在应收款系统中,通过期初余额录入功能,用户可以将正式启用账套前的所有应收、应付业务数据录入到系统中,作为期初建账的数据。　　　　　　　　　　(　　)

(10) 在应收款系统的单据编号设置功能中,可以将收款单的编号设置为"允许手工修改"。　　　　　　　　　　　　　　　　　　　　　　　　　　　　　　　　(　　)

(11) 在应收款系统中,不能对专用发票进行单据格式的设计。　　　　　　(　　)

(12) 在应收款系统中,所有账龄区间都可以根据需要修改和删除。　　　　(　　)

(13) 应收款系统中提供了两种设置产品销售科目的依据,即按单据和按客户。(　　)

(14) 在应收款系统中,如果已经计提过坏账准备,则坏账准备的全部参数将永远不能

被修改。（　）

(15) 在应收款系统中,系统默认的代垫费用类型为"其他应收单"。（　）

(16) 应收款系统的启用会计期间必须与账套的启用期间一致。（　）

(17) 可以在建账完毕后直接进入系统启用设置进行应收款系统的启用。（　）

(18) 在应收款系统的制单功能中,系统默认制单日期为单据日期。（　）

(19) 在录入一笔坏账收回的款项时,应该注意不要把该客户的其他的收款业务与该笔坏账收回业务录入到同一张收款单中。（　）

(20) 在应收款系统的应收冲应付的转账处理功能中,如果在转账金额中输入了数据则不能修改。（　）

(21) 在应收款系统的预收冲应收的转账处理中,无论是手工输入的单据转账金额还是自动分摊添入的转账金额,均不能大于该单据的余额。（　）

(22) 在应收款系统中,当背书方式为"冲销应付账款"时,如果背书金额大于应付账款,则将剩余金额记为供应商的预付款,并结清该张票据。（　）

(23) 在应收款系统中,如果贴现净额或背书金额大于票据余额,系统自动将其差额作为利息,但可以修改。（　）

(24) 在应收款系统中,对于一张付款单来说,只能单向导入、导出,即不允许一张单据循环导入、导出。（　）

(25) 在应收款系统中,核销的记账日期应等于业务处理时的注册日期。（　）

(26) 在应收款系统中,同币种核销时,如果结算的金额小于收款单金额与预收款的使用金额之和,则系统优先使用预收款的金额。（　）

(27) 在应收款系统中,手工核销及自动核销一次均可对多个客户进行核销处理。（　）

(28) 在应收款系统中,一次只能对一种结算单类型进行核销,即手工核销的情况下需要将收款单和付款单分开核销。（　）

(29) 在应收款系统的收款单中,如果选择表体记录的款项类型为其他费用,则该款项用途为其他费用,且其表体的科目不能是收付系统的控制科目。（　）

(30) 在应收款系统中,应收单是记录非销售业务所形成的应收款情况的单据。应收单的实质是一张凭证。（　）

2) 单选题

(1) 在应收款系统中,月末结账时不需满足的条件是(　)。
　　A. 总账未结账则应收系统不能结账　　B. 前一个月未结账,则本月不能结账
　　C. 结算单还有未审核的,不能结账　　D. 一次只能选择一个月进行结账

(2) 在应收款系统中,取消坏账处理的前提条件是(　)。
　　A. 坏账处理的日期在已经结账月末内　　B. 坏账处理后已经制单
　　C. 坏账处理后尚未制单　　D. 坏账处理采用直接转销法

(3) 在应收款系统的取消操作功能中,不能完成(　)操作。
　　A. 取消核销　　B. 取消票据处理　　C. 取消并账　　D. 取消制单

(4) 应收款系统中的科目账查询结果,一般来说应该与总账中的客户往来账查询结果相同,但如果存在以下情况之一,就会导致两边结果不一致(　)。
　　A. 总账期初余额明细与应收期初明细不一致
　　B. 应收系统期初余额录入后未与总账进行对账

C. 总账中未执行记账操作
D. 应收系统中还有尚未制单的业务

(5) 在应收款系统的业务账表查询功能中,可以把相关的所有应收、应付业务信息在一张表中显示,但显示信息不能包括( )。

A. 未审核单据　　B. 未开票已出库单　　C. 已入库未结算单　　D. 付款条件

(6) 在应收款系统的账表查询功能中,( )功能中包括"明细方式"和"回款方式"两种显示方式。

A. 业务总账　　　B. 业务余额表　　　C. 业务明细账　　　D. 对账单

(7) 在应收款系统的单据查询功能中,不能完成( )查询。

A. 发票　　　　　B. 结算单　　　　　C. 应收单　　　　　D. 应付单

(8) 如果在应收款系统中生成的凭证已经在总账中记账,又需要对形成凭证的原始单据进行修改,则可以通过( )操作,然后对原始单据进行相应的修改。

A. 冲销凭证　　　B. 取消操作　　　　C. 取消记账　　　　D. 删除凭证

(9) 在应收款系统中,已经传递到总账系统中的凭证可以在( )功能中删除。

A. 制单处理　　　B. 单据查询　　　　C. 账表管理　　　　D. 期末处理

(10) 应收款系统可以向总账系统传递( )。

A. 分析数据　　　B. 应用函数　　　　C. 销售发票　　　　D. 记账凭证

(11) 在同时启动销售系统与应收款系统的情况下,应收款系统可以向销售系统传递( )单据。

A. 销售发票　　　B. 销售调拨单　　　C. 收款结算情况　　D. 记账凭证

(12) 在"简单核算"的应用方案下,在总账系统中可以对应收款系统传递过来的记账凭证做( )处理。

A. 保存记账凭证　B. 审核记账凭证　　C. 修改记账凭证　　D. 删除记账凭证

(13) 在应收款系统中,如果采用"简单核算"的应用方案,系统的主要功能包括( )。

A. 记录应收款项的形成　　　　　　　B. 对应收票据进行记录和管理
C. 对销售发票进行制单处理,传递给总账　D. 处理应收项目的收款及转账情况

(14) 在应收款系统中,收款单据的类型主要包括( )。

A. 销售专用发票　B. 销售普通发票　　C. 收款单　　　　　D. 其他应收单

(15) 在应收款系统中,录入( )单据类型的期初余额需要录入结算方式。

A. 销售发票　　　B. 应收单　　　　　C. 预收款单　　　　D. 应收票据

(16) 在应收款系统中,录入期初余额时,发票和应收单的方向包括正向和负向,而( )则不用选择方向,系统均默认为正向。

A. 应付单　　　　B. 预收款单　　　　C. 预付款单　　　　D. 应付票据

(17) 在应收款系统中,期初发票是指还未核销的( ),在系统中以单据的形式列示,已核销部分金额不显示。

A. 应收账款　　　B. 预收账款　　　　C. 应收票据　　　　D. 其他应收款

(18) 在应收款系统中,单据编号设置应不包括对应收款系统中( )单据的编号设置。

A. 收款单　　　　B. 付款单　　　　　C. 其他应收单　　　D. 其他应付单

(19) 在应收款系统的单据设计功能中,不能对( )的单据格式进行设计。

A. 普通发票　　　B. 应收单　　　　　C. 销售调拨单　　　D. 结算单

(20) 在应收款系统中,关于"账龄区间设置",以下说法错误的是( )。
A. 序号由系统自动生成,从 01 开始
B. 直接输入截止该区间的账龄总天数
C. 系统会根据输入的总天数自动生成相应的区间
D. 每个区间均可以修改和删除

(21) 在应收款系统中,如果已经做过坏账处理,则即使在下一年中,也不能再修改的坏账准备的数据是( )。
A. 提取比率　　　　　　　　　　B. 坏账准备期初余额
C. 坏账准备科目　　　　　　　　D. 对方科目

(22) 应收款系统中所使用的"应收票据"科目不需满足的条件是( )。
A. 应收款系统受控科目　　　　　B. 应付款系统受控科目
C. 末级科目　　　　　　　　　　D. 本币科目

(23) 在应收款系统中不能随时修改的账套参数是( )。
A. 应收款核销方式　　　　　　　B. 单据审核日期依据
C. 坏账处理方式　　　　　　　　D. 代垫费用类型

(24) 在应收款系统中,可以将"单据审核日期依据"设置为( )。
A. 单据日期　　　　　　　　　　B. 审核日期
C. 账套启用日期　　　　　　　　D. 应收款系统启用会计期

(25) 在应收款系统中,可以将"应收款核算模型"设置为( )。
A. 按单据　　　B. 按客户　　　C. 月末处理　　　D. 详细核算

(26) 关于启用应收款系统,以下说法正确的是( )。
A. 系统管理员有权在企业门户中进行系统启用设置
B. 账套主管有权在企业门户中进行系统启用设置
C. 系统管理员可以在应收款系统中进行系统启用设置
D. 会计主管有权在应收款系统中进行系统启用设置

(27) 应收款系统的启用会计期间应满足的条件是( )。
A. 大于等于账套的启用期间　　　B. 小于等于账套的启用期间
C. 大于等于业务日期　　　　　　D. 小于等于业务日期

(28) 在应收款系统中,期初数据的准备不包括( )。
A. 设置客户档案　B. 设置存货档案　C. 设置供应商档案　D. 设置结算方式

(29) 在应收款系统的制单功能中,合并制单一次可以选择多个制单类型,但至少必须选择一个制单类型,其中,可以进行合并制单的单据类型是( )。
A. 核销制单　　　B. 坏账处理　　　C. 票据处理　　　D. 转账处理

(30) 在应收款系统的制单功能中,以下说法错误的是( )。
A. 制单后可以增加、删除分录
B. 制单后可以增加、删除分录,但增加、删除的分录科目不能为受控科目
C. 系统生成的分录不允许删除
D. 可以修改附单据数

3) 多选题
(1) 在应收款系统的取消操作功能中,以下( )情况不能直接进行取消票据处理。

A. 票据在处理后已经制单
B. 票据转出后生成的应收单已经核销
C. 计息后又进行了其他处理
D. 票据结算后又进行了处理

(2) 在应收款系统的取消操作功能中,取消操作的类型主要包括(　　)。
A. 取消坏账处理　　B. 取消核销　　C. 取消记账　　D. 取消转账

(3) 在应收款系统中,业务账表查询的内容主要包括(　　)。
A. 业务总账　　B. 业务余额表　　C. 对账单　　D. 业务明细账

(4) 在应收款系统中,通过业务账表查询,可以及时地了解一定时期内期初应收款结存汇总情况及(　　)等情况。
A. 应收款发生
B. 应收款发生的汇总
C. 坏账准备计提
D. 期末应收款结存汇总

(5) 在应收款系统的凭证查询功能中,删除凭证的前提条件是(　　)。
A. 未审核　　B. 未经出纳签字　　C. 未记账　　D. 未传递到总账

(6) 在应收款系统的单据查询功能中,可以完成如下单据的查询(　　)。
A. 应收单　　B. 应付单　　C. 单据报警　　D. 信用报警

(7) 在同时启动销售系统与应收款系统的情况下,应收款系统的主要功能包括(　　)。
A. 接收销售系统已复核的销售发票
B. 接收销售系统已复核的销售调拨单
C. 应收款系统与销售管理系统进行转账业务处理
D. 根据已审核的收款单制单

(8) 在应收款系统中,如果采用"简单核算"的应用方案,系统应提供以下主要功能(　　)。
A. 记录应收款项的形成
B. 接收销售系统的发票,对其进行审核
C. 处理应收项目的收款及转账情况
D. 对销售发票进行制单处理,传递给总账

(9) 在应收款系统中,根据客户往来款项核算和管理的程度不同,系统提供了(　　)两种应用方案。
A. 精细核算　　B. 粗放核算　　C. 详细核算　　D. 简单核算

(10) 在不启动销售系统的情况下,应收款系统中应收单据的类型主要包括(　　)。
A. 销售专用发票　　B. 销售普通发票　　C. 收款单　　D. 其他应收单

(11) 在应收款系统中,录入期初余额,包括未结算完的(　　)单据。这些期初数据必须是账套启用会计期间前的数据。
A. 发票　　B. 应收单　　C. 应付单　　D. 预收款单

(12) 在应收款系统中,当系统选项中设置了启用(　　)数据权限,则在查询、编辑期初余额数据时均需要根据登录用户的对应数据权限进行相应的限制。
A. 客户　　B. 供应商　　C. 部门　　D. 职员

(13) 在应收款系统中单据编号设置功能中,可以对应收款系统中的(　　)单据进行单据编号设置。
A. 其他应收单　　B. 付款单　　C. 收款单　　D. 销售专用发票

(14) 应收款管理系统中,单据设计功能可以对系统各主要单据的(　　)进行设计。

A. 屏幕显示界面　　B. 单据种类　　　C. 单据编号　　　D. 打印格式

(15) 在应收款系统中所使用的应收科目应满足如下条件(　　)。
A. 应付款系统受控科目　　　　B. 应收款系统受控科目
C. 本币科目　　　　　　　　　D. 末级科目

(16) 在应收款系统的账套参数设置中,只要将坏账处理方式设置为(　　),就应继续进行坏账准备的设置。
A. 应收余额百分比法　　　　　B. 销售收入百分比法
C. 账龄分析法　　　　　　　　D. 直接转销法

(17) 在应收款系统的账套参数设置中,凭证页签的账套参数主要包括(　　)。
A. 受控科目制单方式　　　　　B. 非受控科目制单方式
C. 应收款核销方式　　　　　　D. 销售科目依据

(18) 在应收款系统中,以下(　　)账套参数不能随时修改。
A. 应收款核销方式　　　　　　B. 单据审核日期依据
C. 坏账处理方式　　　　　　　D. 应收账款核算模型

(19) 应收款系统的启用会计期间应满足如下条件(　　)。
A. 大于账套的启用期间　　　　B. 小于账套的启用期间
C. 等于账套的启用期间　　　　D. 小于等于账套的启用期间

(20) 有权启用应收款系统的操作员是(　　)。
A. 系统管理员　　B. 账套主管　　C. 财务主管　　D. 会计主管

(21) 在应收款系统的制单功能中,关于制单日期,以下说法正确的是(　　)。
A. 系统默认为当前业务日期
B. 制单日期应大于等于所选的单据的最大日期
C. 制单日期系统默认为单据日期
D. 制单日期应小于等于所选的单据的最大日期

(22) 在应收款系统中,制单类型主要包括(　　)。
A. 结算单制单　　B. 核销制单　　C. 并账制单　　D. 收款单制单

(23) 在应收款系统的坏账处理功能中,以下说法正确的是(　　)。
A. 只能在初始设置中改变坏账准备的计提比率
B. 本次坏账发生金额只能小于单据余额
C. 本次坏账发生金额只能等于单据余额
D. 坏账收回制单不受系统选项中"方向相反分录是否合并"选项控制

(24) 在应收款系统中,无论做过以下任意一种操作,就不能修改坏账准备数据,只允许查询(　　)。
A. 录入期初余额　　B. 坏账计提　　C. 坏账发生　　D. 坏账收回

(25) 在应收款系统中,应收冲应付的业务规则是(　　)。
A. 应收款的转账金额合计应该等于应付款的转账金额合计
B. 应收款的转账金额合计可以大于等于应付款的转账金额合计
C. 如果应收款系统采用简单核算,则该功能不能执行
D. 应收冲应付功能不能进行不等额对冲

(26) 在应收款系统中,转账处理功能主要包括(　　)。

· 132 ·

A. 应收冲预付　　　B. 应收冲应收　　　C. 预收冲应收　　　D. 红票对冲

(27) 在应收款系统中,如果(　　),系统自动将其差额作为利息,不能修改。

A. 转出金额小于票据余额　　　　　B. 贴现净额大于票据余额
C. 背书金额大于票据余额　　　　　D. 贴现净额小于票据余额

(28) 在应收款系统中,在以下几种情况下票据不能被删除(　　)。

A. 收到日期在已经结账月　　　　　B. 票据所形成的收款单已经核销
C. 已经进行过计息处理　　　　　　D. 已经进行过转出等处理

(29) 应收导出给网上银行的单据应符合以下条件(　　)。

A. 该单据不能已经有导出到网上银行的标志
B. 应收系统只能导出没有审核过的单据。
C. 该单据不能已经有从网上银行导入的标志。
D. 该单据上必须有本单位银行名称

(30) 在应收款系统中,结算单列表显示的是款项类型为(　　)的记录,而款项类型为其他费用的记录不允许在此作为核销记录。

A. 应收款　　　B. 应付款　　　C. 预收款　　　D. 预付款

4) 业务处理题

(1) 收到北京世纪学校支付的前欠款 10 000 元转账支票一张。此款项已经做坏账处理,结算单号:0000000004,据此进行坏账收回操作。

(2) 进行计提坏账准备操作。

(3) 2008-11-30 日北京世纪学校的 6 000 预收款冲抵其应收款。

(4) 将 2008-11-30 日北京世纪学校的 6 000 元应收款转入海飞公司。

(5) 在应收款系统中,将 2008-12-06 日收到的北京世纪学校的银行承兑汇票背书转让,背书方式为其他。

根据以下信息和顺序操作:

被背书单位:南京多媒体研究所;

对应科目:5405。

(6) 在应收款系统中录入应收单据并保存。

发票类别:应收单——其他应收单。

开票日期:2008 年 1 月 11 日;

客户名称:明远公司(102);

科目:1131 应收账款;

金额:500 元。

(7) 设置并确定应收款系统的选项内容如下:

应收款核销方式:按单据;

单据审核日期依据:单据日期;

坏账处理方式:应收余额百分比法;

代垫费用类型:其他应收单。

(8) 根据以下信息设置应付款管理系统基本科目:

应付科目:2121;

采购科目:1201;

采购税金科目:21710101。

(9) 进行应收款系统初始设置中的"坏账准备"设置。提取比率为5%,坏账准备期初余额为5600元,坏账准备科目为"1141 坏账准备",对方科目为"5502 管理费用"。

(10) 进行应收款系统初始设置中的"基本科目"设置。

应收科目:应收账款(1131);

销售收入科目:主营业务收入(5101);

应交增值税科目:应交税金——应交值税(销项税额)(21710105)。

(11) 进行应收款系统初始设置中的"坏账准备"设置。提取比例为3%,坏账准备期初余额为4000元,坏账准备科目为"1141 坏账准备",对方科目为"5502 管理费用"。

(12) 将应向明远公司收取的应收账款4 563元做坏账处理,并生成记账凭证。

(13) 将应向宏发公司收取的应收账款11 700元,转为对明远公司的应收账款11 700元。转账后直接生成记账凭证并保存。

(14) 在应收款系统中,将1月15日,收到明远公司500元的现金与1月15日形成的500元的应收单进行核销。

(15) 在应收款系统中,将1月13日,收到的宏发公司1 500元的转账支票款中的1 310元与1月12日形成的应收单1 310元进行手工核销。

(16) 在应收款系统中审核所有的收款单据。

(17) 填制收款单并保存。1月15日,收到明远公司交来的现金500元。

(18) 进行应收账龄统计分析操作,操作后退出分析结果(注:过滤条件用系统默认的,无需输入)。

(19) 进行信用报警查询操作(注:信用预警条件用系统给出的默认条件,无需输入)。

(20) 进行应付款系统初始设置中的"结算科目"设置。结算方式分别为转账支票,币种为人民币,科目为"银行存款1002",结算方式为托收承付。

(21) 进行应付款系统初始设置中的"基本科目"设置。

银行承兑科目:2111;

预付科目:1151。

(22) 进行应付款系统初始设置中的"结算科目"设置。结算方式分别为"银行汇票"和"转账支票",币种均为人民币,科目均为"1002"。

(23) 2008-08-10日,万科公司为销售二部宋佳代垫费用9 000元。

根据以下信息顺序录入期初余额(注:所有信息能用键盘录入的必须用键盘录入):

单据编号系统自动生成;

单据日期;

供应商:万科;

科目:2121;

金额;

部门;

业务员。

(24) 1月15日,以电汇方式支付包头钢铁集团公司欠款30 000元,填制付款单并保存。

(25) 在应付款系统中,1月15日,将以电汇方式支付给包头钢铁集团公司的欠款

30 000元,与1月12日形成的30 654元欠款中的30 000元进行手工核销。

(26) 1月13日,以电汇方式支付上海宝山钢铁集团公司款100 000元,填制付款单并保存。

(27) 将1月31日生成的"并账"的记账凭证删除。

(28) 录入期初应收单:2008-07-02销售二部宋佳为北京世纪学校代垫费用9 000元(注:所有信息均用键盘输入,单据编号自动生成)。

录入信息按以下顺序：

单据日期；

客户；

科目:1131；

金额；

部门；

业务员。

(29) 根据以下信息,按顺序在应收款管理系统录入期初销售发票：

• 单据类型:销售普通发票；

• 单据编号:P1111；

• 单据日期:2008-07-01；

• 客户:北京世纪学校；

• 科目:1131；

• 方向:借；

• 部门:销售一部；

• 业务员:赵兵；

• 货物名称:多媒体课件；

• 数量:1 000；

• 单价:10.00元。

二、习题答案

1) 判断题

(1) T (2) T (3) F (4) F (5) T (6) F (7) T (8) F (9) F (10) T
(11) F (12) F (13) F (14) F (15) T (16) F (17) T (18) F (19) T (20) F
(21) T (22) T (23) F (24) T (25) T (26) F (27) F (28) T (29) T (30) T

2) 单选题

(1) A (2) C (3) D (4) A (5) D (6) D (7) D (8) A (9) B (10) D
(11) C (12) B (13) C (14) C (15) C (16) B (17) A (18) D (19) C (20) D
(21) B (22) B (23) C (24) A (25) D (26) B (27) A (28) C (29) D (30) A

3) 多选题

(1) ABCD (2) ABD (3) ABCD (4) ABD (5) ABC (6) ACD (7) ABD (8) BD
(9) CD (10) ABD (11) ABD (12) AC (13) ABC (14) AD (15) BD (16) ABC
(17) ABD (18) CD (19) AC (20) AB (21) AB (22) ABC (23) AD (24) BCD
(25) ABC (26) BCD (27) BC (28) ABCD (29) ABCD (30) AC

4) 业务处理题(略)

4 会计信息化相关子模块

【学习目标】

本章结合两个实训案例介绍了会计信息化相关模块——薪资、固定资产系统的基本应用。通过本章学习,读者能够掌握这两个系统初始化设置和日常处理的基本方法和步骤。

4.1 薪资系统

4.1.1 薪资系统概述

薪资系统是企业会计信息系统中一个重要子系统。工资核算是所有单位会计核算中最基本的业务之一。工资核算和管理的正确与否关系到企业每一个职工的切身利益,对于调动每一个职工的工作积极性,正确处理企业与职工之间的经济关系具有重要意义。

由于人力资源的核算和管理还存在很多有待解决的理论问题,因此目前常用的薪资系统还是以企业工资核算和管理为主,附带提供其他有关人力资源的管理信息。

1) 薪资系统的主要功能

(1) 进行工资项目设置与工资运算公式的编辑 对工资核算项目的名称、属性等进行必要的设置,对工资项目进行包括算术运算和关系运算在内的运算关系的设置。

(2) 正确计算职员工资 按项目设置逐项录入与编辑工资数据资料,形成各种工资计算数据。

(3) 正确分摊工资费用 汇总工资费用并按规定比例计提福利费和工会经费,形成工资费用分配表。

(4) 输出工资报表 正确输出工资表、工资条、工资汇总表、工资费用分配表等工资报表。

2) 薪资系统的会计核算

薪资系统的会计核算较为简单,主要涉及工资计提和分摊的核算、工资发放的核算,此外由于工会经费和职工教育经费与工资关系密切,也属于工资核算的内容。计提工资时根据用途的不同,借记"生产成本"、"制造费用"、"管理费用"、"销售费用"、"在建工程"等科目,贷记"应付职工薪酬——应付工资"、"应付职工薪酬——工会经费","应付职工薪酬——职工教育经费"。

提示:从2007年7月1日开始,根据新财务通则,企业不再根据工资总额的14%计提应付福利费,而是直接在成本中列支。

4.1.2 薪资系统的应用模式

1) 简单模式

对于核算业务比较简单,而工资管理量比较大的企业,薪资系统可以作为一个独立的信息系统单独使用。这种模式下薪资系统的使用者一般是人力资源管理部门,它更强调薪资系统的管理功能,核算功能相对弱化。为了便于说明问题,本章实训案例采取这种模式。

2) 集成模式

如果企业的工资核算业务量比较大,并且企业管理水平较高,能够提供很好的基础性支持,可以采取薪资系统的集成模式,如图 4.1 所示,实现工资与账务模块的其他子系统资源共享,提高系统资源使用效率。

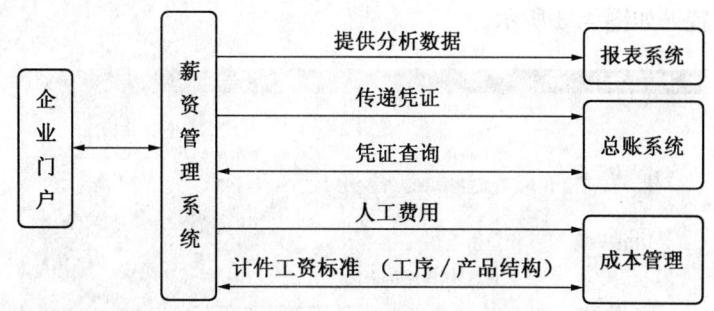

图 4.1　薪资管理系统与其他子系统之间的集成

4.1.3 薪资系统基本流程

薪资系统基本流程如图 4.2 所示。

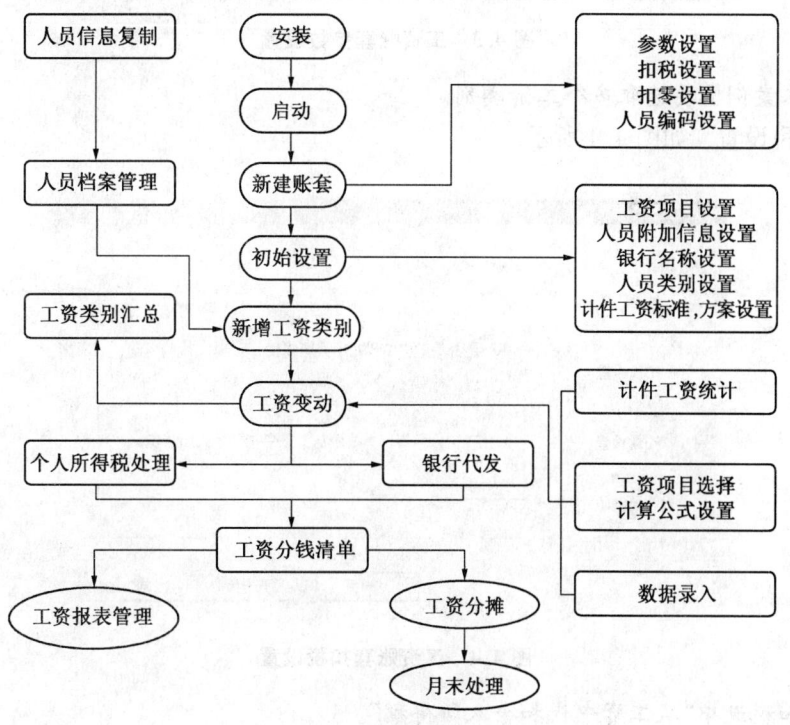

图 4.2　薪资系统流程

4.1.4 皇宫公司薪资系统初始化

皇宫公司采用薪资系统简单模式,独立使用薪资系统。

系统初始化设置工作是整个工资管理子系统正确运行的基础。系统建立一个完整的账套是系统初始化设置正常运行的根本保证。

1)建立工资账套

前提:系统管理中首先建立本单位的核算账套。

操作步骤:

进入"企业门户"→"财务会计"→"工资管理",根据建账向导分4步进行:参数设置、扣税设置、扣零设置、人员编码。

(1)参数设置　如图4.3所示。

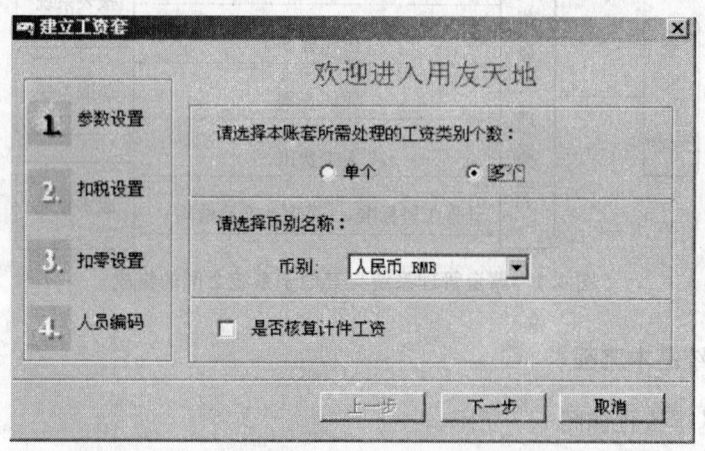

图4.3　工资账套参数设置

提示:本案例需要选取多个工资类别。

(2)扣税设置　如图4.4所示。

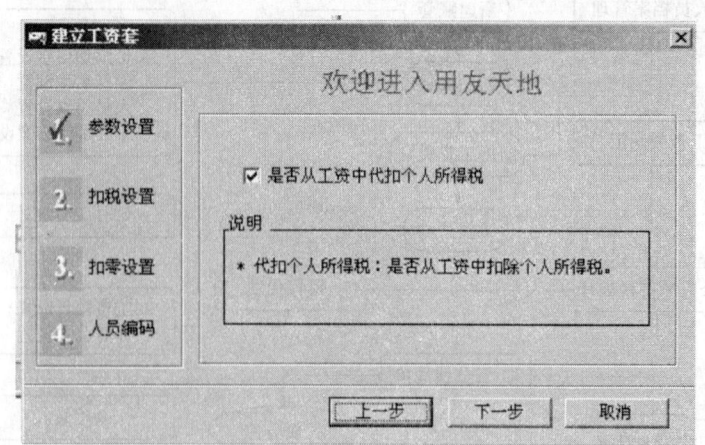

图4.4　工资账套扣税设置

提示:扣税选中"从工资中代扣个人所得税"。

(3) 扣零设置　如图 4.5 所示。

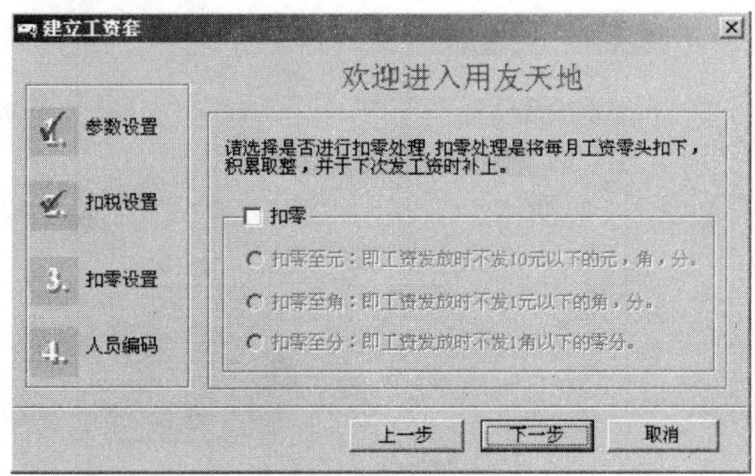

图 4.5　工资账套扣零设置

(4) 人员编码设置　如图 4.6 所示。

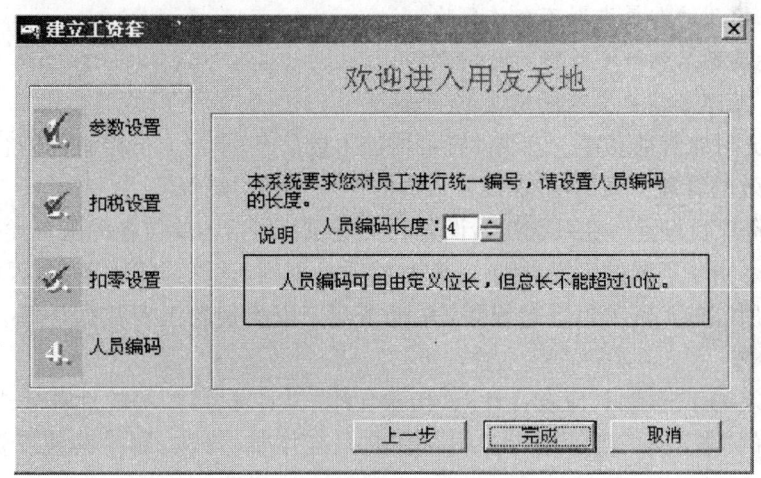

图 4.6　工资账套人员编码设置

提示：本案例人员编码长度调整为 4（编码最长不超过 10 位字符）。

2）基础信息设置

建立工资账套以后，要对整个系统运行所需的一些基础信息进行设置。账套基础信息的设置应该在关闭工资类别的情况下进行。

(1) 部门设置　首先必须在企业门户的"基础信息"→"基本信息"中设置部门编码方案，部门档案可以在企业门户、总账、工资等任何一个模块录入，其结果都是由各个模块共享。

(2) 人员类别设置　人员类别与工资费用的分配、分摊有关，该设置便于按人员类别进行工资汇总计算。

操作步骤：

"设置"→"人员类别设置"→"增加"，增加 3 个人员类别：管理人员、业务人员和技术人员,如图 4.7 所示。

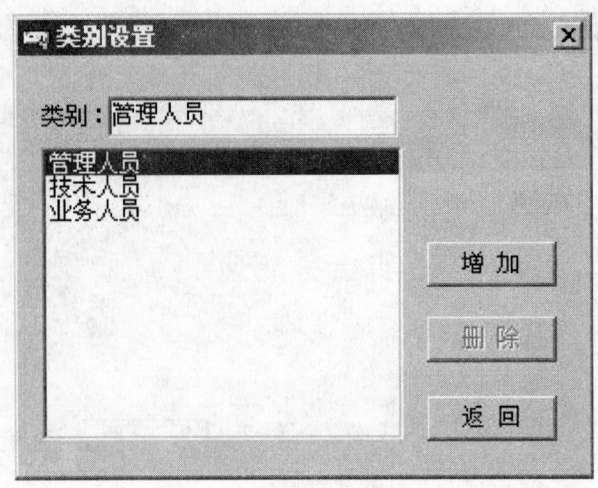

图 4.7 类别设置

提示:
① 正在使用的人员类别不允许删除。
② 人员类别只剩一个时将不允许删除。
③ 人员类别名称长度不得超过 10 个汉字。

(3) 人员附加信息设置 该项设置可增加人员信息,丰富人员档案的内容,便于对人员进行更加有效的管理。例如,增加设置人员的性别、民族、婚否等。

(4) 工资项目设置 在系统初始设置的工资项目包括本单位各种工资类别所需要的全部工资项目。由于不同的工资类别,工资发放项目不同,计算公式也不同,因此应对某个指定工资类别所需的工资项目进行设置,并定义此工资类别的工资数据计算公式,如图 4.8 所示。

系统固定的工资项目"应发合计"、"扣款合计"、"实发合计"等的计算公式,系统根据工资项目设置的"增减项"自动给出。用户在此只能增加、修改、删除其他工资项目的计算公式。

① 选择建立本工资类别的工资项目:这里只能选择系统初始设置中的工资项目,不可自行输入。工资项目的类型、长度、小数位数、增减项等不可更改。

② 设置计算公式:定义某些工资项目的计算公式及工资项目之间的运算关系。例如,缺勤扣款=基本工资/月工作日×缺勤天数。运用公式可直观表达工资项目的实际运算过程,灵活地进行工资计算处理。定义公式可通过选择工资项目、运算符、关系符、函数等组合完成。

定义工资项目计算公式要符合逻辑,系统将对公式进行合法性检查,不符合逻辑的系统将给出错误提示。定义公式时要注意先后顺序,先得到的数据应先设置公式。应发合计、扣款合计和实发合计公式应是公式定义框的最后 3 个公式,并且实发合计的公式要在应发合计和扣款合计公式之后。可通过单击公式框的"▲"、"▼"箭头按钮调整计算公式顺序。如出现计算公式超长,可将所用到的工资项目名称缩短(减少字符数),或设置过渡项目。定义公式时可使用函数公式向导参照输入。

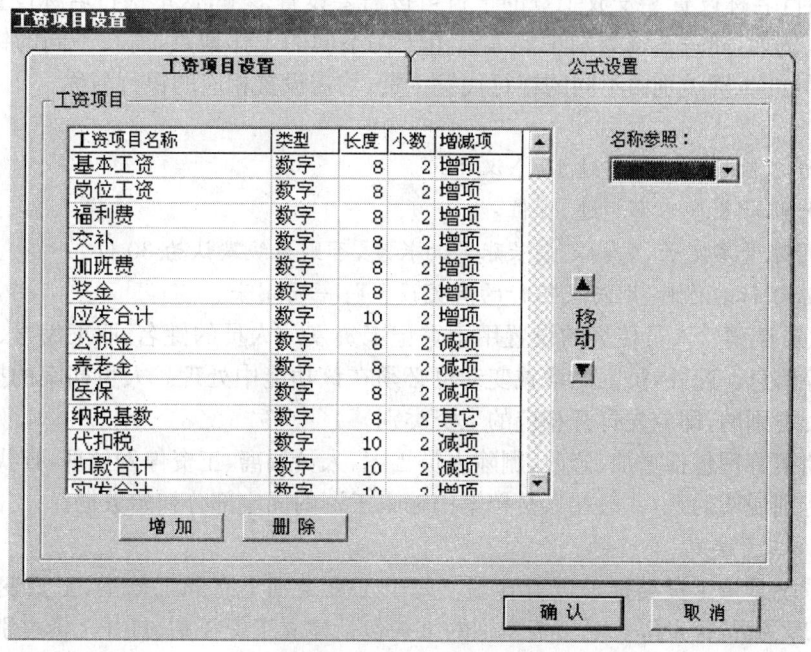

图 4.8 工资项目设置

结合本案例,操作步骤如图 4.9 所示。

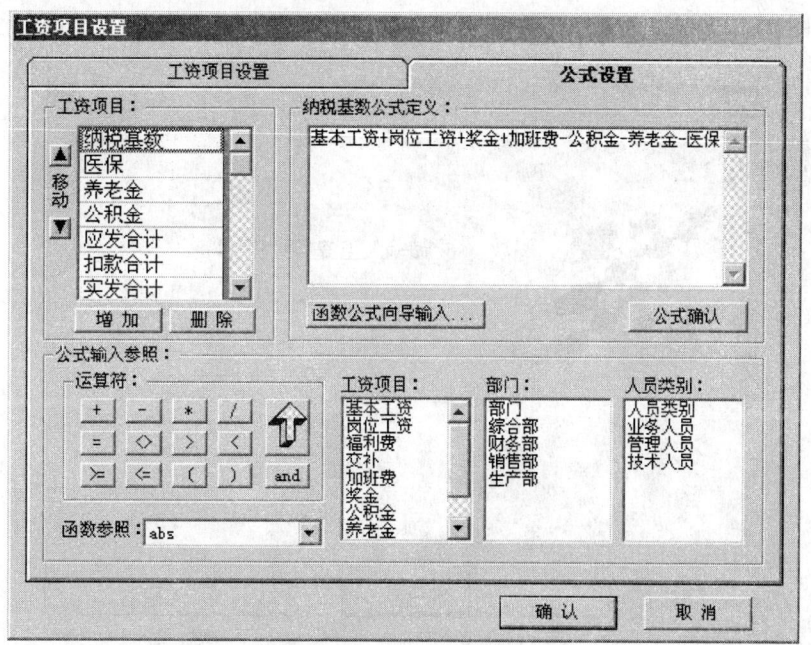

图 4.9 公式设置

① 单击"公式设置"标签进入工资项目计算公式的设置选项卡。
② 增加公积金和养老金的公式(均为基本工资的 8%)。
③ 医保的公式(为基本工资的 2%)。
④ 纳税基数公式=基本工资+岗位工资+奖金+加班费-公积金-养老金-医保。

(5) 银行名称设置　发放工资的银行可按需要设置多个,这里银行名称设置是对所有工资类别。例如,同一工资类别中的人员由于在不同的工作地点,需在不同的银行代发工资;或者不同的工资类别由不同的银行代发工资,均需设置相应的银行名称。

提示:
① 银行名称长度不得超过 10 个汉字。
② 银行账号长度不得超过 30 位。
③ 银行账号不定长,需指定最长账号的长度,否则系统默认为 30 位。
④ 删除银行名称时,则与此银行的有关设置将一同删除。

(6) 人员档案　人员档案的设置用于登记工资发放人员的姓名、职工编号、所在部门、人员类别等信息。此外,员工的增减变动也必须在该功能中处理。人员档案的操作是针对于某个工资类别的,即应先打开相应的工资类别。

人员档案管理包括增加、修改、删除人员档案,人员调离,工资停发处理,查找人员等。

需要特别说明的是,一般在人员档案中输入工资的固定部分初始数据。

3) 建立工资类别

薪资系统是按工资类别来进行管理。每个工资类别下有职工档案、工资变动、工资数据、报税处理、银行代发等。对工资类别的维护包括建立工资类别、打开工资类别、删除工资类别、关闭工资类别和汇总工资类别。

操作前提:前面基础信息设置完毕。

操作步骤:进入工资管理子系统主窗口,依次单击"工资类别"→"新建工资类别"菜单命令操作,如图 4.10 所示。

图 4.10　新建工资类别

"新建工资类别"→输入工资类别名称"在职"(或退休)→"下一步"→选择相应的部门信息(注意:001 中包含前 4 个部门,002 中仅包含 05 退休办),点击"完成",如图 4.11 所示。

4) 多类别的工资初始设置

分别打开不同的工资类别选择各自的工资项目、定义项目公式、输入人员档案以及工资

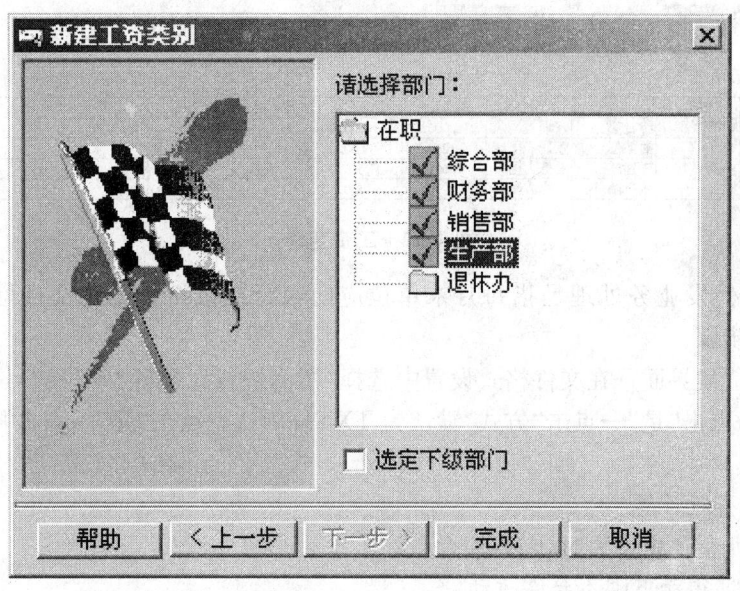

图 4.11 选择部门

初始数据。

4.1.5 薪资系统日常处理

工资的日常业务主要是指对职工工资数据进行计算和调整,按照计算数据发放工资以及进行凭证填制等账务处理。

工资日常业务的重点是及时根据职工的人员变动对人员档案进行调整,根据工资分配政策的变化及时进行工资数据的准确计算,并在此基础上利用系统的报表功能对工资分配进行报表分析,为企业用户制定和调整分配政策提供参考。

1) 工资变动

工资数据可以分为两种——固定数据和变动数据。

固定数据一般比较稳定,数值很少变动,在日常工作中只有在其发生变化的时候才重新进行调整,平时不需要反复输入。变动数据则需要在每次发放工资时根据实际情况进行调整。

在变动数据中,有些变动数据的编辑必须通过手工逐项录入完成,例如请假的天数;有些变动数据则可以成批处理,例如奖金;还有一些变动数据则由系统根据既定的公式自动计算生成,例如请假扣款、个人所得税等,如图 4.12 所示。

操作步骤:

① 进入 001 在职"工资变动"界面→用替换功能录入福利费(全部为 300)、用筛选功能过滤出生产车间的人员并录入加班费(金额 200)→"确认"→进行工资计算与汇总→退出。

② 进入 002 退休"工资变动"界面→用替换功能录入福利费(全部为 150)→确认→进行工资计算与汇总→退出。

2) 银行代发

目前社会上绝大多数单位发放工资时,都采用职工凭工资卡去银行取款的银行代

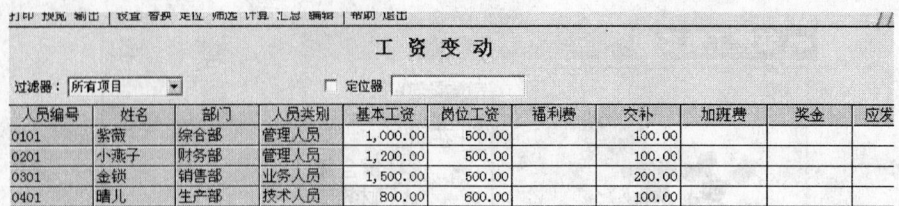

图 4.12 工资变动

发方式。银行代发业务处理是指每月末单位应向银行提供银行给定文件格式的数据。

案例操作步骤：

进入银行代发界面→在文件格式设置中选择"招商银行"、删除"单位编号"、增加"人员姓名"→确认→点击"是"→点击"方式"默认为 TXT→确认→点击"是"→点击"传输"→给文件命名并保存。

3）个人所得税计算

修改个人所得税税率表时，需要注意：

① 应纳税所得额下限不允许改动。

② 当用户增加新的一级的时候，新增级数的上限即等于其下限加一，用户可以根据需要调整新增级次的上限。

③ 系统税率表初始界面的速算扣除数由系统给定，用户可以进行自定义修改，用户增加新的级次时，该级的速算扣除数由用户自行输入。

④ 用户在删除税率的级次时，一定要注意不能跨级删除，必须从末级开始删除。税率表只剩下一级的时候不允许再删除。

案例操作步骤：

点击"处理"菜单→代缴所得税→选择所得对应的工资项目为"纳税基数"→确认，如图 4.13 所示。

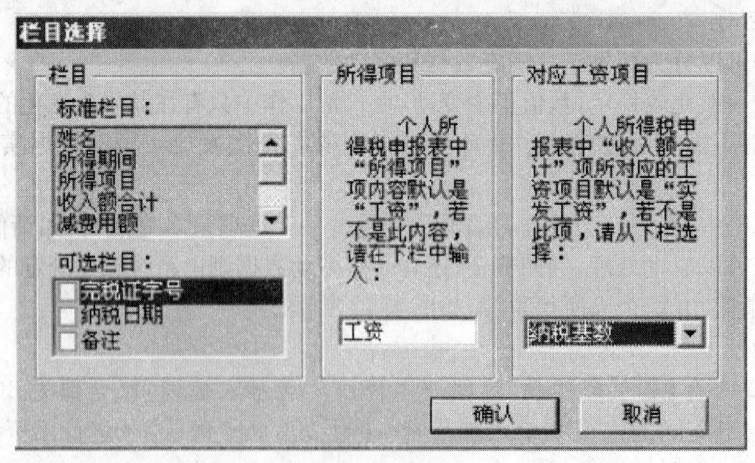

图 4.13 栏目选择

进入扣缴申报表界面后点击"税率"，将扣除基数调整为 1 500→确认→点击"是"→退出，如图 4.14 所示。

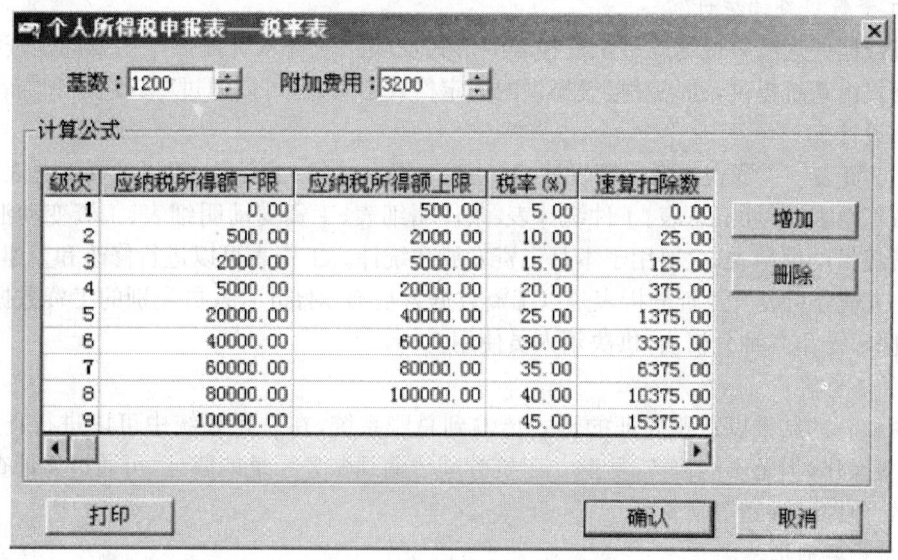

图 4.14 税率表

4) 工资分摊并生成凭证

工资是费用中人工费最主要的部分,还需要对工资费用进行工资总额的计提计算、分配及各种经费的计提,并编制转账会计凭证,供登账处理之用。

案例操作步骤:

工资分摊生成凭证功能,执行此操作前需要先在企业门户中进行凭证类别设置,选择为记账凭证。

(1) 进入工资分摊界面→点击"工资分摊设置"→增加→输入分摊说明和计提比例→确认→双击部门名称、人员类别和项目栏目,参照选择相应的信息并录入对应的借方、贷方科目编码→所有部门、人员类别设置后点击"完成"→返回。

(2) 选择费用分摊的类型和参与核算的部门,选择计提费用的月份和计提方式,选择费用分摊到工资项目→确定→根据需要选择按"合并科目相同、辅助项相同的"显示一览表→点击"制单"→选择凭证类别、修改摘要信息后保存该张凭证,如图 4.15 所示。

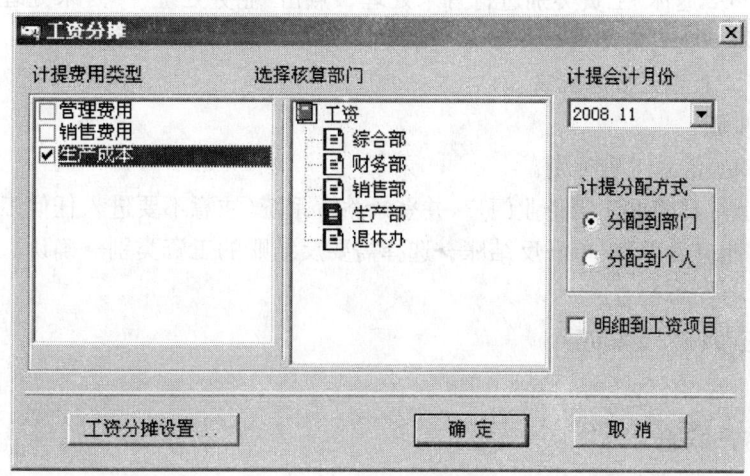

图 4.15 工资分摊

5) 工资数据查询统计

工资数据处理结果最终通过工资报表的形式反映。薪资系统提供了主要的工资报表，报表的格式由系统提供，如果对报表提供的固定格式不满意，可以通过"修改表"和"新建表"功能自行设计。

(1) 工资表　工资表包括工资发放签名表、工资发放条、工资卡、部门工资汇总表、人员类别工资汇总表、条件汇总表、条件统计表、条件明细表、工资变动明细表、工资变动汇总表等由系统提供的原始表，主要用于本月工资发放和统计。工资表可以进行修改和重建。

(2) 工资分析表　工资分析表是以工资数据为基础，对部门、人员类别的工资数据进行分析和比较，产生各种分析表，供决策人员使用。

6) 凭证查询

工资核算的结果以转账凭证的形式传输到总账系统，在总账系统中可以进行查询、审核、记账等操作，但是不能修改、删除。工资管理传输到账务系统的凭证，可通过凭证查询来进行修改、删除和冲销等。

7) 工资类别汇总

案例操作步骤：

(1) 点击"维护"菜单→工资类别汇总→选择需要汇总的工资类别→确认。

(2) 点击工资类别菜单→打开工资类别→选 998 汇总工资进行汇总数据的查看。

8) 月末结转

提示：

① 月末结转只有在会计年度的 1 月至 11 月进行。

② 月末结转只有在当月工资数据处理完毕后才可进行。

③ 若为处理多个工资类别，则应打开工资类别，分别进行月末结算。

④ 进行期末处理后，当月数据将不允许变动。

⑤ 月末处理功能只有主管人员才能进行。

案例操作步骤：

(1) 打开"001 在职"工资类别进行月末处理　点击"业务处理"→月末处理→确认→确定→关闭 001 工资类别。

(2) 打开"002 退休"工资类别进行月末处理　点击"业务处理"→月末处理→确认→确定→关闭 002 工资类别。

9) 多类别工资的反结账流程

案例操作步骤：

(1) 删除 998 汇总工资类别。

(2) 以下个月日期重注册企业门户，并登录薪资系统（注意不要进入任何工资类别）。

(3) 进入"业务处理"菜单→反结账→选择需要反结账的工资类别→确认。

4.2　固定资产系统

4.2.1　固定资产概述

固定资产是在生产过程中可以长期发挥作用，长期保持原有实物形态的劳动资料和其他物资设备。它是企业进行生产经营活动的物质基础,在企业的资产总额里占有很大的比重。固定资产持有目的不是为了出售,因此与账务系统其他子系统比较,固定资产系统有自身的特点。① 固定资产卡片是对固定资产进行管理的一种独有的方式,对固定资产的日常管理表现为对固定资产卡片的管理和维护。② 固定资产核算过程中日常数据的输入与输出的工作量相对较少,但存储数据的量较大。③ 固定资产核算中资产价值转移以折旧方式来进行,折旧计算方法较为复杂,对成本费用的影响较大。

1) 固定资产管理的主要功能

固定资产管理系统应具备以下主要功能:

(1) 管理固定资产卡片 对固定资产卡片进行录入、增减、删除等管理。

(2) 管理固定资产的增减变动情况 随时更新固定资产卡片内容。

(3) 计提折旧、分配折旧费用 支持年限法、工作量法、双倍余额递减法和年数总和法等基本折旧方法,具备分配折旧费用和计算固定资产净值等功能。

2) 固定资产的会计核算

固定资产会计核算主要涉及固定资产的增减变动、折旧、减值等核算,主要涉及会计科目有"固定资产"、"累计折旧"、"固定资产清理"等科目。

固定资产核算主要包括以下几个方面:

① 固定资产增加的核算。

② 固定资产折旧的核算。

③ 固定资产修理及改扩建后的核算。

④ 固定资产投资和租出的核算。

⑤ 固定资产清理的核算。

⑥ 固定资产清查的核算。

⑦ 固定资产明细分类核算。

4.2.2 固定资产系统的应用模式

1) 简单模式

对于核算业务比较简单,而固定资产日常管理量比较大的企业,固定资产系统可以作为一个独立的信息系统单独使用。这种模式下固定资产系统的使用者一般是固定资产管理部门,它更强调固定资产的日常管理功能,核算功能相对弱化。

2) 集成模式

如果企业拥有固定资产比较多,核算业务量比较大,可以采取固定资产系统的集成模式(前提是企业管理水平较高,能够提供很好的基础性支持),如图 4.16 所示,实现固定资产与账务模块的其他子系统资源共享,提高系统使用效率。

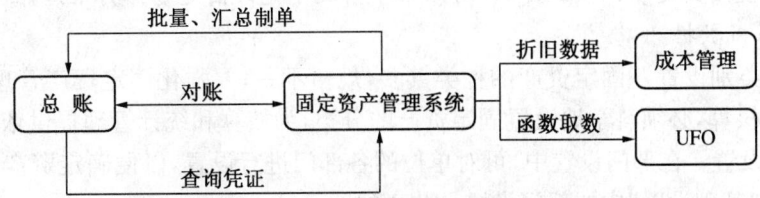

图 4.16 固定资产管理系统与其他子系统的集成

4.2.3 固定资产系统基本流程

固定资产系统基本流程如图 4.17 所示。

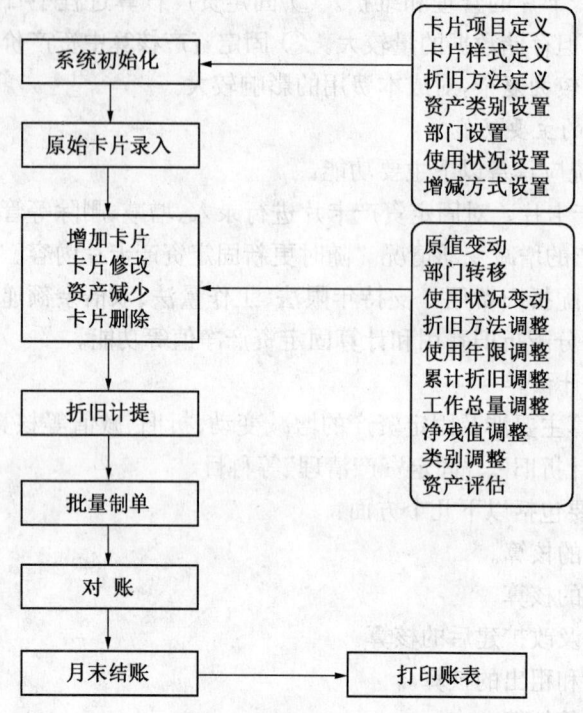

图 4.17　企业的固定资产系统操作流程

4.2.4 固定资产系统初始化

固定资产管理系统初始设置是根据用户单位的具体情况,建立一个适合的固定资产子账套的过程。初始设置包括设置控制参数、设置基础数据、输入期初固定资产卡片。

1)设置控制参数

控制参数包括约定与说明、启用月份、折旧信息、编码方式以及财务接口等。这些参数在初次启动固定资产管理系统时设置,其他参数可以在"选项"中补充。

案例操作步骤:

建立固定资产账套(前提条件是系统账套已经建立,具有固定资产管理权限的操作员已经增加),设置参数,如图 4.18、图 4.19、图 4.20 所示。

提示:

因为独立使用固定资产系统,所以对账不平情况下允许固定资产月末结账一定要选中。

2)设置基础数据

(1)资产类别设置　固定资产的种类繁多,规格不一,要强化固定资产管理,及时准确做好固定资产核算,必须科学地设置固定资产的分类,为核算和统计管理提供依据。

(2)部门设置　在部门设置中,可对单位的各部门进行设置,以便确定资产的归属。在"企业门户"的"基础设置"中的部门设置是共享的。

(3)部门对应折旧科目设置　对应折旧科目是指折旧费用的入账科目。资产计提折旧

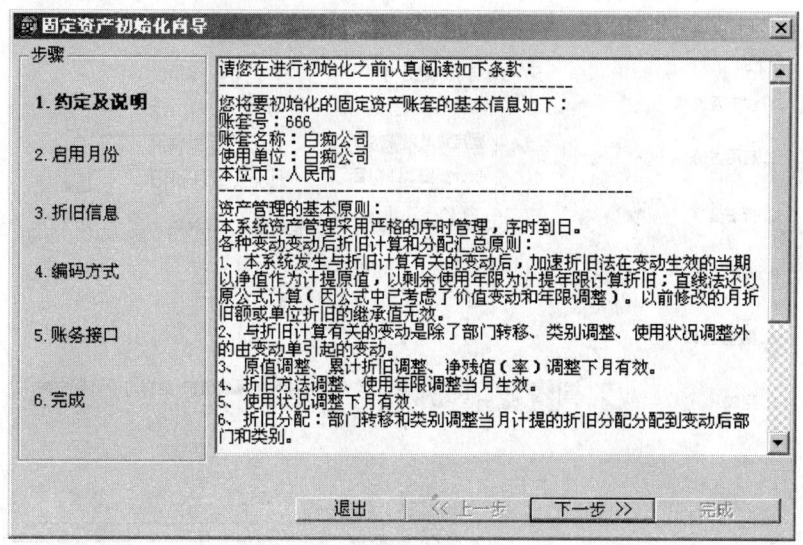

图 4.18　固定资产初始化

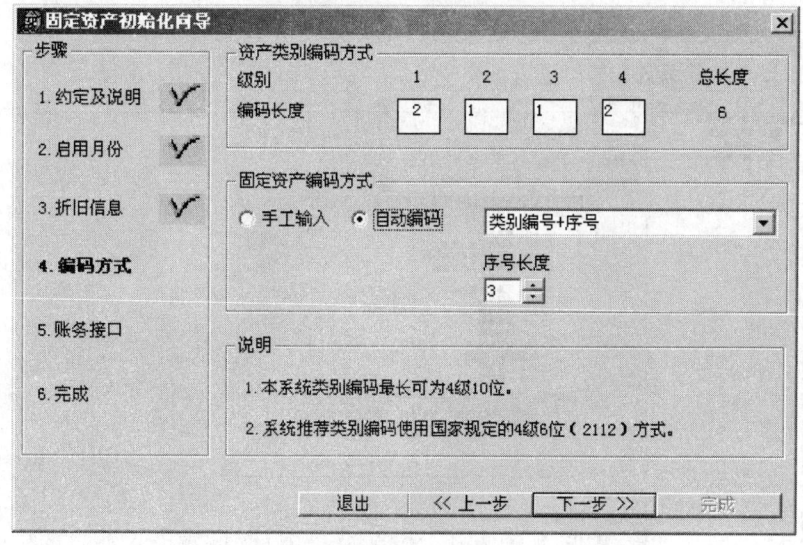

图 4.19　编码方式

后必须把折旧归入成本或费用,根据不同企业的具体情况,有按部门归集的,也有按类别归集的。部门对应折旧科目的设置就是给每个部门选择一个折旧科目,这样在输入卡片时,该科目自动添入卡片中,不必一个一个输入。

如果对某一上级部门设置了对应的折旧科目,下级部门继承上级部门的设置。

提示:

做该项设置前需要在"企业门户→基础档案"里设置好折旧的明细科目。

案例操作步骤:

选"设置"→"部门对应折旧科目设置"进入该项功能→选中相应的部门→点击"修改"→参照输入科目代码→保存,如图 4.21 所示。

(4) 增减方式设置　增减方式包括增加方式和减少方式两类。系统内置的增加方式有

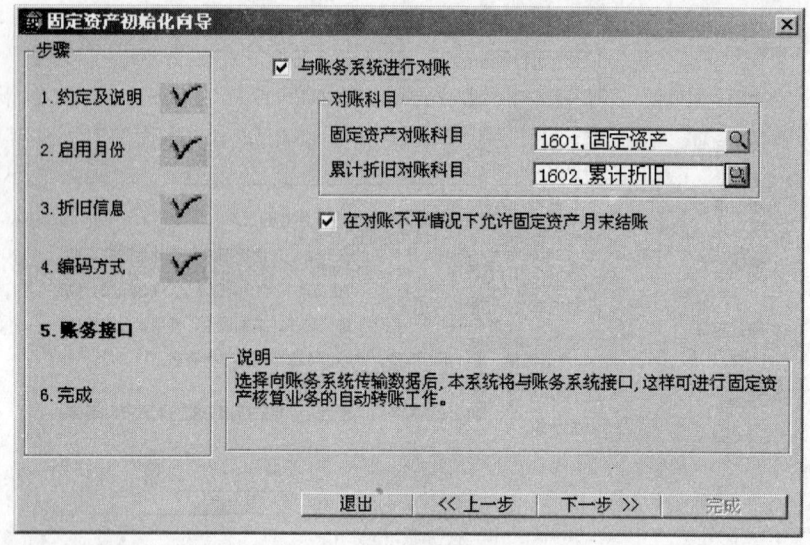

图 4.20 账务接口

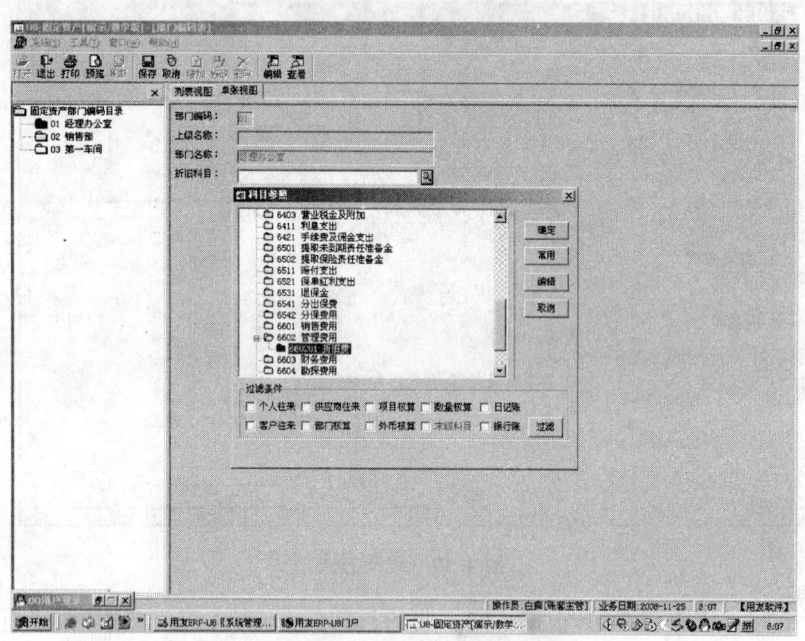

图 4.21 部门对应折旧科目设置

直接购买、投资者投入、捐赠、盘盈、在建工程转入、融资租入 6 种。系统内置的减少方式有出售、盘亏、投资转出、捐赠转出、报废、毁损、融资租出 7 种。用友软件系统固定资产的增减方式可以设置两级,也可以根据需要自行增加。

(5) 折旧方法设置 折旧方法设置是系统自动计算折旧的基础。系统提供了常用的 6 种折旧方法:不提折旧、工作量法、年数总和法、双倍余额递减法、平均年限法(一)和(二),并列出了它们的折旧计算公式。这几种方法是系统默认的折旧方法,只能选用,不能删除和修改。另外可能由于各种原因,这几种方法不能满足需要,系统还提供了折旧方法的自定义功能。

3）输入期初固定资产卡片

固定资产卡片是固定资产核算和管理的基础依据，为保持历史资料的连续性，必须将建账日期以前的数据输入到系统中。原始卡片的输入不限制必须在第一个期间结账前，任何时候都可以输入原始卡片。

提示：在输入固定资产卡片时，系统默认的计提折旧方式时本月增加的固定资产不计提折旧，本月减少的固定资产照旧计提折旧。

4.2.5 固定资产系统日常处理

日常处理主要包括资产增减、资产变动、资产评估、生成凭证和账簿管理。

1）固定资产增加核算

固定资产增加可以分为直接购入、接受捐赠、盘盈、在建工程转入和融资租入等多种方式。在固定资产增加时，首先要添置增加的固定资产卡片，然后再进行凭证处理。

在此，资产增加也是一种新卡片的录入，与原始卡片的录入是相对应的。

提示：

① 只有在资产的开始使用日期期间与录入的期间相等时，资产才能通过"资产增加"方式录入。

② 新卡片录入的第一个月不提折旧，折旧额为空或者为零，原值录入的必须是卡片录入月月初的价值，否则将会出现计算错误。

③ 已经计提的月份必须严格参照该资产在其他单位已经计提或者估计已经计提的月份数，不包括使用期间停用等不计提折旧的月份，否则将不能正确计算折旧。

④ 只有在"设置"→"选项"选项中点选了"业务发生后立即制单"，系统才会在新增加固定资产卡片之后自动弹出"填制凭证"窗口；否则必须在"处理"→"批量制单"子项中进行凭证处理。

操作步骤：

（1）在固定资产系统下，单击"卡片"→"资产增加"子项，打开"资产类别参照"对话框。

（2）选择好增加资产的类别后单击"确定"，打开"固定资产卡片［新增资产］"窗口，输入各项内容后，选择剩余的选项卡，并对其下的各个项目进行相应的输入。

（3）单击对话框上的"保存"按钮，即可对新增加的资产进行保存，如图 4.22 所示。

2）固定资产折旧核算

（1）计提本月折旧　当开始计提折旧的时候，系统将自动计提所有资产当期折旧额，并将当期的折旧额自动累加到累计折旧项目中。计提工作完成之后，需要进行折旧分配，形成折旧费用，系统除了自动生成折旧清单之外，同时还生成折旧分配表，从而完成本期折旧费用的登账工作。

操作步骤：

① 单击"处理"→"计提本月折旧"子项，系统提示"计提折旧后是否要查看折旧清单？"的信息框。

② 单击"是"按钮，系统再次弹出另一个消息提示框。

③ 单击提示框中的"是"，系统将在短时间内完成计提折旧；在完成计提折旧之后，系统自动打开"折旧清单"。

折旧清单显示所有应计提折旧的资产所计提折旧数额的列表，单期的折旧清单中列示了资产名称、计提原值、月折旧率、单位折旧、月工作量、月折旧额等信息，全年的折旧清单中

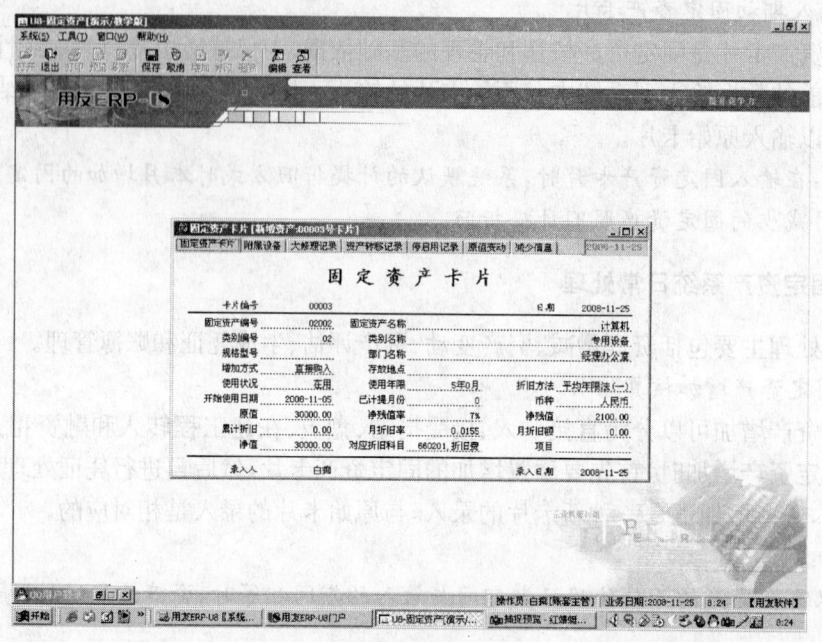

图 4.22 增加固定资产

同时列出了各资产在 12 个计提期间中月折旧额、本年累计折旧等信息。

(2) 折旧分配表　折旧分配表是制作记账凭证、把计提折旧额分配到有关成本和费用的依据。折旧分配表有两种类型——类别折旧分配表和部门折旧分配表。

3) 固定资产减少核算

操作步骤：

(1) 在固定资产系统下，单击"卡片"→"资产减少"选项，打开"资产减少"对话框。

(2) 有两种办法选择要减少的资产：

① 如果要减少的资产比较少或者没有共同点，则可通过输入资产编号或者卡片号，然后单击"增加"按钮，将资产添加到资产减少表中。

② 如果要减少的资产比较多而且有共同点，则可单击"条件"按钮，屏幕显示的界面与卡片管理中自定义查询的条件查询界面是一样的。输入相应的查询条件，然后将系统显示的符合条件集合的资产挑选出来进行减少操作。

(3) 在表内输入资产减少的信息——减少日期、减少方式、清理收入、清理费用、清理原因。如果当时清理收入和费用还不知道，以后可以在这张卡片的附表"清理信息"中输入。

(4) 单击"确定"可完成该(批)资产的减少。

4) 固定资产其他变动核算

(1) 使用状况变动　资产使用状况分为在用、未使用、不需用、停用、封存等 5 种。

使用状况变动可以通过系统提供的"使用状况变动"功能来完成。

(2) 使用年限调整　资产在使用过程中，可能会由于资产的重估、大修等原因调整资产的使用年限，进行使用年限调整的资产在调整的当月就按照调整后的使用年限计提折旧。

上述功能可以通过系统提供的"使用年限调整"操作实现。

(3) 折旧方法调整　有特殊情况需要进行调整，可以通过系统的"折旧方法调整"来实现。展开"卡片"选项之后，单击"变动单"→"折旧方法调整"子项。

(4) 累计折旧调整　ERP-U8 只在当月按照新的方法计提折旧,以前期间的数据不能自动调整,只能手动调整累计折旧额。

(5) 其他调整

① 资产累计折旧的调整:调整后的累计折旧必须保证大于或等于净残值。

② 调整资产的工作总量:调整后的工作总量不能小于累计用量。

③ 调整资产的净残值(率):调整后净残值必须小于净值。

④ 调整资产所属的类别:调整后的类别和调整前类别的计提属性必须相同。

5) 生成凭证

固定资产管理系统和总账管理系统之间存在着数据的自动传输,这种传输是固定资产管理系统通过记账凭证向总账管理系统传递有关数据,如资产增加、减少、累计折旧调整以及折旧分配等记账凭证。制作记账凭证可以采取"立即制单"或"批量制单"的方法实现。

6) 账簿管理

可以通过系统提供的账表管理功能,及时掌握资产的统计、汇总和其他各方面的信息。账表包括账簿、折旧表、统计表、分析表 4 类。另外,如果所提供的报表种类不能满足需要,系统还提供了自定义报表功能,可以根据实际要求进行设置。

(1) 账簿　系统自动生成的账簿有(单个)固定资产明细账、(部门、类别)明细账、固定资产登记簿、固定资产总账。这些账簿以不同方式、序时地反映了资产变化情况,在查询过程中可联查某时期(部门、类别)明细及相应原始凭证,从而获得所需财务信息。

(2) 折旧表　系统提供了 4 种折旧表:(部门)折旧计提汇总表、固定资产折旧计算明细表、固定资产及累计折旧表(一)和(二)。通过该类表可以了解并掌握本企业所有资产本期、本年乃至某部门计提折旧及其明细情况。

(3) 统计表　统计表是出于管理资产的需要,按管理目的统计的数据。系统提供了 7 种统计表:固定资产原值一览表、固定资产统计表、评估汇总表、评估变动表、盘盈盘亏报告表、逾龄资产统计表、役龄资产统计表。

(4) 分析表　分析表主要通过对固定资产的综合分析,为管理者提供管理和决策依据。系统提供了 4 种分析表:价值结构分析表、固定资产使用状况分析表、部门构成分析表、类别构成分析表。管理者可以通过这些表了解本企业资产计提折旧的程度和剩余价值的大小。

(5) 自定义报表　当系统提供的报表不能满足企业要求时,用户也可以自定义报表。

7) 期末处理

固定资产管理系统的期末处理工作主要包括计提减值准备、计提折旧、对账、月末结账等内容。

(1) 计提减值准备　企业应当在期末或至少在每年年度终止,对固定资产逐项进行检查,如果由于市价持续下跌,或技术陈旧等原因导致其可回收金额低于账面价值的,应当将可回收金额低于账面价值的差额作为固定资产减值准备。固定资产减值准备必须按单项资产计提。

如已计提的固定资产价值又得以恢复,应在原计提的减值准备范围内转回。

(2) 计提折旧　自动计提折旧是固定资产管理系统的主要功能之一。可以根据录入系统的资料,利用系统提供的"折旧计提"功能,对各项资产每期计提一次折旧,并自动生成折旧分配表,然后制作记账凭证,将本期的折旧费用自动登账。

当开始计提折旧时,系统将自动计提所有资产当期折旧额,并将当期的折旧额自动累加到累计折旧项目中。计提工作完成后,需要进行折旧分配,形成折旧费用。系统除了自动生成折旧清单外,同时还生成折旧分配表,从而完成本期折旧费用登账工作。

系统提供的折旧清单显示了所有应计提折旧资产所计提的折旧数据额。

折旧分配表是制作记账凭证,把计提折旧额分配到有关成本和费用的依据。折旧分配表有两种类型:类别折旧分配表和部门折旧分配表。生成折旧分配表由"折旧汇总分配周期"决定,因此,制作记账凭证要在生成折旧分配表后进行。

计提折旧遵循以下原则:

① 在一个期间内可以多次计提折旧,每次计提折旧后,只是将计提的折旧累加到月初的累计折旧上,不会重复累计。

② 若上次计提折旧已制单并传递到总账管理系统,则必须删除该凭证才能重新计提折旧。

③ 计提折旧后,又对账套进行了影响折旧计算分配的操作,则必须重新计提折旧,否则系统不允许结账。

④ 若自定义的折旧方法月折旧率或月折旧额出现负数,系统自动中止计提。

⑤ 资产的使用部门和资产折旧要汇总的部门可能不同,为了加强资产管理,使用部门必须是明细部门,而折旧分配部门不一定要分配到明细部门。不同的单位处理可能不同,因此要在计提折旧后、分配折旧费用时做出选择。

(3) 对账　当初次启动固定资产的参数设置,或选项中的参数设置选择了"与账务系统对账"参数,才可使用本系统的对账功能。

为保证固定资产系统的资产价值与总账管理系统中固定资产科目的数值相等,可随时使用对账功能对两个系统进行审查。系统在执行月末结账时自动对账一次,并给出对账结果。

(4) 月末结账　当固定资产系统完成了本月全部制单业务后,可以进行月末结账。月末结账每月进行一次,结账后当期数据不能修改。如有错必须修改,可通过系统提供的"恢复月末结账前状态"功能反结账,再进行相应修改。

由于成本系统每月从本系统提取折旧费数据,因此一旦成本系统提取了某期的数据,则该期不能反结账。

本期不结账,将不能处理下期的数据。结账前一定要进行数据备份,否则数据一旦丢失,将造成无法挽回的后果。

4.3　实训案例

4.3.1　薪资系统

【实训目的】

熟悉薪资系统基础设置的内容和设置方法,练习薪资系统初始化、日常业务处理的主要内容和操作方法,熟悉薪资系统期末业务的内容和处理方法。

【实训内容】

1) 建账工作

(1) 注册系统管理　点击"开始"→"程序"→"用友 ERP‑U8"→"系统服务"→"系统管

理"→"系统"→注册→操作员为 Admin→确定。

(2) 增加系统用户 点击"权限"→"用户"→"增加"→输入人员信息→增加 01 孙梦。

(3) 按下列信息创建账套 点击"账套"→"建立"(按建账向导进行操作)。

① 账套号:227;账套名称:工资;启用会计期:当前月份。

② 单位名称:皇宫公司。

③ 企业类型:工业企业;行业性质:2007 新会计制度科目;账套主管:01 孙梦;

④ 客户、供应商、存货等均不分类,无外币核算。

⑤ 分类编码方案中部门编码为 2,会计科目编码 4-2,其余沿用默认值。

⑥ 数据精度不做修改。

⑦ 以当前月份的第一天启用薪资系统。

2) 基础信息设置

(1) 登录企业门户 点击"开始"→"程序"→"用友 ERP-U8"→"企业应用平台"→操作员输入 01 孙梦、账套选择 227(注意会计操作日期必须在当月)→"确定"。

(2) 工资账套初始化 点击"业务处理"→"人力资源"→"薪资管理"(按向导进行操作)→本账套处理工资类别为"多个"→下一步→选择从工资中代扣个人所得税→下一步→下一步→人员编码长度调整为 4→"完成"→"确定"→退出界面。

(3) 多类别工资的公用信息设置

① 人员类别的设置:系统中增加 3 个人员类别:管理人员、业务人员和技术人员。

操作:"基础设置"→"基础档案"→人员类别,选择"在职人员"→单击"增加",添加三个人员类别→保存。

② 工资项目的设置:按表 4.1 所示信息设置好工资项目并对顺序进行相应调整。

表 4.1 工资项目的设置

工资项目	类型	长度	小数	增减项
基本工资	数字	8	2	增项
岗位工资	数字	8	2	增项
福利费	数字	8	2	增项
交补	数字	8	2	增项
加班费	数字	8	2	增项
奖金	数字	8	2	增项
应发合计	数字	10	2	增项
公积金	数字	8	2	减项
养老金	数字	8	2	减项
医保	数字	8	2	减项
纳税基数	数字	8	2	其他
代扣税	数字	10	2	减项
扣款合计	数字	10	2	减项
实发合计	数字	10	2	增项

操作:"业务处理"→"人力资源"→设置"工资项目",单击"增加"并参照右边将上面的项目按顺序列下来。

③ 银行名称的设置:增加招商银行的信息,注意将定长改为15,并把自动带出银行账号长度改为10。

操作:"基础设置"→"财务"→"收付结算"→"银行档案",增加"中国发展银行"并修改其定长,自动带出银行帐号长度。

④ 部门设置。如表4.2所示。

表4.2 部门设置

编 码	部门名称
01	综合部
02	财务部
03	销售部
04	生产部
05	退休办

操作:"基础设置"→"基础档案"→"部门档案",单击"增加"并保存。

(4) 建立工资类别 001在职、002退休。

操作:点击"工资类别"→新建工资类别→输入工资类别名称"在职"(或退休)→下一步→选择相应的部门信息(注意001中包含前4个部门,002中仅包含05退休办)→点击"完成"→是。

(5) 多工资类别的初始设置

① "001在职"工资类别中的设置

A. 打开工资类别:"工资类别"菜单→打开工资类别→选择001在职→确定。

B. 本类别下的工资项目设置(同前面公用设置中工资项目完全一致,参照加入即可)。

C. 人员档案,如表4.3所示。

表4.3 人员档案

部门名称	人员编号	人员姓名	人员类别	账号
综合部	0101	紫薇	管理人员	320102345612231
财务部	0201	小燕子	管理人员	320102345612456
销售部	0301	金锁	业务人员	320102345612467
生产部	0401	晴儿	技术人员	320102345612688

D. 工资项目的有关公式设置:"设置"菜单→工资项目设置→公式设置页签→增加公积金和养老金的公式(均为基本工资的8%)、医保的公式(为基本工资的2%)、纳税基数公式(=基本工资+岗位工资+奖金+加班费-公积金-养老金-医保)。

E. 录入人员工资数据:进入"人员档案"界面→点击"修改"→选择基本信息页签的"数据档案"→录完相关信息→保存→点击"下一人"→重复上述操作直到所有人员的数据全部录完→点击"取消"并退出该界面。

人员工资数据如表4.4所示。

表 4.4 人员工资数据　　　　　　　　　　　　　单位：元

编号	姓名	部门	人员类别	基本工资	岗位工资	交补
0101	紫薇	办公部	管理人员	1 000	500	100
0201	小燕子	财务部	管理人员	1 200	500	100
0301	金琐	销售部	业务人员	1 500	500	200
0401	晴儿	生产部	技术人员	800	600	100

　　F. 关闭工资类别：点击"工资类别"菜单→关闭工资类别。
　②"002 退休"工资类别中的设置
　　A. 打开工资类别：点击"工资类别"菜单→打开工资类别→选择002 退休→确定。
　　B. 本类别的工资项目设置：添加基本工资、福利费和纳税基数工资项目，并对顺序进行调整。
　　C. 人员档案，如表 4.5 所示。

表 4.5　退休人员档案

部门名称	人员编号	人员姓名	人员类别	账　号
退休办	0501	永琪	管理人员	320102345615889
退休办	0502	尔康	业务人员	320102345619567
退休办	0503	萧剑	技术人员	320102345623568

　　D. 工资项目中的公式设置："设置"菜单→工资项目设置→公式设置页签→增加纳税基数公式＝ 基本工资。
　　E. 录入人员工资数据：进入"人员档案"界面→点击"修改"→选择基本信息页签的"数据档案"→录完相关信息→保存→点击"下一人"→重复上述操作直到所有人员的数据全部录完→点击取消并退出该界面。
　　人员工资数据如表 4.6 所示。

表 4.6　退休人员工资数据　　　　　　　　　　　　　单位：元

编　号	姓　名	部　门	人员类别	基本工资
0501	永琪	退休办	管理人员	1 500
0502	尔康	退休办	业务人员	1 200
0503	萧剑	退休办	技术人员	1 600

　　F. 关闭工资类别：点击"工资类别"菜单→关闭工资类别。
　3) 多工资类别的日常处理(在不同的工资类别中分别进行操作)
　(1) 扣缴所得税的设置与调整　点击"处理"菜单→代缴所得税→选择所得对应的工资项目为"纳税基数"→确认→进入扣缴申报表界面后点击"税率"，将扣除基数调整为1 500→确认→是→退出。
　(2) 工资变动　进入001在职工资变动界面→用替换功能录入福利费(全部为300)、用筛选功能过滤出生产车间的人员并录入加班费(金额200)→确认→进行工资计算与汇总→退出。

进入002退休工资变动界面→用替换功能录入福利费（全部为150）→确认→进行工资计算与汇总→退出。

（3）银行代发设置与数据输出　进入银行代发界面→在文件格式设置中选择"招商银行"、删除"单位编号"、增加"人员姓名"→确认→点击"是"→点击"方式"默认为TXT→确认→点击"是"→点击"传输"→给文件命名并保存。

（4）工资签名表与工资发放条的设置与调整（在"账表"→"我的账表"中调整）。

（5）工资分摊（生成凭证功能，执行此操作前需要先在企业门户中进行凭证类别设置，选择为记账凭证）

① 进入工资分摊界面→点击"工资分摊设置"→增加→输入分摊说明和计提比例→确认→双击部门名称、人员类别和项目栏目，参照选择相应的信息并录入对应的借方、贷方科目编码→所有部门、人员类别设置后点击"完成"→返回。工资的计提比例为100%。

② 选择费用分摊的类型和参与核算的部门，选择计提费用的月份和计提方式，选择费用分摊到工资项目→确定→根据需要选择按"合并科目相同、辅助项相同的"显示一览表→点击"制单"→选择凭证类别、修改摘要信息后保存该张凭证。

（6）工资类别汇总（关闭各工资类别的状态下，账套信息应显示为227工资）

① 点击"维护"菜单→工资类别汇总→选择需要汇总的工资类别→确认。

② 点击"工资类别"菜单→打开工资类别→选998汇总工资进行汇总数据的查看。

4）多工资类别的期末处理（分别对各工资类别进行月末处理）

（1）打开"001在职"工资类别进行月末处理　点击"业务处理"→"月末处理"→"确认"→"是"→选择"工资"项→确认→确定→关闭001工资类别。

（2）打开"002退休"工资类别进行月末处理　点击"业务处理"→"月末处理"→"确认"→"是"→选择"工资"项→确认→确定→关闭002工资类别。

5）多类别工资的反结账流程

（1）删除998汇总工资类别。

（2）以下个月日期重注册企业门户，并登录薪资系统（注意不要进入任何工资类别）。

（3）进入"业务处理"菜单→反结账→选择需要反结账的工资类别→确认。

4.3.2　固定资产系统

【实训目的】

掌握固定资产系统初始化设置的操作流程，掌握固定资产日常业务处理方法。

【实训内容】

1）建账工作

（1）注册系统管理　点击"开始"→"程序"→"用友ERP-U8"→"系统服务"→"系统管理"→"系统注册"→操作员为Admin→确定

（2）增加用户　点击"权限"→"用户"→"增加"→输入人员信息→增加01白云。

（3）按下列信息创建账套　点击"账套"→"建立"（按建账向导完成）。

① 账套号666；账套名称：白云公司；启用会计期：当前月份。

② 单位名称：本单位名称。

③ 企业类型：工业企业；行业性质：2007年新会计制度科目；账套主管：01白云。

④ 客户、供应商、存货均不做分类，无外币核算。

⑤ 分类编码方案中的部门编码为 2,科目编码为 4-2。
⑥ 数据精度沿用默认值。
⑦ 以当前月份的第一天启用固定资产系统。

2) 基础信息的设置

(1) 注册企业门户　点击"开始"→"程序"→"用友 ERP-U8"→"企业门户"→操作员输入 01 白云、账套选择 666(注意会计操作日期必须在当月)→确定。

(2) 固定资产账套初始化　点击"企业门户"→"财务会计"→"固定资产"→第一次打开此账套是否进行初始化→点击"是"(按初始化向导进行操作)→下一步→下一步→下一步→固定资产编码方式选择为"自动编码"类别+序号,序号长为 3→下一步→完成→是→确定。

(3) 公用信息的设置　点击"企业门户"→"设置页签"→"基础档案"进行设置。

① 部门信息("基础档案"→"机构设置"→"部门"):如表 4.7 所示。

表 4.7　部门信息

编　　码	名　　称	对应折旧科目
01	经理办公室	660201
02	销售部	660101
03	第一车间	510101

② 折旧科目信息:分别在管理费用、销售费用、制造费用科目下增加"折旧费"的明细科目。

操作步骤:点击"基础档案"→"财务"→"会计科目"→"增加"。

③ 凭证类别信息:点击"基础档案"→"财务"→"凭证类别"→选择"记账凭证"类别。

(4) 固定资产系统的初始设置　点击"企业门户"→"财务会计"→"固定资产"→"设置"菜单。

① 部门对应折旧科目的设置:进入该项功能→选中相应的部门→点击"修改"→参照输入科目代码→保存。

② 资产类别设置

增加:01 通用设备、使用年限 7、残值率 7%,其他信息默认→保存 02 专用设备、使用年限 15、残值率 7%,其他信息默认→保存。

③ 增减方式对应科目设置

A. 直接购入的方式→点击"修改"→参照录入对应入账科目固定资产→保存。

B. 出售的方式→点击"修改"→参照录入对应入账科目 1 固定资产清理→保存。

(5) 期初数据的录入　操作步骤:卡片→原始卡片→录入相关信息→保存。

① 资产类别为 01 通用设备传真机,使用部门仅为经理办公室,增加方式为直接购入,使用状况为在用,已计提月份为 1 个月,原值 4 000 元,累计折旧 1 333.33 元,开始使用日期 2008-09-01。

② 汽车一台,资产类别为 02 专用设备,销售部和第一车间共同使用(五五分摊),增加方式为捐赠,使用状况为在用,可使用日期 2008-10-01,已计提月份为 6 个月,原值 200 000 元,净残值率 3% 累计折旧 1 616.67 元。

3) 日常操作及期末处理

(1) 资产增加　新增计算机一台,资产类别为 02 专用设备,使用部门为经理办公室,增加方式为直接购入,使用状况为在用,开始使用时间为当月 5 号,原值 10 000,使用年限为 4 年 8 个月,其余沿用默认值。

操作步骤:点击"卡片"→资产增加→选择资产类别→确认→输入相关信息→保存。

(2) 计提折旧处理　操作步骤:点击"处理"菜单→计提本月折旧→否→是→退出→确定。

(3) 查看当期的折旧清单和折旧分配表　点击"处理"菜单→折旧清单以及折旧分配表。

(4) 资产减少(将原账面上的汽车转让给其他单位)　点击"卡片"→资产减少→参照选择系统中对应的卡片编号→点击"增加"→选择"出售"的减少方式→确定。

(5) 批量制单　点击"处理"菜单→批量制单→全选→点击"制单设置"页签→点击"制单"→选择凭证类别、输入摘要信息→保存→点击"下一张"→重新选凭证类别、输入摘要信息→保存,重复上述操作直到所有单据都生成凭证→退出。

(6) 查询卡片和凭证　点击"卡片"→卡片管理→输入相关信息;点击"处理"→凭证查询→通过凭证列表查看凭证及原始单据。

(7) 月末结账　点击"处理"→月末结账(按向导的提示完成)→开始结账→确定→确定→确定。

(8) 变动单的处理　次月才能进行该操作,以下月的日期重注册企业门户并登录固定资产。

① 更改业务日期:点击"系统"→重注册→操作日期改为下月 20 日→确定。

② 登录固定资产系统进行变动单操作:点击"财务会计"→单击固定资产系统→卡片→变动单。

A. 原值增加:本月 20 日,在原计算机基础上增添摄像头一台,价值 1 000 元,作为一套设备使用,变动原因注明添加摄像头。

B. 部门转移:原来由经理办公室使用的计算机转为第一车间使用和管理。变动原因注明固定资产清查。

C. 类别调整:将计算机设备一套由专用设备类调整为通用设备类,变动原因注明固定资产清查。

(9) 查看相关的资产卡片及变动单记录　点击"卡片"→卡片管理;点击"卡片"→变动单→变动单管理。

(10) 计提折旧处理并查看折旧清单和折旧分配表。

(11) 对当期业务进行批量制单处理(注意:生成凭证前要调整机器系统时间,与登录软件的业务时间一致;新增的摄像头用银行存款支付)。

(12) 查询固定资产的总账、单个固定资产明细账,按部门与类别查询固定资产明细账,查询固定资产折旧汇总表以及固定资产折旧计算明细表等。

习题与答案

一、薪资系统习题

1）判断题

(1) 修改个人所得税税率表，应纳税所得额上限不允许变动。　　　　　　（　　）
(2) 在工资管理系统分摊类型设置中，可以设置"应付福利费"和"职工教育经费"。
　　　　　　　　　　　　　　　　　　　　　　　　　　　　　　　　　（　　）
(3) 若采用由中国建设银行代发工资，则必须设置银行账号定长11位。　　（　　）
(4) 工资管理系统传递到总账中的凭证，在工资管理系统中仍可以进行冲销操作。
　　　　　　　　　　　　　　　　　　　　　　　　　　　　　　　　　（　　）
(5) 人员调动可以在单工资类别账中使用。　　　　　　　　　　　　　　（　　）
(6) "人员调动"和"人员信息复制"功能必须在打开工资类别时可用。　　（　　）
(7) 在工资管理系统中，复制人员信息的前提条件应主要包括"多工资类别"、"人员编号长度一致"等。　　　　　　　　　　　　　　　　　　　　　　　　　　（　　）
(8) 薪资系统在正常使用之前必须应做好"部门设置"及"项目大类设置"等。（　　）
(9) 工资可以按部门大类进行分摊计提分配。　　　　　　　　　　　　　（　　）
(10) 在修改了某些数据，重新设置了计算公式，或者进行了数据替换等操作后，必须对个人工资数据重新计算汇总以保证工资数据的正确。　　　　　　　　　　（　　）
(11) 对于计件工资的选项是在会计期间的任何时候都能启用的，但是启用后如果已经进行了月末结账，其选项就不能修改了。　　　　　　　　　　　　　　　　（　　）
(12) 某客户实行多工资类别核算，工资项目公式设置只能在打开某工资类别情况下进行增加。　　　　　　　　　　　　　　　　　　　　　　　　　　　　　　（　　）
(13) 在未打开工资类别时，修改设置选项中的参数，系统将所有工资类别中的参数统一修改为新的参数。　　　　　　　　　　　　　　　　　　　　　　　　　（　　）
(14) 在工资管理系统中，扣除个人所得税的税率可以任意修改。　　　　（　　）
(15) 属于不同工资类别的人员编码可以重复。　　　　　　　　　　　　（　　）
(16) 汇总工资类别不需要进行月末处理。　　　　　　　　　　　　　　（　　）
(17) 在工资管理系统中，不同部门的人员编码可以重复。　　　　　　　（　　）
(18) 第一次进行工资类别汇总时，需要在工资类别中设置工资项目的计算公式。
　　　　　　　　　　　　　　　　　　　　　　　　　　　　　　　　　（　　）
(19) 人员调动功能可以在不同账套的多工资类别间进行。　　　　　　　（　　）
(20) 用友 ERP-U8 工资管理系统的数据采集功能只能在关闭所有工资类别后才能使用。　　　　　　　　　　　　　　　　　　　　　　　　　　　　　　　　　（　　）

2）单选题

(1) 以下功能不适合在基层账中使用的是（　　）。
　A. 数据上报　　　　　　　　　　B. 数据采集
　C. 人员调动　　　　　　　　　　D. 人员信息复制
(2) 在工资管理系统中，复制人员信息时不必考虑的条件是（　　）。

· 161 ·

A. 多工资类别　　　　　　　　　　B. 人员编号长度一致
C. 工资币别必须一致　　　　　　　D. 工资项目设置必须一致

(3) 工资模块中不能实现的功能为(　　)。

A. 人员在不同工资类别间自由调动功能
B. 在工资公式设置里,对公式的设置长度没有限制
C. 提供工资发放条套打印功能,实现加密信封格式的工资数据打印
D. 中国建设银行工资代发功能

(4) 在 ERP-U8 中,下面描述正确的是(　　)。

A. 在对本账套的工资数据使用数据复制以后,增加工资项目,则数据复制必须重做
B. 中国建设银行工资代发功能中,在银行名称设置时,银行名称必须为"建设银行",后续才可以进行相关处理
C. 在工资公式设置里,对公式的设置长度没有限制
D. 在工资的项目设置里,工资项目的长度最大只能有 15 个汉字

(5) 不是计件工资必须使用的功能是(　　)。

A. 设置需要计件的人员　　　　　　B. 设置计件工资标准
C. 设置计件工资方案　　　　　　　D. 设置计件工资项目的公式

(6) 下列(　　)情况允许薪资系统反结账处理。

A. 总账系统已结账
B. 成本管理上月已结账
C. 总账中存在薪资系统本月生成的未被冲销的凭证
D. 固定资产本月已结账

(7) 关于工资发放条套打印功能,以下描述错误的是(　　)。

A. 提供工资发放条打印格式完全自定义
B. 实现加密信封格式的工资数据打印
C. 支持用友配套用品公司专用工资纸套打印
D. 以上说法都不正确

(8) 薪资系统中工资项目名称可以包含(　　)。

A. 小括号　　　　　　　　　　　　B. 阿拉伯数字
C. 双引号　　　　　　　　　　　　D. 小数点

(9) 对 U8 薪资系统的描述,正确的是(　　)。

A. 在公式计算中,"代扣税"可以通过自定义公式计算
B. 在工资项目设置中,"代扣税"是一个系统自定义项
C. 在工资项目设置中,"计件工资"是用户自己定义项的一个工资项目
D. 在公式设置中,工资项目的计算公式存放在数据库的表 WA_formula 里

(10) 对工资选项的描述,正确的是(　　)。

A. 做了工资数据处理后,在选项里可以对"人员编码"的长度进行修改
B. 做了工资数据处理后,在选项里可以对"工资类别"进行修改
C. 做了工资数据处理后,在选项里可以对"是否核算计件工资"进行修改
D. 做了工资数据处理后,在选项里不能对"从工资里代扣个人所得税"进行修改

(11) U8 薪资系统中,下面描述不正确的是(　　)。

A. 只有账套主管才有权限去给某一操作员分配设置工资的数据权限
B. 在工资变动中允许输入负数
C. 用账套主管的身份登录才能生成分摊凭证
D. 在多工资类别的账套里,要增加一个工资项目,必须关闭所有的工资类别

(12) U8薪资系统中下面描述正确的是( )。
A. 工资生成的凭证,只要权限分配正确,制单人跟审核人可以是同一个人
B. 工资生成的凭证,只要权限分配正确,审核人跟记账人可以是同一个人
C. 当当前打开的工资类别是HR对应的工资类别时,人员编码选项可以修改
D. 工资中的计件工资可以在HR中录入和设置

(13) 在ERP-U8中,工资模块和总账的联系是( )。
A. 工资分摊数据 B. 工资里相关的费用数据
C. 工资变动后计算出的数据 D. 工资分摊后的凭证

(14) 在ERP-U8中,工资表中不包括( )。
A. 工资发放条 B. 员工工资项目统计表
C. 工资变动汇总表 D. 条件统计表

(15) 对工资有关内容的描述正确的是( )。
A. 在公式计算中,"代扣税"可以通过自定义公式计算
B. 在工资项目设置中,"代扣税"是一个系统自定义项
C. 不支持计件工资的核算
D. 以上三个答案都不正确

(16) 以下对工资分摊描述错误的是( )。
A. 财会部门根据工资费用分配表,将工资费用根据用途进行分配,并编制转账会计凭证,供登账处理之用
B. 每次分摊时可以选择不同的计提费用类型参与本次费用分摊计提
C. 分摊计提比例一旦设置好就不能修改
D. 在"计提分配方式"中,可以选择分摊到部门或分摊到个人

(17) 在工资模块中进行各工资类别间的汇总,以下( )情况可以进行汇总。
A. 相同人员姓名,但编号不同
B. 相同人员编号,但人员姓名不同
C. 相同人员编号和姓名,但部门不同
D. 人员不同但银行账号相同

(18) 以下文件类型不是银行代发一览表中磁盘输出格式设置的文件类型的是( )。
A. txt B. mdb
C. dat D. dbf

(19) 账表管理中的"工资表"账夹里,"工资发放签名表"或"工资发放条"出现工资项目数与"工资变动"中的不一致时,应( )。
A. 修改表 B. 新建表
C. 重建表 D. 删除表后新建表

(20) 下面有关人员调动功能说法正确的是( )。
A. 必须在同一账套的同一工资类别间进行

B. 必须在同一账套的多工资类别间进行
C. 可以在不同账套的同一工资类别间进行
D. 可以在不同账套的多工资类别间进行

3) 多选题

(1) 在修改了某些数据,重新设置了计算公式,或者进行了数据替换等操作后,必须调用工资变动中的(　　)功能对个人工资数据重新计算汇总以保证工资数据的正确。

A. 计算　　　　　　　　　　　B. 汇总
C. 替换　　　　　　　　　　　D. 筛选

(2) 工资分摊计提分配方式有(　　)。

A. 分配到部门　　　　　　　　B. 分配到个人
C. 分配到某类别人员　　　　　D. 分配到部门大类

(3) 薪资系统正常使用之前必须做好的设置包括(　　)。

A. 部门设置　　　　　　　　　B. 项目大类设置
C. 人员类别设置　　　　　　　D. 收发类别设置

(4) 薪资系统启用后如果需要对相关的选项进行设置,在"设置"→"选项"中可以修改的内容包括(　　)。

A. 扣零设置　　　　　　　　　B. 扣税设置
C. 参数设置　　　　　　　　　D. 调整汇率

(5) 在工资管理系统中,复制人员信息的前提条件有(　　)。

A. 多工资类别　　　　　　　　B. 人员编号长度一致
C. 工资币别必须一致　　　　　D. 工资项目设置必须一致

(6) 以下功能必须在打开工资类别时可用的是(　　)。

A. 人员调动　　　　　　　　　B. 汇总工资类别
C. 数据上报　　　　　　　　　D. 人员信息复制

(7) 以下(　　)功能适合在基层账中使用。

A. 数据上报　　　　　　　　　B. 数据采集
C. 人员调动　　　　　　　　　D. 人员信息复制

(8) 以下(　　)功能适合于在单工资类别账中使用。

A. 人员调动　　　　　　　　　B. 汇总工资类别
C. 数据上报　　　　　　　　　D. 数据采集

(9) 工资管理系统传递到总账中的凭证,在工资管理系统中可以进行(　　)。

A. 冲销　　　　　　　　　　　B. 删除
C. 记账　　　　　　　　　　　D. 审核

(10) 工资管理系统传递到总账中的凭证,在总账中可以进行(　　)。

A. 修改　　　　　　　　　　　B. 删除
C. 查询　　　　　　　　　　　D. 审核

(11) 进行工资分摊时,需要选择的内容包括(　　)。

A. 计提费用类型　　　　　　　B. 选择核算部门
C. 计提分配方式　　　　　　　D. 计提会计月份

(12) 工资变动界面中的排序功能,提供按(　　)方式进行排序。

A. 人员编号 B. 部门
C. 基本工资 D. 实发工资

(13) 若采用由中国建设银行代发工资,则以下( )项目必须设置。
A. 必须设置银行名称为"中国建设银行"
B. 必须设置银行账号定长11位
C. 必须增加人员附加信息"身份证号"
D. 必须在人员档案中设置银行代发的工资账号

(14) 以下( )情况下不允许本月反结账。
A. 工资类别主管执行此操作 B. 成本系统已结账
C. 已汇总工资类别 D. 已生成工资分摊凭证传递到总账

(15) 在工资分摊构成设置中,需要设置以下( )内容。
A. 部门 B. 人员类别
C. 工资项目 D. 科目

(16) 在工资管理系统分摊类型设置中,可以设置的分摊类型有( )。
A. 制造费用 B. 应付福利费
C. 职工教育经费 D. 管理费用

(17) 在银行代发输出方式设置中,系统提供的文件类型有( )。
A. DOC B. EXL
C. DBF D. TXT

(18) 如果企业采用银行代发工资,需要做好以下( )工作。
A. 设置银行文件格式 B. 设置银行代发输出格式
C. 将工资文件导出到网上银行 D. 磁盘输出

(19) 关于修改个人所得税税率表,以下描述正确的是( )。
A. 应纳税所得额上限不允许变动
B. 新增级数的下限等于其上一级上限加一
C. 税率表初始界面的速算扣除数由系统给定,用户可进行修改
D. 删除税率级次时,必须从末级开始删除

(20) 在"个人所得税扣缴申报表"中,可以设置以下( )可选栏目。
A. 姓名 B. 收入额合计
C. 纳税日期 D. 完税证字号

二、固定资产系统习题

1) 判断题

(1) 一个固定资产由多个部门(上限20)使用、分摊的问题,即为一个资产选择多个"使用部门",并且当资产为多部门使用时,累计折旧可以在多部门间按设置的比例分摊。
( )
(2) 固定资产的自动编码方式只能一种,一经设定,该自动编码方式不得修改。( )
(3) 固定资产结账必须完成批量制单。 ( )
(4) 固定资产结账前必须与总账对账一致。 ( )
(5) 固定资产系统正常运行后,如果发现账套错误很多,或太乱,可以选择"维护"→"重

新初始化账套"功能将账套内容全部清空。 （   ）

(6) 在固定资产子系统的设置中,如果在选项中选择了"每次登录系统显示资产到期提示表",则无论是否有到期的固定资产,都会显示资产到期提示表。 （   ）

(7) 固定资产子系统中,所有的报表都能进行图形分析。 （   ）

(8) 在用友 ERP 固定资产管理系统中,如果在业务发生时立即制单,凭证的摘要会根据业务情况自动填入。 （   ）

(9) 对于固定资产系统传递到总账中的凭证,若发现该凭证制作错误,在总账中可通过凭证修改功能进行更改。 （   ）

(10) 在用友 ERP 固定资产管理系统中,已记账的凭证,不能通过"处理"→"凭证查询"功能删除。 （   ）

(11) 为避免重复累计,固定资产子系统在一个期间内只能计提一次折旧。 （   ）

(12) 计提折旧后又改变了某一固定资产的折旧方法,必须重新计提折旧,否则无法结账。 （   ）

(13) 如某项已计提减值准备的固定资产的价值又得以恢复,应删除原减值准备变动单。 （   ）

(14) 某次资产评估决定,对办公楼的原值在原有基础上增加一倍,在选择可评估项目时,则只需选择原值。 （   ）

(15) 在进行资产评估时,如果对所有房屋的原值都要调整,有的增加一倍,有的减少一半,在选择要评估的资产时,可以采用手工选择方式,也可以采用条件选择方式。 （   ）

(16) 在用友 ERP 固定资产管理系统中,本月录入的卡片和本月增加的资产不能进行变动处理。如需变动可直接修改卡片。 （   ）

(17) 企业将一台在用机床转为不需用,在填写变动单的同时,应修改相应的固定资产卡片。 （   ）

(18) 通过"资产增加"功能录入新增固定资产卡片时,卡片中"开始使用日期"栏的年份和月份不能修改。 （   ）

(19) 本月发现上月有误减少的固定资产,可以通过"撤销已减少资产"功能进行恢复。 （   ）

(20) 已减少的固定资产,其原值、累计折旧等信息无法再看见。 （   ）

2) 单选题

(1) 关于固定资产卡片录入的说法,不正确的是(   )。
A. 删除非末张卡片,该卡片编号将保留空号,不能再使用
B. 使用年限可以是非整数年,但必须是整数月
C. 资产通过原始卡片录入还是通过"资产增加"录入,在于资产的开始使用日期
D. 原始卡片的录入必须在第一个期间结账前

(2) 在固定资产系统中每月可以进行计提本月折旧操作(   )。
A. 只能做一次　　　　　　　　　　B. 只能做两次
C. 次数无限制　　　　　　　　　　D. 在选项中可以控制计提折旧的次数

(3) 有关固定资产卡片样式描述正确的是(   )。
A. 每张卡片的样式可以单独修改
B. 卡片样式修改中可以修改行高、列宽,但无法增加行数和列数

C. 卡片的样式如何只能在资产类别中选择
D. 卡片样式最多不能超过 4 个

(4) 在固定资产中(　　)。
A. 无法查询已经减少了的卡片　　　B. 无法修改上年数据
C. 无法修改上月数据　　　　　　　D. 无法更改卡片信息

(5) 固定资产结账前(　　)。
A. 必须与总账对账一致　　　　　　B. 只能计提一次折旧
C. 必须将批量制单中业务全部制单　D. 以上都不对

(6) 固定资产当月有效的变动是(　　)。
A. 使用年限调整　　　　　　　　　B. 部门转移
C. 原值调整　　　　　　　　　　　D. 累计折旧调整

(7) 下列有关固定资产模块描述正确的是(　　)。
A. 选择"与账务系统进行对账",则必须完成"批量制单"业务,否则不能结账
B. 选择"月末结账前一定要完成制单登账业务",则须将"批量制单"中所有记录全部生成凭证,否则不能结账
C. 当月新增加的固定资产卡片一律不参加计提折旧
D. 当月新增的卡片作部门的变动不需制作部门变动单,可直接修改卡片

(8) 经理要企业固定资产的最全面的资料,最好给他提供(　　)。
A. 固定资产原值一览表　　　　　　B. 固定资产到期提示表
C. 固定资产统计表　　　　　　　　D. 役龄资产统计表

(9) 要从总体上了解企业所拥有固定资产的折旧计提程度,可选择系统提供的(　　)。
A. 部门构成分析表　　　　　　　　B. 价值结构分析表
C. 类别构成分析表　　　　　　　　D. 使用状况分析表

(10) 要了解企业各部门所拥有的固定资产,可选择固定资产子系统提供的(　　)。
A. 部门构成分析表　　　　　　　　B. 价值结构分析表
C. 类别构成分析表　　　　　　　　D. 使用状况分析表

(11) 在固定资产(部门、类别)明细账窗口中,以下操作能调出固定资产卡片或变动单等原始凭证的是(　　)。
A. 单击明细账的某一记录行
B. 双击明细账的某一记录行
C. 单击鼠标右键,在下拉表中选择"打开原始凭证"
D. 双击鼠标右键,在下拉表中选择"打开原始凭证"

(12) 关于固定资产子系统的月末结账功能,下列说法正确的是(　　)。
A. 本月不结账,可以以下月日期登录系统,处理下期数据
B. 结账后发现有未处理的业务,只能在下月处理
C. 结账后,不能再以本月日期登录系统
D. 为保证数据的安全性,结账前一定要进行数据备份

(13) 在固定资产子系统中,(　　)任务不能通过"处理"→"凭证查询"完成。
A. 制作凭证　　　　　　　　　　　B. 查询凭证
C. 修改凭证　　　　　　　　　　　D. 删除凭证

(14) 在固定资产子系统中,为了将一批需要制单的业务连续制作凭证并传输到账务系统,避免多次制单的繁琐,可采用( )。
    A. 在系统设置的"选项"中,选取"业务发生后立即制单"
    B. 在业务发生后单击"制单"按钮
    C. 在系统菜单中单击"处理"→"批量制单"
    D. 在系统菜单中单击"处理"→"月末结账",系统自动制单

(15) 在固定资产子系统中,使用批量制单方式,记账凭证的摘要( )。
    A. 系统自动给出,不能修改   B. 系统自动给出,能修改
    C. 只能手工输入   D. 视具体情况而定

(16) 若在系统设置的选项中选择了"业务发生后立即制单",在计提固定资产折旧的时候,依次出现( )。
    A. 折旧清单→记账凭证→折旧分配表   B. 折旧清单→折旧分配表→记账凭证
    C. 折旧分配表→记账凭证→折旧清单   D. 记账凭证→折旧分配表→折旧清单

(17) 下列关于固定资产折旧计提的说法,正确的是( )。
    A. 在没有输入本月工作量之前,不能计提折旧
    B. 资产的使用部门必须是明细部门,折旧分配部门也必须分配到明细部门
    C. 若自定义的折旧方法月折旧率或月折旧额出现负数,系统仍旧自动计提折旧
    D. 在折旧分配表中,不仅有本月折旧额,还有各固定资产的累计折旧

(18) 下列( )项目在调整当月影响折旧的计提。
    A. 原值   B. 累计折旧
    C. 净残值(率)   D. 折旧方法

(19) 由于误操作,本月1日固定资产子系统计提了一次折旧,并已制单且传递到总账系统。要重新计提本月折旧,下列操作步骤正确的是( )。
    A. 单击"处理"→"查询凭证"选择该凭证→"删除"→"处理"→"计提本月折旧"
    B. 单击"处理→查询凭证"选择该凭证→"冲销"→"处理"→"计提本月折旧"
    C. 双击"处理"→"计提本月折旧"
    D. 单击"处理"→"计提本月折旧"

(20) 固定资产减值必须按( )计提。
    A. 单项   B. 批量
    C. 类别   D. 总体

3) 多选题
(1) 固定资产系统的选项功能中,属于不可修改部分的是( )
    A. 主要折旧方法   B. 是否计提折旧
    C. 开始使用期间   D. 资产编号自动编码方式

(2) 固定资产卡片删除功能的描述正确的是( )。
    A. 不是本月录入的卡片,不能删除
    B. 已制作过凭证的卡片删除时,提示请删除相应凭证,然后删除卡片
    C. 卡片作过一次月末结账后不能删除
    D. 作过变动单或评估单的卡片删除时,提示您先删除相关的变动单或评估单

(3) 卡片样式修改时,以下说法正确的是( )。

A. 卡片样式上必须同时有或同时没有"项目"和"对应折旧科目"
B. 一旦增加了的项目就无法删除，只能取消后重新修改
C. "工作总量、累计工作量、工作量单位"三个项目要移动位置必须同时移动
D. "外币原值、汇率、货币单位"这三个项目要移动位置必须同时移动

(4) 关于固定资产中资产评估，以下说法正确的是（　　）。
A. 可评估项目必须包括原值、累计折旧和净值三项内容
B. 生成评估单又做过变动单，必须先删除变动单才能删除评估单
C. 评估后的数据必须满足原值－净值＝累计折旧≥0
D. 评估后的数据必须满足净值≥净残值率×原值

(5) "资产增加"即新增加固定资产卡片，以下说法正确的是（　　）。
A. 新卡片第一个月不提折旧，折旧额为空或零
B. 原值录入的一定要是卡片录入月月初的价值，否则将会出现计算错误
C. 允许在卡片的规格型号中输入或粘贴如"直径符号"等工程符号
D. 因为是资产增加，该资产需要入账，所以可执行制单功能

(6) 在固定资产子系统中，要查看本月所有固定资产的增减及其他变动情况，可（　　）。
A. 单击"卡片"→"卡片管理"，查看固定资产卡片上相关信息
B. 单击"账表"→"我的账表"→"固定资产总账"，将所有的查询条件设为空，再在总账上双击本期发生额记录行
C. 单击"账表"→"我的账表"→"(部门、类别)明细账"，将所有的查询条件设为空
D. 单击"账表"→"我的账表"→"(单个)固定资产明细账"，将所有的查询条件设为空

(7) 在固定资产子系统中，下列方法能查看本月固定资产折旧清单的是（　　）。
A. 在系统菜单中单击"处理"→"折旧清单"
B. 在系统菜单中单击"处理"→"折旧分配表"
C. 在系统菜单中单击"报表"→"我的账表"→"账簿"→"固定资产折旧清单表"
D. 在系统菜单中单击"报表"→"我的账表"→"折旧表"→"固定资产折旧清单表"

(8) 在凭证查询窗口，能够进入单张凭证查看状态的操作有（　　）。
A. 单击"查询"按钮，并输入相关条件　　B. 选中某项业务，单击"查看"按钮
C. 选中某项业务，单击"编辑"按钮　　　D. 选中某项业务，单击"凭证"按钮

(9) 系统不允许结账，可能的原因有（　　）。
A. 本月未提折旧
B. 提取本月折旧后，又改变了某项固定资产的折旧方法
C. 有两项固定资产增加未制单
D. 对账不平

(10) 在固定资产子系统中修改凭证时，下列（　　）内容能修改。
A. 摘要　　　　　　　　　　　　　　　B. 用户自行增加的凭证分录
C. 系统缺省的分录的折旧科目　　　　　D. 系统缺省的分录的金额

(11) 企业某汽车原值为 100 000 元，净残值率为 2%，工作总量为 98 000 千米，折旧方法采用工作量法。上期期末累计工作量为 97 500 千米，上期工作量为 1 000 千米。本期该汽车工作量为 500 千米。操作员在进行工作量输入时，可以采取的操作有（　　）。

A. 在本月工作量栏中输入500
B. 选中本月工作量栏,并单击"继承上月工作量"
C. 在本月工作量栏中输入600
D. 在本月工作量栏中输入400

(12) 下列( )方式能查看折旧清单。
A. 在系统菜单中单击"卡片"→"折旧分配表"
B. 在系统菜单中单击"处理"→"折旧清单"
C. 在系统菜单中单击"卡片"→"折旧清单"
D. 在系统菜单中单击"处理"→"计提本月折旧",选择计提折旧后查看折旧清单

(13) 下列方式能实现计提固定资产折旧的制单的是( )。
A. 在折旧费用分配表界面,单击"制单"按钮
B. 在系统菜单下,单击"处理"→"批处理制单"
C. 在折旧费用分配表界面,单击"制单"按钮,再在系统菜单下,单击"处理"→"批处理制单"
D. 在系统菜单下,单击"处理"→"批处理制单",再在折旧费用分配表界面,单击"制单"按钮

(14) 企业需要对某项固定资产的净值进行评估,在选择评估项目时,下列选择正确的是( )。
A. "净值"
B. "原值"、"累计折旧"和"净值"
C. "原值"和"净值"
D. "净值"和"累计折旧"

(15) 某固定资产原值为10万元,累计折旧为5万元,在一次资产评估中,要求将原值改为15万元。下列计算公式正确的是( )。
A. 150 000
B. 原值+50 000
C. 净值+累计折旧
D. 100 000+累计折旧

(16) 由于技术进步的原因,企业决定对使用期限超过3年的一批计算机类固定资产进行批量处理,将折旧方法由平均年限法改为加速折旧法,则正确的查询公式为( )。
A. (类别名称=计算机) AND (已计提月份>36)
B. (已计提月份>36) AND (类别名称=计算机)
C. (类别名称=计算机) OR (已计提月份>36)
D. (已计提月份>36) OR (类别名称=计算机)

(17) 企业的一辆汽车,本月发现原值数值过低,要制作一张变动单以调整原值,可用( )方法。
A. 单击"卡片"→"变动单"→"变动单管理",进入"固定资产变动单"窗口
B. 单击"卡片"→"变动单"→"原值增加",进入"固定资产变动单"窗口
C. 单击"卡片"→"卡片管理",在固定资产列表中选中该小汽车,单击鼠标右键,在下拉表中选择变动单,进入"固定资产变动单"窗口,并在右上角下拉框中选择"原值增加"
D. 单击"卡片"→"资产增加",进入"固定资产变动单"窗口

(18) 在对一项固定资产的使用状况进行调整并保存其变动单后,若还要对另一项固定资产增加一张变动单,可( )。
A. 单击"编辑"按钮,在下拉表中选择"下一张"

B. 单击鼠标右键,在下拉表中选择"增加"
C. 单击系统菜单"处理"→"变动单"→"使用状况调整"
D. 单击"增加"按钮

(19) 企业将一办公用计算机折旧方法从平均年限法调整为加速折旧法,且会计制度规定需采用追溯调整法,下列(　　)步骤是必须的。

A. 修改固定资产卡片　　　　　　B. 制作折旧方法调整变动单
C. 制作累计折旧调整变动单　　　D. 制作净残值(率)调整变动单

(20) 下列(　　)情况属于固定资产的减少。

A. 净值减小　　　　　　　　　　B. 到期报废
C. 投资转出　　　　　　　　　　D. 盘亏

三、习题答案

薪资系统习题答案

1) 判断题

(1) F　(2) T　(3) F　(4) T　(5) F　(6) T　(7) T　(8) F　(9) F　(10) T
(11) T　(12) T　(13) T　(14) T　(15) F　(16) T　(17) F　(18) T　(19) F　(20) T

2) 单选题

(1) B　(2) D　(3) B　(4) A　(5) D　(6) D　(7) D　(8) D　(9) D　(10) B
(11) C　(12) B　(13) D　(14) B　(15) D　(16) C　(17) A　(18) B　(19) C　(20) B

3) 多选题

(1) AB　(2) AB　(3) AC　(4) ABCD　(5) ABC　(6) AD　(7) ACD　(8) CD
(9) AB　(10) CD　(11) ABCD　(12) ABCD　(13) ACD　(14) BC　(15) ABCD
(16) BC　(17) CD　(18) ABCD　(19) CD　(20) CD

固定资产系统习题答案

1) 判断题

(1) T　(2) T　(3) F　(4) F　(5) T　(6) T　(7) F　(8) T　(9) F　(10) T
(11) F　(12) T　(13) F　(14) F　(15) T　(16) T　(17) F　(18) T　(19) F　(20) F

2) 单选题

(1) D　(2) C　(3) C　(4) B　(5) D　(6) A　(7) D　(8) C　(9) B　(10) A
(11) B　(12) D　(13) A　(14) C　(15) C　(16) B　(17) A　(18) D　(19) A　(20) A

3) 多选题

(1) BCD　(2) ABCD　(3) ACD　(4) BCD　(5) ABCD　(6) BC　(7) AD　(8) ABCD
(9) ABCD　(10) ABC　(11) AB　(12) BD　(13) AB　(14) CD　(15) ABD　(16) AB
(17) BC　(18) BCD　(19) BC　(20) BCD

5 会计信息化综合实训

【学习目标】

在前面各章节的基础上,本章将重点进行企业财务链和供应链的综合实训。通过本章综合实训(一个工业企业,一个商业企业),读者将接触到多系统集成的会计信息化范例,进一步提高会计信息化应用水平。

5.1 工业企业财务链综合实训

5.1.1 账套设置

1) 启动系统管理

点击"开始"→"程序"→"用友 U8 系统"→"系统服务"→"系统管理",启动系统。

2) 增设操作员

以系统管理员注册,点击"权限"→"用户"→"增加",增加以下操作员:

01 学生本人　　02 王梅　　03 周群

3) 设置账套信息

(1) 账套信息　账套号 2+学号末两位,输入账套名称,启用日期为 2008 年 1 月。

(2) 单位信息　单位名称为"AAA 电脑公司",单位简称为"AAA",税号为 320482673027857。

(3) 核算类型　企业类型为"工业";行业性质为"2007 年新会计制度科目";账套主管为学生本人;"按行业性质预置科目"。

(4) 基础信息　存货、客户及供应商均分类,有外币核算。

(5) 编码方案

① 客户分类和供应商分类的编码方案为 2-2;

② 部门编码的方案为 1-2;

③ 存货分类的编码方案为 2-2-3-3;

④ 收发类别的编码级次为 1-1;

⑤ 结算方式的编码方案为 1-2;

⑥ 其他编码项目保持不变;

⑦ 会计科目编码方案 4-2-2。

(6) 数据精度　保持系统默认设置。

(7) 各系统的启用　启用"应收"、"应付"、"总账"、"工资管理"、"固定资产"系统。启用日期为 2008-01-01。

4）分配操作员权限

点击"权限"→"修改"，分配以下两个操作员权限：

操作员王梅：拥有"共用目录设置"、"总账"、"应收"、"应付"、"薪资管理"、"固定资产"中的所有权限。

操作员周群：拥有"共用目录设置"、"总账"、"应收"、"应付"、"薪资管理"、"固定资产"中的所有权限。

5.1.2 基础档案设置

进入"企业门户"→"基础档案"进行设置。

1）定义部门档案

进入"基础档案"→"机构设置"→"部门档案"，档案内容如表5.1所示。

表5.1 部门档案

部门编码	部门名称	成立日期
1	生产部	2008年1月1日
101	生产一部	2008年1月1日
102	生产二部	2008年1月1日
2	工程部	2008年1月1日
3	采购部	2008年1月1日
301	采购一部	2008年1月1日
302	采购二部	2008年1月1日
4	业务部	2008年1月1日
401	业务一部	2008年1月1日
402	业务二部	2008年1月1日
5	财务部	2008年1月1日
6	仓储部	2008年1月1日
7	计划部	2008年1月1日
8	质量管理部	2008年1月1日

2）定义人员档案

进入"基础档案"→"机构设置"→"职员档案"，档案内容如表5.2所示。

表5.2 人员档案

部门编码	部门名称	人员		人员类别	性别	业务或费用部门	银行	银行账号
301	采购一部	30101	倪雪	在职人员	女	采购一部	中国工商银行	11111111111
301	采购一部	30102	王向	在职人员	男	采购一部	中国工商银行	11111111112
101	生产一部	10101	张力	在职人员	男	生产一部	中国工商银行	11111111113
101	生产一部	10102	肖遥	在职人员	男	生产一部	中国工商银行	11111111110
102	生产二部	10201	林灵	在职人员	女	生产二部	中国工商银行	11111111121
401	业务一部	40101	李飞	在职人员	男	业务一部	中国工商银行	11111111114
401	业务一部	40102	雷磊	在职人员	男	业务一部	中国工商银行	11111111115
402	业务二部	40201	何亮	在职人员	男	业务二部	中国工商银行	11111111116
5	财务部	50001	张兰	在职人员	女	财务部	中国工商银行	11111111117
501	财务部	50002	王梅	在职人员	女	财务部	中国工商银行	11111111118
501	财务部	50003	周群	在职人员	男	财务部	中国工商银行	11111111119

3) 定义客户分类

进入"基础档案"→"往来单位"→"客户分类",档案内容如表 5.3 所示。

表 5.3 客户分类

分类编码	分类名称
01	批发
02	零售
03	代销
04	专柜

4) 定义客户档案

进入"基础档案"→"往来单位"→"客户档案",档案内容如表 5.4 所示。

表 5.4 客户档案

客户编码	客户简称	所属分类
0001	华宏公司	批发
0002	昌新贸易公司	批发
0003	精益公司	专柜
0004	利氏公司	代销

5) 定义供应商分类

进入"基础档案"→"往来单位"→"供应商分类",信息内容如表 5.5 所示。

表 5.5 供应商分类

分类编码	分类名称
01	原料供应商
02	成品供应商
03	委外供应商
04	其他

6) 定义供应商档案

进入"基础档案"→"往来单位"→"供应商档案",档案内容如表 5.6 所示。

表 5.6 供应商档案

供应商编码	供应商简称	所属分类
YDGS	益达公司	原料供应商
XHGS	兴华公司	成品供应商
JCGS	建昌公司	成品供应商
FMSH	泛美商行	委外供应商
ADGS	艾德公司	其他

7) 设置应收应付系统会计科目

(1) 应收账款、预收账款　辅助核算设置为"客户往来"。

(2) 应付账款、预付账款　辅助核算设置为"供应商往来"。

8) 定义凭证类别

进入"基础档案"→"财务"→"凭证类别",定义凭证类别为"记账凭证"。

9) 定义结算方式

进入"基础档案"→"收付结算"→"结算方式",结算方式编码如表5.7所示。

表 5.7 结算方式

编码	名称
1	现金结算
2	支票结算
3	汇票结算

10) 设置外币

外币:"美元";汇率:"6.863",固定汇率。

11) 增加或修改会计科目

增加或修改的会计科目如表5.8所示。

表 5.8 增加或修改的会计科目　　　　　　　　　　　单位:元

科目编码	科目名称	外币/单位	辅助账类型	方向	期初余额	科目编码	科目名称	辅助账类型	方向	期初余额
1001	库存现金		指定科目	借	7 775.70	2501	长期借款		贷	
1002	银行存款		指定科目	借	258 488.89	2502	应付债券		贷	
100201	工行存款			借	258 488.89	250201	债券面值		贷	
100202	中行存款	美元		借		250202	债券溢价		贷	
1012	其他货币资金			借		250203	债券折价		贷	
101201	外埠存款			借		250204	应计利息		贷	
101202	银行本票			借		2701	长期应付款		贷	
101203	银行汇票			借		2711	专项应付款		贷	
101204	信用卡			借		2901	递延所得税负债		贷	
1101	交易性金融资产			借		4001	实收资本		贷	1 730 000.00
110101	股票			借		4002	资本公积		贷	
110102	债券			借		400201	资本(或股本)溢价		贷	
110103	基金			借		400202	接受捐赠非现金资产准备		贷	
110110	其他			借		400203	接受现金捐赠		贷	
1111	买入返售金融资产			借		400204	股权投资准备		贷	

续 表

科目编码	科目名称	外币/单位	辅助账类型	方向	期初余额	科目编码	科目名称	辅助账类型	方向	期初余额
1122	应收账款		客户	借	167 600.00	400205	拨款转入		贷	
1123	预付账款		供应商	借		400206	外币资本折算差额		贷	
1131	应收股利			借		400207	其他资本公积		贷	
1132	应收利息			借		4101	盈余公积		贷	
1221	其他应收款		个人	借	3 800.00	410101	法定盈余公积		贷	
1231	坏账准备			贷	788.00	410102	任意盈余公积		贷	
1301	贴现资产			借		410103	法定公益金		贷	
1401	材料采购			借		410104	储备基金		贷	
1403	原材料			借	186 894.97	410105	企业发展基金		贷	
1404	材料成本差异			借		410106	利润归还投资		贷	
1405	库存商品			借	199 975.98	4103	本年利润		贷	
140501	硬盘	个		借	63 975.98	4104	利润分配		贷	−120 922.33
140502	电脑(P3)	台		借	136 000.00	410401	其他转入		贷	
140503	电脑(P4)	台		借		410402	提取法定盈余公积		贷	
1421	消耗性生物资产			借		410403	提取法定公益金		贷	
1471	存货跌价准备			借		410404	提取储备基金		贷	
1501	持有至到期投资			借		410405	提取企业发展基金		贷	
150101	债券投资			借		410406	提取职工奖励及福利基金		贷	
150102	其他债权投资			借		410407	利润归还投资		贷	
1502	持有至到期投资减值准备			借		410408	应付优先股股利		贷	
1511	长期股权投资			借		410409	提取任意盈余公积		贷	
151101	股票投资			借		410410	应付普通股股利		贷	
151102	其他股权投资			借		410411	转作资本(或股本)的普通股股利		贷	
1512	长期股权投资减值准备			借		410412	未分配利润		贷	−120 922.33
1531	长期应收款			借		5001	生产成本		借	17 165.74
153101	本金			贷		500101	直接材料	项目	借	155.00
153102	利息			借		500102	直接人工	项目	借	15 000.00
153103	减值准备			借		500103	制造费用	项目	借	2 010.74
1601	固定资产			借	1 290 680.00	5101	制造费用	部门	借	

续表

科目编码	科目名称	外币/单位	辅助账类型	方向	期初余额	科目编码	科目名称	辅助账类型	方向	期初余额
1602	累计折旧			借	197 584.84	510101	工资	部门	借	
1603	固定资产减值准备			借		510102	福利费	部门	借	
1604	在建工程			借		510103	加班费	部门	借	
1605	工程物资			贷		510104	折旧费	部门	借	
160501	专用材料			贷		510199	其他	部门	借	
160502	专用设备			借		5201	劳务成本		借	
160503	预付大型设备款			借		6001	主营业务收入		贷	
160504	为生产准备的工具及器具			借		600101	硬盘	个	贷	
1606	固定资产清理			借		600102	电脑(P3)	台	贷	
1701	无形资产			借	59 142.00	600103	电脑(P4)	台	贷	
1703	无形资产减值准备			借		6051	其他业务收入		贷	
1711	商誉			借		6111	投资收益		贷	
1801	长期待摊费用			贷		6301	营业外收入		贷	
1901	待处理财产损益			借		6401	主营业务成本		借	
190101	待处理流动资产损益					640101	硬盘	个		
190102	待处理固定资产损益			借		640102	电脑(P3)	台	借	
2001	短期借款			借	100 000.00	640103	电脑(P4)	台	借	
2201	应付票据			借		6402	其他业务支出		借	
2202	应付账款		供应商	借	286 850.00	6403	营业税金及附加		借	
2203	预收账款		客户	贷		6601	销售费用		借	
2211	应付职工薪酬			贷		10 222.77	广告费	部门	借	
221101	工资			贷		660102	差旅费	部门	借	
221102	福利费			贷	10 222.77	660103	水电费	部门	借	
2221	应交税费			贷	−13 000.00	6602	管理费用	部门	借	
222101	应交增值税			贷		660201	工资及其福利费	部门	借	
22210101	进项税额			贷		660202	办公费	部门	借	
22210102	已交税金			贷		660203	电话费	部门	借	
22210103	转出未交增值税			贷		660204	差旅费	部门	借	
22210104	减免税款			贷		660205	折旧费	部门	借	

续 表

科目编码	科目名称	外币/单位	辅助账类型	方向	期初余额	科目编码	科目名称	辅助账类型	方向	期初余额
22210105	销项税额			贷		660299	其他	部门	借	
22210106	出口退税			贷		6603	财务费用		借	
22210107	进项税额转出			贷		660301	利息收入和支出		借	
22210108	出口抵减内销产品应纳税额			贷		660302	银行手续费		借	
22210109	转出多交增值税			贷		660303	汇兑损益		借	
222102	未交增值税			贷	-13 000.00	6711	营业外支出		借	
222103	应交所得税			贷		671101	罚款支出		借	
222104	应交营业税			贷		6801	所得税费用		借	
222105	应交城市维护建设税			贷		6901	以前年度损益调整		借	
2241	其他应付款			贷						

12) 设置项目目录

点击"基础档案"→"财务"→"项目目录",增加项目大类,大类名称:"生产成本",选择"普通项目",项目级次:1-2,项目结构为默认值。

选择核算科目:500101、500102、500103,并点击"确认"按钮。

项目分类: 1—自行开发项目;2—委托开发产品。

项目目录: 101:P3 电脑产品,自行开发项目。
　　　　　 102:P4 电脑产品,自行开发项目。
　　　　　 201:PX 电脑产品,委托开发项目。

5.1.3 期初设置

1) 总账和应收应付系统期初数据

(1) 录入会计科目余额。

(2) 录入 1122 应收账款明细余额表,如表 5.9 所示。

表 5.9 应收账款明细余额表　　　　　　　　　　　单位:元

日期	凭证号	客户单位名称	摘要	方向	金额
2007-02-13		华宏公司	销售商品	借	109 600.00
2007-01-06		昌新贸易公司	销售商品	借	58 000.00

(3) 录入 1221 其他应收款——个人明细余额表,如表 5.10 所示。

表 5.10 其他应收款——个人明细余额表　　　　　　单位:元

日期	凭证号	部门	职员	摘要	方向	金额
2007-05-27		采购部一部	倪雪	出差借款	借	3 800.00

(4) 录入 2202 应付账款明细余额表,如表 5.11 所示。

表 5.11 应付账款明细余额表 单位：元

日期	凭证号	供应商单位名称	摘要	方向	金额
2007-11-07		兴华公司	购买商品	贷	186 850.00
2007-07-29		泛美商行	购买商品	贷	100 000.00

(5) 项目目录期初都是项目 101 项目的余额。

2) 薪资管理初始设置

(1) 启用工资　选择多类别，扣税，设置人员编码长度为"5"。

(2) 工资类别　需增加"人员类别"：管理人员，生产人员。

① 建立两个工资类别

A. 管理人员类别：所属部门为除生产部以外的所有部门，启用时期为"2008 年 01 月 01 日"。

B. 生产人员类别：所属部门为生产一部、生产二部.启用时期为"2008 年 01 月 01 日"。

② 进入"银行名称设置"菜单下修改代发银行名称为"工商银行"。

③ 录入工资项目，如表 5.12 所示。

表 5.12　工资项目表

工资项目	类型	长度	小数点	增减及其他
基本工资	数字	10	2	增项
岗位工资	数字	10	2	增项
计量工资	数字	10	2	增项
津贴	数字	10	2	增项
住房补贴	数字	8	2	增项
交补	数字	8	2	增项
加班工资	数字	8	2	增项
应发合计	数字	10	2	增项
病假天数	数字	3	1	其他
病假扣款	数字	8	2	减项
事假天数	数字	3	1	其他
事假扣款	数字	8	2	减项
扣四金	数字	8	2	减项
扣款合计	数字	8	2	减项
扣税基础	数字	8	2	其他
实发合计	数字	10	2	增项

(3) 工资项目、公式设置

① 进入"管理人员工资类别"，设置工资项目及公式定义如下：

工资项目：选择所有工资项目。

公式定义：扣税基础＝基本工资＋岗位工资＋津贴＋住房补贴＋加班工资

病假扣款＝病假天数×5

事假扣款＝事假天数×15

② 进入"生产人员工资类别"，设置工资项目及公式定义如下：

工资项目：选择所有工资项目。
公式定义：扣税基础＝基本工资＋岗位工资＋津贴＋住房补贴＋加班工资＋计量工资
　　　　　病假扣款＝病假天数×5
　　　　　事假扣款＝事假天数×15

3）固定资产初始设置

(1) 启用固定资产系统

① 主要折旧方法：平均年限法(一)。

② 折旧分配周期为1个月。

③ 资产类别编码长度：2-1-1-2。

④ 自动编号(类别编号＋序号，序号长度3位)。

⑤ 与总账系统进行对账科目　1601—固定资产；1602—累计折旧。

⑥ 对账不符不结账。

(2) 基础设置

① 选项修改：在"选项"中选中"业务发生后立即制单"、"月末结账前一定要完成制单登账业务"，并录入固定资产缺省入账科目"1601"、累计折旧缺省入账科目"1602"。

② 固定资产类别：01—房屋建筑物；02—专用设备；03—交通设备；04—办公设备。

③ 使用状况：默认系统设置。

④ 增减类别：默认系统设置。

⑤ 部门档案及对应折旧科目：

部门	折旧科目
生产部	510104
其他部门	660205

(3) 录入原始卡片　在"系统菜单"→"设置"→"卡片"→"录入原始卡片"菜单中录入的卡片资料如表5.13所示。

表5.13　原始卡片

名称	类别	规格	部门	存放地点	使用年限	开始使用日期	原值	累计折旧	残值率
办公楼	01	2 000平方米	多部门	办公室	30年	2005-10-01	740 000	71 276.39	5%
小型机	02	8-S5Y	生产一部	生产一部	5年	2007-01-01	120 000	17 783.33	3%
程控交换机	02	IBM	生产二部	生产二部	4年	2007-06-01	20 000	2 425	3%
奥迪车	03	ST2000	财务部	财务部	10年	2006-07-01	250 000	69 270.83	5%
电脑	04	联想天禧	采购一部	采购一部	4年	2007-05-01	9 000	1 273.13	3%
电脑	04	联想天鹤	财务部	财务部	4年	2006-02-01	13 000	4 728.75	3%
电脑	04	联想天鹤	业务一部	业务一部	4年	2006-10-01	13 000	2 889.79	3%
电脑	04	HP(6台)	生产二部	生产二部	4年	2006-10-01	75 408	16 762.57	3%
电脑	04	HP(4台)	生产一部	生产一部	4年	2006-10-01	50 272	11 175.05	3%
合计							1 290 680	197 584.84	

注：原始卡片增加方式，均为直接购入的方式，使用状况均为在用，各卡片均为"平均年限法(一)"。

办公楼各部门的使用比例为:财务部"10%",业务一部"10%",业务二部"10%",生产一部"40%",生产二部"30%"。

5.1.4 日常业务

1) 总账日常操作

与应收应付相关的凭证在应收应付系统填制单据生成凭证,与薪资管理、固定资产相关的凭证在对应模块操作后生成凭证。

2) 人员工资数据录入

(1) 选择"管理人员工资类别",在"工资变动"中录入管理人员类工资表,如表5.14所示。

表 5.14 管理人员类工资表　　　　　　　　　　　　　　　单位:元

姓名	基本工资	岗位工资	津贴	住房补贴	交补	病假天数	病假扣款	事假天数	事假扣款	扣公积金
倪雪	3 500	295	320	195	30	4	20			39.80
王向	1 800	290	320	195	30	4	20	2	30.00	39.20
李飞	900				30			2	30.00	39.00
雷磊	4 300	295	320	195	30					68.20
何亮	810				30					18.50
张兰	4 300	295	320	195	30					96.20
王梅	3 700	295	320	195	30					69.20
周群	1 500	280	320	158	30	4	20	2	30.00	36.80

(2) 选择"生产人员工资类别",在"工资变动"中录入生产人员类工资表,如表5.15所示。

表 5.15 生产人员类工资表　　　　　　　　　　　　　　　单位:元

姓名	基本工资	岗位工资	计量工资	津贴	住房补贴	交补	病假天数	病假扣款	事假天数	事假扣款	扣公积金
张力	2 300	200	200	100	50	30	1				68
肖遥	1 200	100	200	100	50	30			2		50
林灵	1 500	200	150	100	50	30			1		68

注:个人所得税扣税基数按1 200元计算。

3) 具体业务明细

点击"财务会计"→"总账"→"凭证"→"填制凭证",生成以下业务凭证。

(1) 1月4日提取现金8 000元。

借:库存现金　　　　　　　　　　　　　　　　　　　　　　8 000.00
　　贷:银行存款——工行存款　　　　　　　　　　　　　　　　8 000.00

(2) 1月5日采购部倪雪报销差旅费3 800元。

借:管理费用——其他费用(采购部)　　　　　　　　　　　　3 800.00
　　贷:其他应收款(倪雪)　　　　　　　　　　　　　　　　　3 800.00

(3) 1月7日业务一部支付业务招待费1 350元,转账支票号为205。

借:管理费用——其他费用(业务一部)　　　　　　　　　　　1 350.00
　　贷:银行存款——工行存款　　　　　　　　　　　　　　　　1 350.00

(4) 1月13日,收到华宏公司转账支票2张,面值分别为:40 000元和55 000元,用以归还货款。

借:银行存款——工行存款　　　　　　　　　　　95 000.00
　　贷:应收账款(华宏公司)　　　　　　　　　　　　　95 000.00

(5) 1月14日,归还欠泛美商行部分货款100 000元,转账支票号为201。

借:应付账款(泛美商行)　　　　　　　　　　　100 000.00
　　贷:银行存款——工行存款　　　　　　　　　　　100 000.00

(6) 1月16日,向利氏公司售出电脑(P3)25台,单价4 220元,货税款尚未收到(适用税率13%)。

借:应收账款(利氏公司)　　　　　　　　　　　105 500.00
　　贷:主营业务收入——电脑(P3)　　　　　　　　　91 785.00
　　　　应交税费——应交增值税(销项税额)　　　　　13 715.00

(7) 1月19日,从艾德公司购入硬盘100个,单价133元,货税款暂欠,商品已验收库(适用税率13%)。

借:库存商品——硬盘　　　　　　　　　　　　　11 571.00
　　应交税费——应交增值税(进项税额)　　　　　　1 729.00
　　贷:应付账款(艾德公司)　　　　　　　　　　　　13 300.00

(8) 1月20日收到鲲鹏集团投资资金10 000美元。

借:银行存款——中行存款(外币金额为10 000.00)　68 630.00
　　贷:实收资本　　　　　　　　　　　　　　　　　68 630.00

(9) 1月28日购惠普传真机一台,价值2 852元,财务部使用,使用年限5年,采用平均年限法(一)计提折旧,净残值率10%。

借:固定资产　　　　　　　　　　　　　　　　　2 852.00
　　贷:银行存款——工行存款　　　　　　　　　　　2 852.00

(10) 公司管理部门固定每月底报销电话费用,故统一报销凭证中都为管理费用但明细分属不同部门,以辅助项快速录入方式填制该凭证。财务部:500元;采购一部:400元;采购二部:500元;计划部:700元;业务一部:500元;业务二部:400元;贷方为现金。摘要为费用报销。

(11) 利用固定资产系统的自动计提折旧,并生成折旧分配凭证传递到总账系统。

(12) 当月29日将奥迪车出售,收回178 654.17元,支票结算。

A. 借:累计折旧　　　　　　　　　　　　　　　　71 245.83
　　　固定资产清理　　　　　　　　　　　　　　178 754.17
　　　贷:固定资产　　　　　　　　　　　　　　　　250 000

B. 借:银行存款——工行存款　　　　　　　　　　178 654.17
　　　贷:固定资产清理　　　　　　　　　　　　　　178 654.17

(13) 根据表5.14和表5.15薪资业务数据,利用系统计算结果,生成计提工资凭证,并传递到总账系统中。生产人员工资计入生产成本——直接人工——电脑(P3)项目。

(14) 结转制造费用。

4) 自动转账

(1) 自定义转账定义,转账生成凭证,再把该凭证审核、记账。2008年1月31日,计提短期借款利息,按短期借款期末余额的0.2%进行计提当月借款利息。

计提职工工会经费,按"生产成本——直接人工"、"管理费用——工资"当月发生额的2%进行计提当月职工福利费(在工资系统里计提)。

(2) 用自动结转销售成本方法生凭证 结转销售成本,转账生成凭证,再把该凭证审核、计账(电脑(P3)的销售成本单价为3 400元,数量为25台)。

(3) 结转期间损益 2008年1月31日,期间损益结转(期间损益定义,转账生成凭证,再把该凭证审核、记账)。

5.1.5 报表制作

(1) 根据总账资料生成"资产负债表"及"损益表"。

(2) 做一张自定义报表,格式如表5.16所示。

表5.16 管理费用明细表

单位名称:AAA电脑公司　　　　　　2008年1月　　　　　　　　单位:元

项 目	管理费用	工资	福利费	折旧费	电话费	办公费	其他
工程部							
采购部							
业务部							
财务部							
仓储部							
计划部							
质量管理部							
合计							

审核人:　　　　　　　　　　制表人:

5.2 财务链供应链一体化综合实训

5.2.1 账套设置

1) 建立账套

(1) 以系统管理员(Admin)登录"系统管理",增加下列操作员,如表5.17所示。

表5.17 操作员表

编 号	姓 名	所属部门	角 色
001	赵敏	财务部	账套主管
002	孙家林	财务部	总账会计、应收会计、应付会计
003	杨军	财务部	存货核算员、资产管理员、工资管理员
004	王海萍	财务部	出纳
005	袁毅	采购部	采购主管
006	胡建	销售部	销售主管
007	向明	仓管部	仓库主管

(2) 设置账套信息

① 账套信息：账套号：8+学号末两位；账套名称：红星商贸股份有限公司；账套路径：默认；启用会计期：2008年1月。

② 单位信息：单位名称：红星商贸股份有限公司；单位简称：红星商贸；单位地址：南京市府前街137号；法人代表：吴江宏；邮政编码：210056；联系电话及传真：6578436；电子邮件：HXSM@DHCL.COM；税号：879123400323685。

③ 核算类型：本币代码：RMB；本币名称：人民币；企业类型：商业；行业性质：新会计制度科目；账套主管：赵敏；按行业性质预置会计科目。

④ 基础信息：存货、客户、供应商分类核算，无外币业务。

⑤ 分类编码方案：科目编码级次：4-2-2-2-2；客户权限组级次：2-2-3；客户分类编码级次：2-2-3；部门编码级次：2-2；收发类别编码级次：1-2；供应商权限组级次：2-2-3；供应商分类编码级次：2-2-3；数据精度定义均按默认值。

(3) 系统启用　2008年1月1日，系统管理员启用应付、应收、固定资产、总账、存货核算、采购管理、销售管理、库存管理、工资管理等系统。

(4) 操作员权限设置　如表5.18所示。

表5.18　操作员权限表

编　号	姓　名	权　限
002	孙家林	公用目录设置、应收、应付、除出纳外的总账权限
003	杨军	公用目录设置、固定资产、存货核算、工资管理
004	王海萍	公用目录设置、总账之出纳、出纳签字
005	袁毅	公用目录设置、采购管理
006	胡建	公用目录设置、销售管理
007	向明	公用目录设置、库存管理

2) 模块参数设置

以赵敏身份登录"企业门户"，设置各模块参数。

(1) 总账　制单权限控制到科目；出纳凭证必须经由出纳签字；凭证必须经由主管会计签字；数量、单价小数位保留2位；部门、个人、项目排序方式均按编码排序。

(2) 应收款管理　应收款核销方式：按单据；单据审核日期依据：单据日期；坏账处理方式：应收余额百分比法；应收账款核算模型：详细核算；不根据信用额度自动报警。

(3) 应付款管理　应付款核销方式：按单据；单据审核日期依据：单据日期；应付账款核算模型：详细核算；不根据信用额度自动报警。

(4) 工资管理　工资类别个数：单个；从工资中代扣个人所得税；不扣零；人员编码长度：5位。

(5) 固定资产　本账套计提折旧；折旧汇总分配周期：1个月；当（月初已计提月份＝可使用月份－1）时将剩余折旧全部提足；资产类别编码规则：2-1-1-2；固定资产编码方式：自动编码，部门编码＋类别编码＋序号；序号长度：3；与账务系统进行对账；固定资产对账科目：1601；累计折旧对账科目：1602；对账不平情况下不允许固定资产月末结账。

(6) 采购管理系统　采购选项：普通业务必有订单；商业版费用不分摊到入库成本。

(7) 销售管理系统　销售选项：普通销售必有订单；新增发票默认参照发货单生成；取

消"是否销售生成出库单";允许存货超可用量发货。

5.2.2 基础档案设置

以账套主管赵敏的身份登录"企业门户",设置基础档案。

(1) 部门档案,如表5.19所示。

表5.19 部门档案

部门编码	部门名称
01	办公室
02	财务部
03	采购部
04	销售部
0401	销售一部
0402	销售二部
0403	销售三部
05	仓管部

(2) 职员档案,如表5.20所示。

表5.20 职员档案

职员编码	职员姓名	部门名称	职员属性
01001	陈曦	办公室	总经理
01002	崔英俊	办公室	副总经理
01003	赵江海	办公室	管理人员
02001	赵敏	财务部	财务经理
02002	孙家林	财务部	会计
02003	杨军	财务部	会计
02004	王海萍	财务部	出纳
03001	何丹	采购部	部门经理
03002	陆茂林	采购部	业务人员
03003	袁毅	采购部	部门经理
04001	林刚	销售一部	部门经理
04002	王红云	销售一部	业务人员
04003	吉如军	销售一部	业务人员
04004	周安平	销售二部	部门经理
04005	高露	销售二部	业务人员
04006	汪君	销售三部	部门经理
04007	葛宝明	销售三部	业务人员
04008	胡建	销售三部	部门经理
05001	张莉莉	仓管部	部门经理
05002	向明	仓管部	部门经理

(3) 客户分类，如表 5.21 所示。

表 5.21 客户分类

客户分类编码	客户分类名称
01	本地
02	外地
0201	北方
0202	南方
0203	西北
0204	西南

(4) 客户档案，如表 5.22 所示。

表 5.22 客户档案

客户编码	客户名称	客户简称	所属分类	开户银行	账号	税号	业务员	部门
01001	金龙股份有限公司	金龙公司	本地	工商银行	5463	657456789034213	王红云	销售一部
01002	宏宇股份有限公司	宏宇公司	本地	工商银行	8345	534567890125362	林刚	销售一部
02001	锦程股份有限公司	锦程公司	北方	工商银行	6521	235678901256423	吉如军	销售一部
02002	新光股份有限公司	新光公司	南方	工商银行	4867	456789012356316	周安平	销售二部
02003	广源股份有限公司	广源公司	南方	工商银行	2671	367890123445361	高露	销售二部
02004	欣艺股份有限公司	欣艺公司	西北	工商银行	5789	368901234553368	汪君	销售三部
02005	名汇股份有限公司	名汇公司	西南	工商银行	6490	259012345678524	葛宝明	销售三部

(5) 供应商分类，如表 5.23 所示。

表 5.23 供应商分类

类 别 编 码	类 别 名 称
01	生产商
02	批发商

(6) 供应商档案，如表 5.24 所示。

表 5.24 供应商档案

供应商编码	供应商名称	供应商简称	所属分类	开户银行	账号	税号	业务员	部门
01001	激越股份有限公司	激越公司	生产商	工商银行	3546	638724518643562	何丹	采购部
01002	正兴股份有限公司	正兴公司	生产商	工商银行	6432	578329432161356	陆茂林	采购部
02001	盛洲股份有限公司	盛洲公司	批发商	工商银行	5478	476251336843156	陆茂林	采购部
02002	本楠股份有限公司	本楠公司	批发商	工商银行	5216	598254176843421	袁毅	采购部
02003	旺嘉股份有限公司	旺嘉公司	批发商	工商银行	8325	387954364213427	袁毅	采购部

(7) 存货分类,如表 5.25 所示。

表 5.25 存货分类

存货分类编码	存货分类名称
01	甲类商品
02	乙类商品
03	丙类商品
04	应税劳务

(8) 仓库档案,如表 5.26 所示。

表 5.26 仓库档案

仓库编码	仓库名称	计价方式
01	1#库	全月平均法
02	2#库	全月平均法
03	3#库	全月平均法

(9) 计量单位
① 计量单位分组,如表 5.27 所示。

表 5.27 计量单位分组

计量单位组编码	计量单位组名称	计量单位组类别
1	A 组	无换算
2	B 组	固定换算

② 计量单位,如表 5.28 所示。

表 5.28 计量单位

编码	名称	计量单位组名称	计量单位组类别	主计量单位标志	换算率
001	台	A 组	无换算	否	
002	件	A 组	无换算	否	
003	元	A 组	无换算	否	
004	双	B 组	固定换算	是	1
005	箱	B 组	固定换算	否	10

(10) 存货档案,如表 5.29 所示。

表 5.29 存货档案

存货编码	存货代码	存货名称	存货大类	单位	主要供货单位	默认仓库	存货属性
01001	A1	101 商品	01	件	激越公司	1#库	外购、销售
01002	A2	102 商品	01	件	激越公司	1#库	外购、销售
01003	A3	103 商品	01	件	激越公司	1#库	外购、销售

续 表

存货编码	存货代码	存货名称	存货大类	单位	主要供货单位	默认仓库	存货属性
02001	B1	201商品	02	台	正兴公司	2#库	外购、销售
02002	B2	202商品	02	台	正兴公司	2#库	外购、销售
02003	B3	203商品	02	台	盛洲公司	2#库	外购、销售
03001	C1	301商品	03	双	本楠公司	3#库	外购、销售
03002	C2	302商品	03	双	旺嘉公司	3#库	外购、销售
03003	C3	303商品	03	双	旺嘉公司	3#库	外购、销售
04001	YF	运费	04	元			应税劳务

(11) 会计科目

① 修改会计科目，如表5.30所示。

表5.30 修改的会计科目

科目编码	科目名称	辅助核算	受控系统
1121	应收票据	客户往来	应收系统
1122	应收账款	客户往来	应收系统
1221	其他应收款	个人往来	
1123	预付账款	供应商往来	应付系统
1601	固定资产	部门核算	
2201	应付票据	供应商往来	应付系统
2202	应付账款	供应商往来	应付系统
2203	预收账款	客户往来	应收系统

② 增加会计科目，如表5.31所示。

表5.31 增加的会计科目

科目编码	科目名称	科目类型	核算账类
100201	工行存款	资产	日记账、银行账
100202	建行存款	资产	日记账、银行账
221101	工资	负债	
221102	福利费	负债	
221103	职工养老保险金	负债	
222101	应交增值税	负债	
22210101	进项税额	负债	
22210102	已交税金	负债	
22210103	转出未交增值税	负债	
22210105	销项税额	负债	

续表

科目编码	科目名称	科目类型	核算账类
22210109	转出多交增值税	负债	
222102	未交增值税	负债	
222103	应交所得税	负债	
222104	应交营业税	负债	
222105	应交城市维护建设税	负债	
222106	应交教育费附加	负债	
400201	资本(或股本)溢价	所有者权益	
400202	接受捐赠非现金资产准备	所有者权益	
400203	接受现金捐赠	所有者权益	
410101	法定盈余公积	所有者权益	
410102	任意盈余公积	所有者权益	
410103	法定公益金	所有者权益	
410401	未分配利润	所有者权益	
660101	运杂费	损益	
660102	广告费	损益	
660103	工资及福利费	损益	
660199	其他费用	损益	
660201	办公费	损益	
660202	差旅费	损益	部门核算
660203	折旧费	损益	部门核算
660204	工资及福利费	损益	
660205	业务招待费	损益	
660206	税金	损益	
660207	汽车费	损益	
660208	计提的坏账准备	损益	
660209	工会经费	损益	
660210	职工教育经费	损益	
660211	养老保险	损益	
660212	其他费用	损益	
670101	计提坏账准备	损益	

③ 指定科目：在编辑菜单中选择"指定科目"项，将1001现金指定为现金总账科目，将1002银行存款指定为银行总账科目。

(12) 凭证类别，如表5.32所示。

表 5.32 凭证类别

类别字	类别名称	限制类型	限制科目
收	收款凭证	借方必有	1001,100201,100202
付	付款凭证	贷方必有	1001,100201,100202
转	转账凭证	凭证必无	1001,100201,100202

(13) 结算方式,如表 5.33 所示。

表 5.33 结算方式

结算方式编码	结算方式名称	票据管理标志
1	现金	否
2	支票	是
201	现金支票	是
202	转账支票	是
3	电汇	否
4	银行汇票	否
5	其他	否

(14) 开户银行,如表 5.34 所示。

表 5.34 开户银行

编码	开户银行名称	账号	暂封标志
001	中国工商银行	33536500452	否
002	中国建设银行	25263965478	否

(15) 收发类别,如表 5.35 所示。

表 5.35 收发类别

类别编码	类别名称	收发标志
1	入库	收
101	采购入库	收
102	受托代销入库	收
103	盘盈入库	收
104	其他入库	收
2	出库	发
201	销售出库	发
202	委托代销出库	发
203	盘亏出库	发
204	其他出库	发

(16) 采购类型,如表 5.36 所示。

表 5.36 采购类型

采购类型编码	采购类型名称	入库类别	是否默认值
01	商品采购	采购入库	是

(17) 销售类型,如表 5.37 所示。

表 5.37 销售类型

销售类型编码	销售类型名称	出库类别	是否默认值
01	普通销售	销售出库	是
02	零售	销售出库	否

(18) 费用项目,如表 5.38 所示。

表 5.38 费用项目

费用项目编码	费用项目名称
01	运杂费
02	代垫费用

(19) 仓库存货对照表,如表 5.39 所示。

表 5.39 仓库存货对照表

仓 库	存货编码	存货名称
1#库	01001	101 商品
1#库	01002	102 商品
1#库	01003	103 商品
2#库	02001	201 商品
2#库	02002	202 商品
2#库	02003	203 商品
3#库	03001	301 商品
3#库	03002	302 商品
3#库	03003	303 商品

5.2.3 期初设置

1) 总账系统初始设置

(1) 期初余额表,如表 5.40 所示。

表 5.40 期初余额表　　　　　　　　　　　单位:元

科目编码	科目名称	余额方向	期初余额
1001	库存现金	借	1 573.00
1002	银行存款	借	1 426 805.23
100201	工行存款	借	1 326 805.23
100202	建行存款	借	100 000.00

续 表

科目编码	科目名称	余额方向	期初余额
1012	其他货币资金	借	56 000.00
101206	存出投资款	借	56 000.00
1101	交易性金融资产	借	583 470.00
110101	股票	借	105 000.00
110102	债券	借	298 470.00
110103	基金	借	180 000.00
1121	应收票据	借	120 000.00
1122	应收账款	借	77 805.00
1221	其他应收款	借	1 500.00
1231	坏账准备	贷	396.53
1123	预付账款	借	50 000.00
1405	库存商品	借	265 770.00
1601	固定资产	借	6 021 000.00
1602	累计折旧	贷	1 089 843.00
1701	无形资产	借	155 600.00
1801	长期待摊费用	借	78 000.00
2001	短期借款	贷	500 000.00
2202	应付账款	贷	20 124.00
2203	预收账款	贷	60 000.00
2211	应付职工薪酬	贷	63 250.00
221102	应付福利费	贷	63 250.00
2221	应交税费	贷	73 117.70
222102	未交增值税	贷	38 250.00
222106	应交所得税	贷	29 700.00
222108	应交城市维护建设税	贷	2 677.50
222112	应交个人所得税	贷	4 020.20
2241	其他应付款	贷	53 848.00
2501	长期借款	贷	400 000.00
4001	实收资本(或股本)	贷	5 000 000.00
4002	资本公积	贷	613 600.00
400201	资本(或股本)溢价	贷	600 000.00
400207	其他资本公积	贷	13 600.00
4101	盈余公积	贷	760 544.00
410101	法定盈余公积	贷	507 028.00
410103	法定公益金	贷	253 516.00
4104	利润分配	贷	202 800.00
410415	未分配利润	贷	202 800.00

(2) 辅助账期初余额

① 1121 应收票据期初余额,如表 5.41 所示。

表 5.41　应收票据期初余额　　　　　　　　　　单位:元

日期	凭证号	客户	摘要	方向	金额
2007-12-16	转-21	名汇公司	销货款	借	120 000

② 1122 应收账款期初余额,如表 5.42 所示。

表 5.42　应收账款期初余额　　　　　　　　　　单位:元

日期	凭证号	客户	摘要	方向	金额
2007-12-26	转-52	金龙公司	销货款	借	60 021
2007-12-28	转-56	新光公司	销货款	借	17 784

③ 1221 其他应收款期初余额,如表 5.43 所示。

表 5.43　其他应收款期初余额　　　　　　　　　　单位:元

日期	凭证号	部门	个人	摘要	方向	金额
2007-12-29	付-28	办公室	崔英俊	出差借款	借	1 500

④ 1123 预付账款期初余额,如表 5.44 所示。

表 5.44　预付账款期初余额　　　　　　　　　　单位:元

日期	凭证号	供应商	摘要	方向	金额
2007-12-29	付-29	欢欢	预付款	借	50 000

⑤ 1601 固定资产期初余额,如表 5.45 所示。

表 5.45　固定资产期初余额　　　　　　　　　　单位:元

部门名称	固定资产原值
办公室	432 500
财务部	453 500
采购部	692 500
销售一部	1 432 000
销售二部	1 006 500
销售三部	1 024 000
仓管部	980 000
合计	6 021 000

⑥ 2202 应付账款期初余额,如表 5.46 所示。

表 5.46　应付账款期初余额　　　　　　　　　　单位:元

日期	凭证号	供应商	摘要	方向	金额
2007-12-29	转-58	旺嘉公司	购货款	贷	20 124

⑦ 2203 预收账款期初余额,如表 5.47 所示。

表 5.47 预收账款期初余额　　　　　　　　　单位:元

日期	凭证号	客户	摘要	方向	金额
2007-12-30	收-16	广源公司	预收款	贷	60 000

(3) 数据权限,如表 5.48 所示。

表 5.48 数据权限

用户	科目权限	部门权限	工资权限	用户	仓库
002 孙家林	全选	全选		全选	全选
003 杨军	全选	全选	工资类别主管	全选	全选
004 王海萍	全选	全选		全选	全选
005 袁毅	所有科目查询	全选		全选	全选
006 胡建	所有科目查询	全选		全选	全选
007 向明	所有科目查询	全选		全选	全选

(4) 对应结转设置,如表 5.49 所示。

表 5.49 对应结转设置

编号	凭证类别	摘要	转出科目	转入科目
0001	转账凭证	进项税额结转	22210101 进项税额	22210109 转出多交增值税
0002	转账凭证	已交税金结转	22210102 已交税金	22210109 转出多交增值税
0003	转账凭证	销项税额结转	22210105 销项税额	22210103 转出未交增值税
0004	转账凭证	多交增值税结转	22210109 转出多交增值税	222102 未交增值税
0005	转账凭证	未交增值税结转	22210103 转出未交增值税	222102 未交增值税

(5) 期间损益结转设置　凭证类别:转账凭证;本年利润科目:4103。

2) 工资管理系统初始设置

该系统操作员:杨军。

(1) 设置人员类别　包括经理人员、管理人员、业务人员 3 类

(2) 设置银行名称及账号　银行名称:中国工商银行;账号长度:11 位;录入时自动带出的账号长度:8 位。

(3) 人员档案　如表 5.50 所示。

表 5.50 人员档案

部门名称	人员编码	人员姓名	人员类别	银行账号
办公室	01001	陈曦	经理人员	87654301001
办公室	01002	崔英俊	经理人员	87654301002
办公室	01003	赵江海	管理人员	87654301003
财务部	02001	赵敏	经理人员	87654302001
财务部	02002	孙家林	管理人员	87654302002

续 表

部门名称	人员编码	人员姓名	人员类别	银行账号
财务部	02003	杨军	管理人员	87654302003
财务部	02004	王海萍	管理人员	87654302004
采购部	03001	何丹	经理人员	87654303001
采购部	03002	陆茂林	业务人员	87654303002
采购部	03003	袁毅	经理人员	87654303003
销售一部	04001	林刚	经理人员	87654304001
销售一部	04002	王红云	业务人员	87654304002
销售一部	04003	吉如军	业务人员	87654304003
销售二部	04004	周安平	经理人员	87654304004
销售二部	04005	高露	业务人员	87654304005
销售三部	04006	汪君	经理人员	87654304006
销售三部	04007	葛宝明	业务人员	87654304007
销售三部	04008	胡建	经理人员	87654304008
仓管部	05001	张莉莉	经理人员	87654305001
仓管部	05002	向明	经理人员	87654305002

人员全部设置为"中方人员"、"计税"、"工资不停发"。

(4) 设置工资项目 如表5.51所示。

表5.51 工资项目表

工资项目名称	类型	长度	小数	增减项
基本工资	数字	8	2	增项
岗位工资	数字	8	2	增项
奖金	数字	8	2	增项
交补	数字	8	2	增项
应发工资	数字	8	2	增项
事假天数	数字	2	0	其他
事假扣款	数字	8	2	减项
病假天数	数字	2	0	其他
病假扣款	数字	8	2	减项
养老保险	数字	8	2	减项
代扣税	数字	8	2	减项
扣款合计	数字	8	2	减项
实发工资	数字	8	2	增项
计税基数	数字	8	2	其他
工资分摊基数	数字	8	2	其他

工资计算公式：
① 岗位工资＝iff(人员类别＝"经理人员",600,iff(人员类别＝"管理人员",400,300))
② 交补＝80
③ 事假扣款＝(基本工资/30)×事假天数
④ 病假扣款＝(基本工资/30)×病假天数×0.3
⑤ 养老保险＝(基本工资＋岗位工资)×0.07
⑥ 计税基数＝基本工资＋岗位工资＋奖金＋交补－事假扣款－病假扣款－养老保险
⑦ 工资分摊基数＝基本工资＋岗位工资＋奖金＋交补－事假扣款－病假扣款

(5) 扣缴所得税设置　所得项目：工资；对应工资项目：计税基数；计税基数：1 600元。
(6) 银行代发设置　单位编号：8650203106。
(7) 工资分摊设置
提示：
先进入工资变动功能进行工资汇总计算，才能进行工资分摊设置。
① 计提费用类型，如表5.52所示。

表5.52　计提费用类型

计提费用类型	计提分摊比例
工资分摊	100%
工会经费	2%
职工教育经费	1.5%
养老保险	19%

② 工资分摊设置，如表5.53所示。

表5.53　工资分摊表

部门	人员类别	项目	工资分摊	
			借方科目	贷方科目
全部部门	经理人员	工资分摊基数	660204	221101
办公室、财务部、销售部	管理人员	工资分摊基数	660204	221101
采购部、销售部、仓管部	业务人员	工资分摊基数	660103	221101

3) 固定资产系统初始设置
该系统操作员：杨军。
(1) 部门对应折旧科目，如表5.54所示。

表5.54　部门对应折旧科目

部门编码	部门名称	折旧科目
01	办公室	660203　折旧费
02	财务部	660203　折旧费
03	采购部	660203　折旧费

续 表

部门编码	部门名称	折旧科目
04	销售部	660203 折旧费
0401	销售一部	660203 折旧费
0402	销售二部	660203 折旧费
0403	销售三部	660203 折旧费
05	仓管部	660203 折旧费

(2) 设置资产类别,如表 5.55 所示。

表 5.55 资产类别

类别编码	类别名称	使用年限	净残值率	计提属性	方 法
01	房屋	30	5%	总提折旧	平均年限法(一)
02	营业设备	10	5%	正常计提	平均年限法(一)
03	办公设备		5%	正常计提	平均年限法(一)
04	运输设备	10	5%	正常计提	平均年限法(一)

(3) 录入原始卡片,如表 5.56 所示。

表 5.56 原始卡片　　　　　　　　　　　　　　单位:元

资产名称	类别号	增加方式	原值	使用年限	使用部门	累计折旧	开始使用时间
办公楼	01	在建工程转入	1 680 000	30	办公室、财务部、采购部、仓管部各25%	240 240	2003-05-28
营业楼	01	在建工程转入	3 000 000	30	销售一部40%、销售二部30%、销售三部30%	499 200	2002-08-12
仓库	01	在建工程转入	560 000	30	仓管部	65 520	2004-03-22
5吨卡车	04	直接购入	85 000	10	销售一部	21 488	2005-04-02
10吨卡车	04	直接购入	260 000	10	采购部	65 728	2005-04-02
营业设备甲	02	直接购入	280 000	10	销售一部40%、销售二部30%、销售三部30%	139 356	2002-09-10
营业设备乙	02	直接购入	45 000	10	销售一部50%、销售二部50%	22 041	2002-10-08
营业设备丙	02	直接购入	40 000	10	销售三部	18 960	2002-12-05
计算机8台	03	直接购入	38 000	5	办公室、财务部、销售一部、采购部25%	9 006	2006-09-25
保险柜	03	直接购入	21 000	20	财务部	5 460	2002-07-13
打印机4台	03	直接购入	12 000	5	办公室、财务部、采购部、销售一部各25%	2 844	2006-09-25

使用状况:均为在用。

4) 采购系统初始设置

操作员袁毅办理采购期初记账。

5) 应收款系统初始设置

应收款系统操作员:孙家林。

(1) **基本科目设置** 应收科目为1122,预收科目为2203,销售收入科目为6001,税金科目为22210105。

(2) **结算方式科目设置** 现金结算对应1001,支票结算、汇票结算、电汇结算、其他结算对应100201。

(3) **坏账准备设置** 提取比例为0.5‰,坏账准备期初余额为396.53元,坏账准备科目为1231,对方科目为670101。

(4) **账龄区间设置** 设置以下区间:1—30,31—60,61—90,91—180,181—360,361以上。

(5) **期初应收单据** 2007年12月16日,收到名汇公司开出的由工商银行承兑的银行承兑汇票一份,票面金额120 000元,票据号25006,2007年12月16日签发,2008年1月16日到期。

2007年12月26日,销售给金龙公司102商品20件,无税单价780元;201商品10台,无税单价3 570元,共计货款51 300元,税款8 721元,价税合计60 021元。

2007年12月28日,销售给新光公司301商品20双,无税单价360元;302商品20双,无税单价400元,共计货款15 200元,税款2 584元,价税合计17 784元。

2007年12月30日,收到广源公司预付款60 000元。

6) 应付款系统初始设置

该系统操作员:孙家林。

(1) **基本科目设置** 应付科目为2202,预付科目为1123,采购科目为1401,税金科目为22210101。

(2) **结算方式科目设置** 现金结算对应1001,支票结算、汇票结算、电汇结算、其他结算对应100201。

(3) **账龄区间设置** 设置以下区间:1—30,31—60,61—90,91—180,181—360,361以上。

(4) **录入期初采购专用发票** 2007年12月29日,向旺嘉公司购进302商品30双,单价310元;303商品50双,单价158元,共计货款17 200元,税款2 924元,价税合计20 124元。

2007年12月29日,预付盛洲公司货款50 000元。

7) 存货核算系统初始设置

该系统操作员:杨军。

(1) 存货科目设置,如表5.57所示。

表5.57 存货科目

仓库编码	仓库名称	存货分类编码	存货分类名称	存货科目编码	存货科目名称
01	1#库	01	甲类商品	1405	库存商品
02	2#库	02	乙类商品	1405	库存商品
03	3#库	03	丙类商品	1405	库存商品

(2) 对方科目设置,如表 5.58 所示。

表 5.58 对方科目

收发类别编码	收发类别名称	存货分类编码	存货分类名称	对方科目编码	对方科目名称
101	采购入库	01	甲类商品	1401	材料采购
101	采购入库	02	乙类商品	1401	材料采购
101	采购入库	03	丙类商品	1401	材料采购
201	销售出库	01	甲类商品	6401	主营业务成本
201	销售出库	02	乙类商品	6401	主营业务成本
201	销售出库	03	丙类商品	6401	主营业务成本

(3) 税金科目,如表 5.59 所示。

表 5.59 税金科目

存货编码	存货名称	科目编码	科目名称
01001	101 商品	22210101	进项税额
01002	102 商品	22210101	进项税额
01003	103 商品	22210101	进项税额
02001	201 商品	22210101	进项税额
02002	202 商品	22210101	进项税额
02003	203 商品	22210101	进项税额
03001	301 商品	22210101	进项税额
03002	302 商品	22210101	进项税额
03003	303 商品	22210101	进项税额

(4) 录入期初余额,如表 5.60 所示。

表 5.60 期初余额表

仓库	存货编码	存货名称	计量单位	数量	单价(元)	金额(元)	入库时间
1#库	01001	101 商品	件	20	700	14 000	2007-12-31
1#库	01002	102 商品	件	35	600	21 000	2007-12-31
1#库	01003	103 商品	件	48	500	29 000	2007-12-31
2#库	02001	201 商品	台	12	2 750	33 000	2007-12-31
2#库	02002	202 商品	台	25	2 160	54 000	2007-12-31
2#库	02003	203 商品	台	19	1 530	29 070	2007-12-31
3#库	03001	301 商品	双	190	280	53 200	2007-12-31
3#库	03002	302 商品	双	70	310	21 700	2007-12-31
3#库	03003	303 商品	双	100	158	15 800	2007-12-31

(5) 办理期初记账。
8) 库存管理系统初始设置
库存管理系统操作员：向明。
(1) 通过取数功能录入期初库存，并进行审核。
(2) 与存货核算系统进行对账。

5.2.4 日常业务

(1) 2日，根据月初在用固定资产原值计提本月折旧，附单据1张。
杨军进入固定资产管理系统，执行计提折旧功能，生成转0001号凭证：

借：管理费用——折旧费（办公室）	1 289.5
管理费用——折旧费（财务部）	1 373.50
管理费用——折旧费（采购部）	3 343.50
管理费用——折旧费（销售一部）	5 051.55
管理费用——折旧费（销售二部）	3 181.35
管理费用——折旧费（销售三部）	3 319.60
管理费用——折旧费（仓管部）	2 548.00
贷：累计折旧	20 107.00

(2) 2日，新光公司汇来前欠货款17 784元，票号2201，附单据1张。
孙家林进入应收款管理系统，录入收款单，审核后制单，生成收0001号凭证：

借：银行存款——工商银行	17 784.00
贷：应收账款（新光公司）	17 784.00

(3) 2日，广源公司订购202商品20台，协议价格2 780元/台，301商品80双，协议价格350元/双。
胡建进入销售管理系统，开出销售订单并审核。

(4) 3日，向盛洲公司订购203商品50台，单价1 500元，要求6日到货（注：本实训题中的单价均指不含税单价）。
袁毅进入采购管理系统，开出采购订单并审核。

(5) 4日，仓库发出广源公司2日所订商品，并开出专用发票，价款83 600元，税款14 212元，价税合计97 812元。
① 胡建进入销售管理系统，开出发货单并审核（可合并开一张发货单），开出并复核销售专用发票。
② 向明进入库存管理系统，参照发货单生单并审核销售出库单（2#库、3#库分别审核）。
③ 杨军进入存货核算系统，对销售出库单进行记账。
④ 孙家林进入应收款管理系统，审核销售专用发票，并进行发票制单，生成转0002号凭证：

借：应收账款（广源公司）	97 812.00
贷：主营业务收入	83 600.00
应交税费——应交增值税（销项税额）	14 212.00

(6) 4日，向激越公司订购101商品100件，单价680元；102商品100件，单价590元；

103商品80件,单价500元。

袁毅进入采购管理系统,开出采购订单并审核。

(7) 5日,崔英俊出差归来,报销差旅费1 820元,原预借1 500元,差额以现金付给,附单据2张。

孙家林进入总账系统,填制付0001号凭证:

借:管理费用——差旅费　　　　　　　　　　　　　1 820.00
　贷:其他应收款(崔英俊)　　　　　　　　　　　　　1 500.00
　　　库存现金　　　　　　　　　　　　　　　　　　　320.00

(8) 5日,电汇给旺嘉公司20 124元,支付前欠货款,票号4561,附单据1张。

孙家林进入应付款管理系统,录入付款单,审核后制单,生成付0002号凭证:

借:应付账款(旺嘉公司)　　　　　　　　　　　　　20 124.00
　贷:银行存款——工商银行　　　　　　　　　　　　20 124.00

(9) 6日,交上月应交增值税38 250元,应交所得税29 700元,应交城市维护建设税2 677.5元,应交个人所得税2 490.2元,应交教育费附加1 530元,共计74 647.7元。结算方式:其他;附单据3张。

孙家林进入总账系统,填制付0003号凭证:

借:应交税费——未交增值税　　　　　　　　　　　38 250.00
　　应交税费——应交所得税　　　　　　　　　　　29 700.00
　　应交税费——应交城市维护建设税　　　　　　　 2 677.50
　　应交税费——应交个人所得税　　　　　　　　　 2 490.20
　　应交税费——应交教育费附加　　　　　　　　　 1 530.00
　贷:银行存款——工商银行　　　　　　　　　　　　74 647.70

(10) 6日,向旺嘉公司订购302商品200双,单价300元;303商品150双,单价160元。13日自备车辆提货。

袁毅进入采购管理系统,开出采购订单并审核。

(11) 6日,宏宇公司订购101商品50件,单价910元;102商品30件,单价780元;103商品40件,单价650元,商品自提。锦程公司订购203商品30台,单价1 980元;302商品30双,单价400元,要求12日发货。

胡建进入销售管理系统,分别开出销售订单并审核。

(12) 6日,收到盛洲公司发来203商品50台,验收入2♯库。

① 袁毅进入采购管理系统,开出采购到货单。

② 向明进入库存管理系统,参照到货单生成采购入库单并审核。

③ 杨军进入存货管理系统,对采购入库单进行记账;并根据采购入库单生成转0003号凭证:

借:库存商品　　　　　　　　　　　　　　　　　　75 000.00
　贷:材料采购　　　　　　　　　　　　　　　　　　75 000.00

(13) 6日,收到盛洲公司开来的专用发票,列203商品50台,单价1 500元,货款75 000元,税款12 750元,共计87 750元。

① 袁毅进入采购管理系统,开出专用采购发票,并办理采购结算。

② 孙家林进入应付款管理系统,审核专用采购发票,生成转0004号凭证:

借:材料采购　　　　　　　　　　　　　　　　75 000.00
　　应交税费——应交增值税(进项税额)　　　12 750.00
　　贷:应付账款(盛洲公司)　　　　　　　　　　　　　87 750.00

(14) 6日,收到激越公司发来101商品100件,102商品100件,103商品80件,验收入1#库。

① 袁毅进入采购管理系统,开出采购到货单。

② 向明进入库存管理系统,参照到货单生成采购入库单并审核。

③ 杨军进入存货管理系统,对采购入库单进行记账;并根据采购入库单生成转0005号凭证:

借:库存商品　　　　　　　　　　　　　　　　167 000.00
　　贷:材料采购　　　　　　　　　　　　　　　　　　167 000.00

(15) 9日,仓库发出宏宇公司6日订购商品,开出专用发票,计货款94 900元,税款16 133元,共计111 033元。收到转账支票送存工商银行,票据号:4562,银行账号:2233。

① 胡建进入销售管理系统,开出发货单并审核。开出并销售专用发票,办理现结后复核。

② 向明进入库存管理系统,参照发货单生单并审核销售出库单。

③ 杨军进入存货核算系统,对销售出库单进行记账。

④ 孙家林进入应收款管理系统,审核销售专用发票,并进行现结制单,生成收0002号凭证:

借:银行存款——工商银行　　　　　　　　　111 033.00
　　贷:主营业务收入　　　　　　　　　　　　　　　94 900.00
　　　　应交税费——应交增值税(销项税额)　　　16 133.00

(16) 9日,以现金支付汽油费900元,附单据1张。

孙家林进入总账系统,填制付0004号凭证:

借:管理费用——汽车费　　　　　　　　　　900.00
　　贷:库存现金　　　　　　　　　　　　　　　　　900.00

(17) 10日,收到激越公司开来专用发票,101商品100件,单价680元;102商品100件,单价590元;103商品80件,单价500元,共计货款167 000元,税款23 890元,价税合计195 390元。

① 袁毅进入采购管理系统,开出专用采购发票,并办理采购结算。

② 孙家林进入应付款管理系统,审核专用采购发票,生成转0006号凭证:

借:材料采购　　　　　　　　　　　　　　　　167 000.00
　　应交税费——应交增值税(进项税额)　　　28 390.00
　　贷:应付账款(盛洲公司)　　　　　　　　　　　　195 390.00

(18) 10日,发放本月工资,据统计,上月职工周安平事假1天,高露病假2天。本月工资表如表5.61所示。

表 5.61 本月工资表   单位：元

人员编号	姓名	基本工资	岗位工资	奖金	交补	应发合计	事假扣款	病假扣款	养老保险	代扣税	扣款合计	实发合计
01001	陈曦	2 800	600	500	80	3 980			238	196.30	434.30	3 545.70
01002	崔英俊	2 500	600	500	80	3 680			217	161.30	378.30	3 301.70
01003	赵江海	1 500	400	300	80	2 280			133	29.70	162.70	2 117.30
02001	赵敏	2 000	600	350	80	3 030			182	99.80	281.80	2 748.20
02002	孙家林	1 500	400	300	80	2 280			133	29.70	162.70	2 117.30
02003	杨军	1 800	400	300	80	2 580			154	57.60	211.60	2 368.40
02004	王海萍	1 500	400	300	80	2 280			133	29.70	162.70	2 117.30
03001	何丹	2 000	600	350	80	3 030			182	99.80	281.80	2 748.20
03002	陆茂林	1 500	300	300	80	2 180			126	22.70	148.70	2 031.30
03003	袁毅	1 800	300	300	80	2 480			147	48.30	195.30	2 284.70
04001	林刚	2 000	600	350	80	3 030			182	99.80	281.80	2 748.20
04002	王红云	1 800	300	300	80	2 480			147	48.30	195.30	2 284.70
04003	吉如军	1 500	300	270	80	2 150			126	21.20	147.20	2 002.80
04004	周安平	1 500	400	300	80	2 280	50		133	24.85	207.85	2 072.15
04005	高露	2 100	300	280	80	2 760		42	168	70.00	280.00	2 480.00
04006	汪君	1 800	400	300	80	2 580			154	57.60	211.60	2 368.40
04007	葛宝明	1 500	300	270	80	2 150			126	21.20	147.20	2 002.80
04008	胡建	1 800	300	270	80	2 450			147	45.30	192.30	2 257.70
05001	张莉莉	2 000	600	350	80	3 030			182	99.80	281.80	2 748.20
05002	向明	1 500	300	270	80	2 150			126	21.20	147.20	2 002.80
合计		36 400	8 400	6 460	1 600	52 860	50	42	3 136	1 284.15	4 512.15	48 347.85

① 杨军进入工资管理系统，进行工资变动操作，生成工资表、银行代发清单。
② 孙家林进入总账系统，根据工资表生成付 0005 号凭证：
借：应付职工薪酬   52 768.00
　贷：其他应付款   3 136.00
　　应交税费——应交个人所得税   1 284.15
　　银行存款——工商银行   48 347.85

● **出纳王海萍对上旬收付款凭证进行出纳签字，会计主管赵敏对上旬凭证进行审核、签章、记账。**

(19) 11 日，收到金龙公司 2187# 转账支票，系上月货款 60 021 元。
孙家林进入应收款管理系统，录入收款单，审核后制单，生成收 0003 号凭证：
借：银行存款——工商银行   60 021.00
　贷：应收账款（金龙公司）   60 021.00

(20) 11日，开出现金支票2368#，提现3000元备用，附单据1张。
孙家林进入总账系统，填制付0006号凭证：
 借：库存现金   3 000.00
  贷：银行存款——工商银行   3 000.00

(21) 11日，办公室购进传真机一台，价款2 600元，开出2188#转账支票付讫，当即交付使用，使用年限为5年。
杨军进入固定资产管理系统，进行资产增加操作，通过批量制单生成付0007号凭证：
 借：固定资产（办公室）   2 600.00
  贷：银行存款——工商银行   2 600.00

(22) 12日，开出银行承兑汇票195 390元，抵付激越公司货款，票据号06001，期限1个月，中国工商银行承兑。
孙家林进入应付款管理系统，开出银行承兑汇票，进行付款单审核后进行付款单制单处理，生成转0007号凭证：
 借：应付账款（激越公司）   195 390.00
  贷：应付票据（激越公司）   195 390.00

(23) 12日，收到广源公司汇来前欠货款37 812元，并以预收款60 000元冲应收该公司账款，票据号：3276。
① 孙家林进入应收款管理系统，录入收款单，审核后制单，生成收0004号凭证：
 借：银行存款——工商银行   37 812.00
  贷：应收账款（广源公司）   37 812.00
② 办理预收冲应收操作，生成转0008号凭证：
 借：预收账款（广源公司）   60 000.00
  贷：应收账款（广源公司）   60 000.00
③ 进行自动核销操作。

(24) 12日，仓库发出锦程公司6日订购203商品30台，302商品30双；以现金代垫运费600元，开出销售专用发票，货款71 400元，税款12 138元，价税合计83 538元。
① 胡建进入销售管理系统，开出发货单并审核。开出并复核销售专用发票，开出代垫费用单。
② 向明进入库存管理系统，参照发货单生单并审核销售出库单。
③ 杨军进入存货核算系统，对销售出库单进行记账。
④ 孙家林进入应收款管理系统，审核销售专用发票，并进行发票制单，生成转0009号凭证：
 借：应收账款（锦程公司）   83 538.00
  贷：主营业务收入   71 400.00
    应交税费——应交增值税（销项税额） 12 138.00
根据其他应收单，生成付0008号凭证：
 借：应收账款（锦程公司）   600.00
  贷：库存现金   600.00

(25) 13日，收到仓库通知，向旺嘉公司订购的302商品200双，303商品150双，已到货验收入库。收到专用发票，货款84 000元，税款14 280元，共计98 280元，当即开出银行汇票付讫,票据号:7403;账号6549。
　　① 袁毅进入采购管理系统,开出采购到货单。
　　② 向明进入库存管理系统,参照到货单生成采购入库单并审核。
　　③ 袁毅进入采购管理系统开出专用采购发票,并办理现付及采购结算。
　　④ 杨军进入存货核算系统,对采购入库单进行记账;并根据采购入库单生成转0010号凭证:
　　　借:库存商品　　　　　　　　　　　　　　84 000.00
　　　　贷:材料采购　　　　　　　　　　　　　　　84 000.00
　　⑤ 孙家林进入应付款管理系统,审核专用采购发票,生成付0009号凭证:
　　　借:材料采购　　　　　　　　　　　　　　84 000.00
　　　　应交税费——应交增值税进项税额　　　14 280.00
　　　　贷:应付账款(旺嘉公司)　　　　　　　　　98 280.00
(26) 13日,办公室购买办公用品360元,以现金支付,附单据1张。
　　孙家林进入总账系统,填制付0010号凭证:
　　　借:管理费用——办公费　　　　　　　　　360.00
　　　　贷:库存现金　　　　　　　　　　　　　　　360.00
(27) 13日,向正兴公司订购201商品20台,单价2 750元;202商品30台,单价2 160元。
　　袁毅进入采购管理系统,开出采购订单并审核。
(28) 16日,名汇公司2008年12月16日签发的应收票据到期,款项收存银行,结算方式:其他。
　　孙家林进入应收款管理系统,进行票据结算,保存后制单,生成收0005号凭证:
　　　借:银行存款——工商银行　　　　　　　120 000.00
　　　　贷:应收票据(名汇公司)　　　　　　　　　120 000.00
(29) 16日,金龙公司订购101商品40件,单价910元;102商品50件,单价780元;103商品30件,单价650元。
　　胡建进入销售管理系统,开出销售订单并审核。
(30) 17日,销售一部林刚报销业务招待780元,以现金支付。
　　孙家林进入总账系统,填制付0011号凭证:
　　　借:管理费用——业务招待费　　　　　　780.00
　　　　贷:库存现金　　　　　　　　　　　　　　　780.00
(31) 17日,收到正兴公司发来的201商品20台,202商品30台,验收入2#库。
　　① 袁毅进入采购管理系统,开出采购到货单。
　　② 向明进入库存管理系统,参照到货单生成采购入库单并审核。
　　③ 杨军进入存货核算系统,对采购入库单进行记账;并根据采购入库单生成转0011号凭证:
　　　借:库存商品　　　　　　　　　　　　　　119 800.00
　　　　贷:材料采购　　　　　　　　　　　　　　　119 800.00
(32) 17日,收到正兴公司专用发票:201商品20台,单价2 750元,价款55 000元,税款9 350元;202商品30台,单价2 160元,价款64 800元,税款11 016元。

① 袁毅进入采购管理系统,开出专用采购发票,并办理采购结算。
② 孙家林进入应付款管理系统,审核专用采购发票,生成转0012号凭证:
借:材料采购   119 800.00
 应交税费——应交增值税(进项税额) 20 366.00
 贷:应付账款(正兴公司)   140 166.00

(33) 18日,仓库发出金龙公司16日订购101商品40件,102商品50件,103商品30件,开出专用发票,计价款94 900元,税款16 133元,价税合计111 033元。
① 胡建进入销售管理系统,开出发货单并审核。开出并复核销售专用发票。
② 向明进入库存管理系统,参照发货单生成并审核销售出库单。
③ 杨军进入存货核算系统,对销售出库单进行记账。
④ 孙家林进入应收款管理系统,审核销售专用发票,并进行发票制单,生成转0013号凭证:
借:应收账款(金龙公司)   111 033.00
 贷:主营业务收入   94 900.00
  应交税费——应交增值税(销项税额) 16 133.00

(34) 18日,汇给盛洲公司37 750元,并冲预付款50 000元,结清前欠购货款,票据号4562。
① 孙家林进入应付款管理系统,录入付款单,审核后制单,生成付0012号凭证:
借:应付账款(盛洲公司)   37 750.00
 贷:银行存款——工商银行   37 750.00
② 进行预付冲应付操作,生成转0014号凭证:
借:应付账款(盛洲公司)   50 000.00
 贷:预付账款(盛洲公司)   50 000.00

(35) 19日,收到金龙公司转账支票一张,金额31 033元,3个月期限的银行承兑汇票一张,面值80 000元,结清前欠货款,票据编号06002,结算方式:转账支票,承兑银行:工商银行。
① 孙家林进入应收款管理系统,录入收款单,审核后制单,生成收0006号凭证:
借:银行存款——工商银行   31 033.00
 贷:应收账款(金龙公司)   31 033.00
② 开出银行承兑汇票,审核收款单后制单,生成转0015号凭证:
借:应收票据(金龙公司)   80 000.00
 贷:应收账款(金龙公司)   80 000.00

(36) 19日,向本楠公司订购301商品150双,单价280元。
袁毅进入采购管理系统,开出采购订单并审核。

(37) 20日,欣艺公司业务员持100 000元银行汇票前来购货,订购301商品60双,单价360元;302商品100双,单价400元;303商品100双,单价200元,计价款81 600元,税款13 872元,价税合计95 472元。开出专用发票,填写进账单将银行汇票送存银行,实际结算95 472元,票据号:5782,账号6789。商品已由3#库发出。
① 胡建进入销售管理系统,开出销售订单并审核,开出发货单并审核,开出销售专用发票,现结后复核。

② 向明进入库存管理系统,参照发货单生成并审核销售出库单。

③ 杨军进入存货核算系统,对销售出库单进行记账。

④ 孙家林进入应收款管理系统,审核销售专用发票,并进行现结制单,生成收 0007 号凭证:

借:银行存款——工商银行　　　　　　　　　　　95 472.00
　　贷:主营业务收入　　　　　　　　　　　　　　81 600.00
　　　　应交税费——应交增值税(销项税额)　　　13 872.00

(38) 20 日,短期借款 200 000 元今日到期,开出 2189#转账支票归还。

孙家林进入总账系统,填制付 0013 号凭证:

借:短期借款　　　　　　　　　　　　　　　　　200 000.00
　　贷:银行存款——工商银行　　　　　　　　　　200 000.00

● 出纳王海萍对中旬收付款凭证进行出纳签字,会计主管赵敏对中旬凭证进行审核、签章、记账。

(39) 23 日,名汇公司订购 301 商品 70 双,单价 350 元;302 商品 70 双,单价 390 元;303 商品 70 双,单价 200 元。

胡建进入销售管理系统,开出销售订单并审核。

(40) 23 日,19 日向本楠公司购进的 150 双 301 商品验收入库,同时收到专用发票,价款 42 000 元,税款 7 140 元,价税合计 49 140 元。

① 袁毅进入采购管理系统,开出采购到货单。

② 向明进入库存管理系统,参照到货单生成采购入库单并审核。

③ 袁毅进入采购管理系统,开出专用采购发票,并办理采购结算。

④ 杨军进入存货管理系统,对采购入库单进行记账,并根据采购入库单生成转 0016 号凭证:

借:库存商品　　　　　　　　　　　　　　　　　42 000.00
　　贷:材料采购　　　　　　　　　　　　　　　　42 000.00

⑤ 孙家林进入应付款管理系统,审核专用采购发票,生成转 0017 号凭证:

借:材料采购　　　　　　　　　　　　　　　　　42 000.00
　　应交税费——应交增值税(进项税额)　　　　　7 140.00
　　贷:应付账款(正兴公司)　　　　　　　　　　49 140.00

(41) 24 日,售出持有的股票,收入 138 600 元,购入成本 105 000 元,获利 33 600 元,附单据 1 张。

孙家林进入总账系统,填制转 0018 号凭证:

借:其他货币资金——存出保证金　　　　　　　　138 600.00
　　贷:交易性金融资产——股票　　　　　　　　　105 000.00
　　　　投资收益　　　　　　　　　　　　　　　　33 600.00

(42) 24 日,仓库发出名汇公司 23 日订购的商品,销售部开出专用发票,价款 65 800 元,税款 11 186 元,价税合计 76 986 元。

① 胡建进入销售管理系统,开出发货单并审核,开出并复核销售专用发票。

② 向明进入库存管理系统,参照发货单生成并审核销售出库单。

③ 杨军进入存货核算系统,对销售出库单进行记账。

④ 孙家林进入应收款管理系统,审核销售专用发票,并进行发票制单,生成转0019号凭证:

 借:应收账款(名汇公司)   76 986.00
  贷:主营业务收入   65 800.00
    应交税费——应交增值税(销项税额)   11 186.00

(43) 25日,新光公司订购201商品20台,单价3 560元;202商品20台,单价2 750元;203商品20台,单价1 950元。

 胡建进入销售管理系统,开出销售订单并审核。

(44) 26日,仓库发出新光公司25日订购的商品,销售部开出专用发票,价款165 200元,税款28 084元,价税合计193 284元。

 ① 胡建进入销售管理系统,开出发货单并审核,开出并复核销售专用发票。
 ② 向明进入库存管理系统,参照发货单生成并审核销售出库单。
 ③ 杨军进入存货核算系统,对销售出库单进行记账。
 ④ 孙家林进入应收款管理系统,审核销售专用发票,并进行发票制单,生成转0020号凭证:

 借:应收账款(名汇公司)   193 284.00
  贷:主营业务收入   165 200.00
    应交税费——应交增值税(销项税额)   28 084.00

(45) 26日,计提本月短期借款利息2 500元,附单据1张。

 孙家林进入总账系统,填制转0021号凭证:

 借:财务费用   2 500.00
  贷:应付利息   2 500.00

(46) 27日,从工商银行账户预交增值税25 000元,结算方式:其他,附单据1张。

 孙家林进入总账系统,填制付0014号凭证:

 借:应交税费——应交增值税(已交税金)   25 000.00
  贷:银行存款——工商银行   25 000.00

(47) 27日,摊销本月应分摊费用:待摊费用800元,长期待摊费用2 000元,无形资产1 250元。

 孙家林进入总账系统,填制转0022号凭证:

 借:管理费用——其他费用   4 050.00
  贷:其他应收款   800.00
    无形资产   1 250.00
    长期待摊费用   2 000.00

(48) 27日,计提本月应交城市维护建设税2 018.24元,应交教育费附加1 153.28元,附单据1张。

 孙家林进入总账系统,填制转0023号凭证:

 借:主营业务成本   3 171.52
  贷:应交税费——应交城市维护建设税   2 018.24
    应交税费——应交教育费附加   1 153.28

5.2.5 期末处理

期末处理产生凭证的日期均为1月31日。

1) 采购管理系统期末处理

(1) 关闭已经执行的采购订单。

袁毅进入采购管理系统,在采购订单列表中选定已执行的订单,通过"批关"功能关闭。

(2) 办理月末结账。

2) 销售管理系统期末处理

(1) 关闭已经执行的销售订单。

胡建进入销售管理系统,在销售订货批量处理中选定已执行"批关"功能,关闭已经执行的销售订单。

(2) 办理销售月末结账。

3) 工资管理系统期末处理

(1) 工资分摊。

杨军进入工资管理系统,进行工资分摊操作。

① 分摊工资,生成转0024号凭证:

借:销售费用——工资及福利费   18 758.00
  管理费用——工资及福利费   34 010.00
  贷:应付职工薪酬   52 768.00

② 计提福利费,生成转0025号凭证:

借:销售费用——工资及福利费   2 626.12
  管理费用——工资及福利费   4 761.40
  贷:应付职工薪酬   7 387.52

③ 计提工会经费,生成转0026号凭证:

借:管理费用——工会经费   1 055.36
  贷:应付职工薪酬   1 055.36

④ 计提职工教育经费,生成转0027号凭证:

借:管理费用——职工教育经费   791.52
  贷:应付职工薪酬   791.52

⑤ 计提养老保险,生成转0028号凭证:

借:管理费用——养老保险   10 025.92
  贷:其他应付款   10 025.92

(2) 月末处理。

4) 固定资产管理系统期末处理

(1) 对账。

杨军进入固定资产管理系统,办理对账,固定资产月末余额6 023 600元,累计折旧月末余额1 109 950元。

(2) 结账。

5) 应收款管理系统期末处理

孙家林进入应收款管理系统,执行自动核销,办理月末结账。

6) 应付款管理系统期末处理

孙家林进入应付款管理系统,执行自动核销,办理月末结账。

7) 库存管理系统期末处理

向明进入库存管理系统,执行与存货系统对账功能,办理月末结账。

8) 存货核算系统期末处理

(1) 杨军进入存货核算系统,进行1#库、2#库、3#库期末处理。

(2) 对平时零成本出库的销售出库单进行生成凭证操作,生成转账凭证:

借:主营业务成本　　　　　　　　　　　　　507 101.90
　　贷:库存商品　　　　　　　　　　　　　　507 101.90

(3) 办理月末结账。

● 总账期末处理前出纳王海萍对收付款凭证进行出纳签字,会计主管赵敏对未记账凭证进行审核、签章、记账。

9) 总账系统期末处理

(1) 银行对账。(操作员:王海萍)

① 银行对账期初余额:银行存款日记账(工商银行)月初余额为1 426 805.23元,银行对账单(工商银行)月初余额为1 444 589.23元。2007年12月31日电汇收款17 784元,银行已收企业未收。

② 银行对账单(工商银行),如表5.62所示。

表5.62　银行对账单　　　　　　　　　　　　　　　　单位:元

日期	结算方式	票号	借方	贷方	余额
2008-1-05	电汇	4561		20 124.00	1 424 465.23
2008-1-06	其他			74 647.70	1 349 817.53
2008-1-09	转账支票	4562	111 033.00		1 460 850.53
2008-1-10	其他			48 347.85	1 412 502.68
2008-1-11	转账支票	2187	60 021.00		1 472 523.68
2008-1-11	现金支票	2368		3 000.00	1 469 523.68
2008-1-12	转账支票	2188		2 600.00	1 466 923.68
2008-1-12	电汇		37 812.00		1 504 735.68
2008-1-13	银行汇票	7403		98 280.00	1 406 455.68
2008-1-16	其他		120 000.00		1 526 455.68
2008-1-18	电汇	4562		37 750.00	1 488 705.68
2008-1-19	转账支票	7410	31 033.00		1 519 738.68
2008-1-20	银行汇票	5782	95 472.00		1 615 210.68
2008-1-20	转账支票	2189		200 000.00	1 415 210.68
2008-1-27	其他			25 000.00	1 390 210.68

(2) 计提本月应交所得税。收入-支出=利润,应交所得税25 799.82元,附单据1张。

孙家林进入总账系统,填制转账凭证:

借:所得税费用
　　贷:应交税费——应交所得税

(3) 执行0001~0003号对应结转,结转进项税额、已交税金、销项税额。

① 执行0001号对应结转,生成转账凭证:

借:应交税费——应交增值税(进项税额)

  贷:应交税费——应交增值税(转出多交增值税)

② 执行0002号对应结转,生成转账凭证:

借:应交税费——应交增值税(已交税金)

  贷:应交税费——应交增值税(转出多交增值税)

③ 执行0003号对应结转,生成转账凭证:

借:应交税费——应交增值税(销项税额)

  贷:应交税费——应交增值税(转出未交增值税)

● **会计主管赵敏对上述凭证进行审核、签章、记账。**

(4) 执行0004、0005号对应结转,结转多交、未交增值税。

① 孙家林进入总账系统,执行0004号对应结转,生成转账凭证:

借:应交税费——应交增值税(转出多交增值税)

  贷:应交税费——应交增值税(未交增值税)

② 执行0005号对应结转,生成转0035号凭证:

借:应交税费——应交增值税(转出多交增值税)

  贷:应交税费——应交增值税(未交增值税)

● **会计主管赵敏对上述凭证进行审核、签章、记账。**

(5) 分收、支结转损益账户。

孙家林进入总账系统,执行期间损益结转。

① 选择收入类科目,生成转账凭证:

借:主营业务收入

  投资收益

  贷:本年利润

② 选择全部支出类科目,生成转账凭证:

借:本年利润

  贷:主营业务成本

    销售费用——工资及福利费

    管理费用——办公费

    管理费用——差旅费

    管理费用——折旧费(办公室)

    管理费用——折旧费(财务部)

    管理费用——折旧费(采购部)

    管理费用——折旧费(销售一部)

    管理费用——折旧费(销售二部)

    管理费用——折旧费(销售三部)

    管理费用——折旧费(仓管部)

    管理费用——工资及福利费

    管理费用——业务招待费

管理费用——汽车费
　　管理费用——工会经费
　　管理费用——职工教育经费
　　管理费用——养老保险
　　管理费用——其他费用
　　财务费用
　　所得税费用
● **会计主管赵敏对上述凭证进行审核、签章、记账。**

(6) 输出全月科目汇总表,保存到"科目汇总表.xls"文件。

5.2.6 报表制作

1) 资产负债表制作

定义资产负债表格式及计算公式,保存为"资产负债表.rep"文件。

2) 利润表制作

定义利润表格式及计算公式,保存为"利润表.rep"文件。

6 网上纳税申报系统

【学习目标】

本章结合实例介绍了国税、地税的网上纳税申报系统。通过本章学习,读者能够掌握网上纳税申报的基本税种、办理的主要程序以及申报的主要业务操作。

6.1 网上纳税申报概述

网上纳税申报系统是以提高税务机关的办公效率,简化纳税人税务申报程序为主旨,为广大纳税人提供的一个安全可靠的网上申报平台,能够即时、准确地得到税务机关的税收及培训信息,开辟了税务机关与纳税人之间信息交互的新途径。

网上纳税申报是指纳税人借助电信网、专线网或因特网等网络系统,通过浏览器完成纳税申报和缴纳税款的一种电子申报纳税方式。它突破了税务申报的传统方式,全部申报均实现电子化,纳税人在填写过程中可以随时修改申报数据。自动数据校验功能可以帮助纳税人完成复杂的表内平衡及表间平衡校验,使纳税人轻松完成数据审核工作。信息反馈功能使纳税人能够及时获取各项申报信息,避免了纳税人为获得一个审核信息而多次往返奔波。

网上报税的发展过程中经历了两种方式:

① VPDN 方式:其特点是拨号上网,速度慢,直接连通内外网,安全性较低。

② CA 认证方式:其特点是第三方认证,公正公平,直接上网报税,速度取决于用户的带宽,数据加密,防止篡改,数据签名,防止抵赖,具有法律效应。

6.2 国税网上纳税申报系统

国税网上纳税支持的税种有以下几种:
① 增值税;
② 内资企业所得税;
③ 外资企业所得税;
④ 消费税。

6.2.1 网上纳税申报办理程序

以当地税务部门规定为准,一般情况下有以下几个步骤:

(1) 申请网上纳税申报服务 纳税人向主管国税机关申请网上纳税申报服务,由税务机关或其指定单位、部门对企业进行《网络申报纳税系统》软件的辅导。

(2) 报送纳税人基本资料 纳税人将其基本资料报送至主管国税机关或其指定的单位、部门。

(3) 做网络申报认定 主管国税机关根据纳税人的基本资料做网络申报认定。

(4) 发放密钥 经主管国税机关认定纳税人基本资料后,由相关部门发放账号、密码、CA密匙,或企业根据国税机关规定的方法获取账号、密码。

(5) 纳税人进行网上申报。

6.2.2 完成网上报税的条件

(1) 熟悉 Windows 操作系统和互联网基本操作。

(2) 一套上网设备,一般要求 Win98(Ⅱ)、Win2000(SP4)、XP;IE6.0;内存 512MB 以上,CPU Pentium(586)/133 以上,硬盘 8G 以上可用空间的电脑,还需要一台打印机。

(3) 需要 CA 认证的,申请 CA 认证并正确安装。

(4) 到当地国税部门的联网银行开设账户并存入足额税款。

6.2.3 业务流程

主要业务流程为:注册→登录国税网上申报系统→税务报表填写与保存→财务报表填写与保存→保存和加载→申报数据上传→申报情况查询→打印纸质报表→送纸质申报表和财务报表到税务机关。

以下以南京国税网上申报业务流程为例,介绍网上纳税流程。

1) 注册

登录南京国税网站进行注册,如图 6.1、图 6.2 所示。

图 6.1 登录南京国税网站

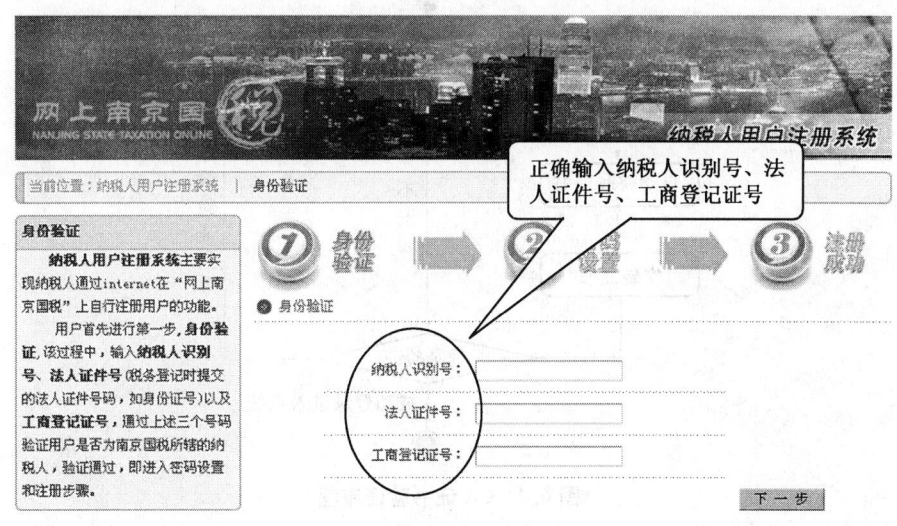

图 6.2 注册

提示：

有些省市国税网上申报，企业不需要注册，以上步骤可以跳过。

2) 登录

登录国税网上申报系统，如图 6.3 所示。

图 6.3 登录国税网上申报系统

初次进入系统，需要进行 CA 证书验证，如图 6.4 所示。

提示：

(1) 本机使用过客户端软件的纳税人一般都安装了证书，不需要重新下载。

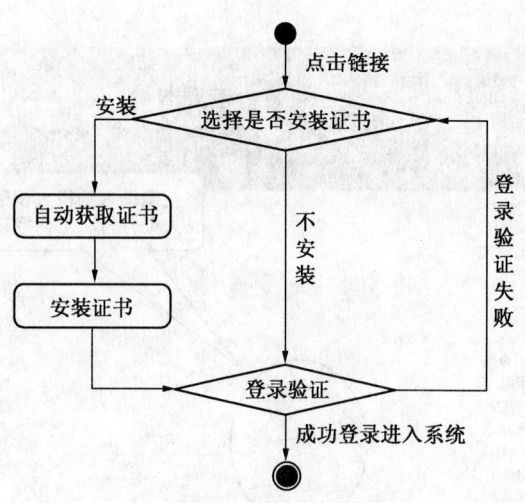

图 6.4 CA 证书验证流程

(2) 纳税人也可以选择保存证书文件,然后复制证书下载页面上的密码,手工粘贴进入,进行安装。

(3) 每申报一户需要安装一户的证书,安装后前一户的证书将被覆盖,因此重新操作前一户企业时需要重新安装证书。

(4) 有些省市国税网上申报,企业不需要 CA 认证,以上步骤可以跳过。

3) 税务报表填写与保存

进入网上申报系统,如图 6.5 所示。

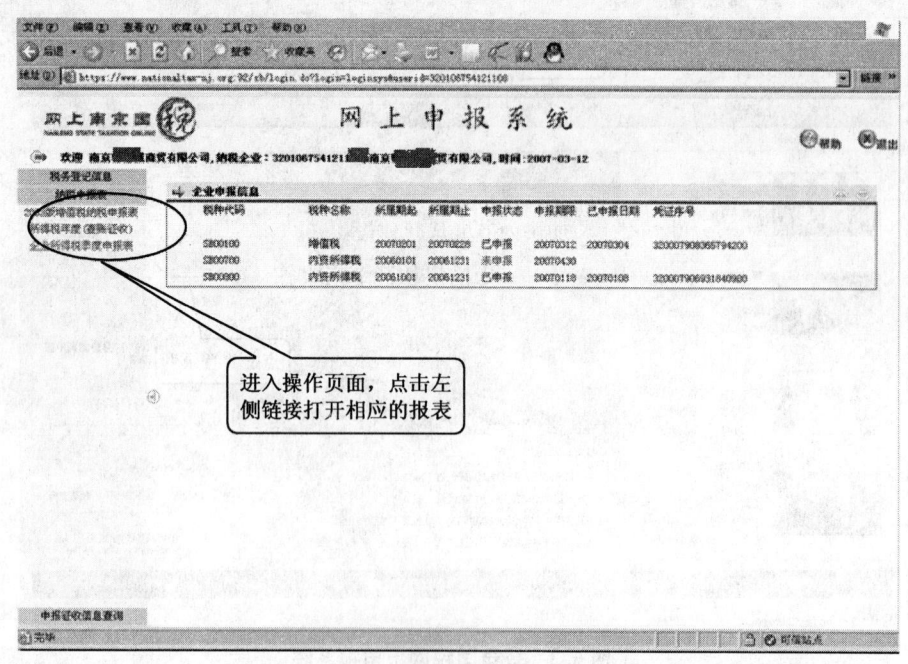

图 6.5 进入网上申报系统

以一般纳税人增值税申报为例(其余报表的填写和申报可参照一般纳税人增值税申报)。

如有四小票（海关完税凭证、运输发票、废旧物资发票、农产品收购凭证）先填写和导入或上传四小票，再填写增值税报表、财务报表，如图6.6—图6.13所示。

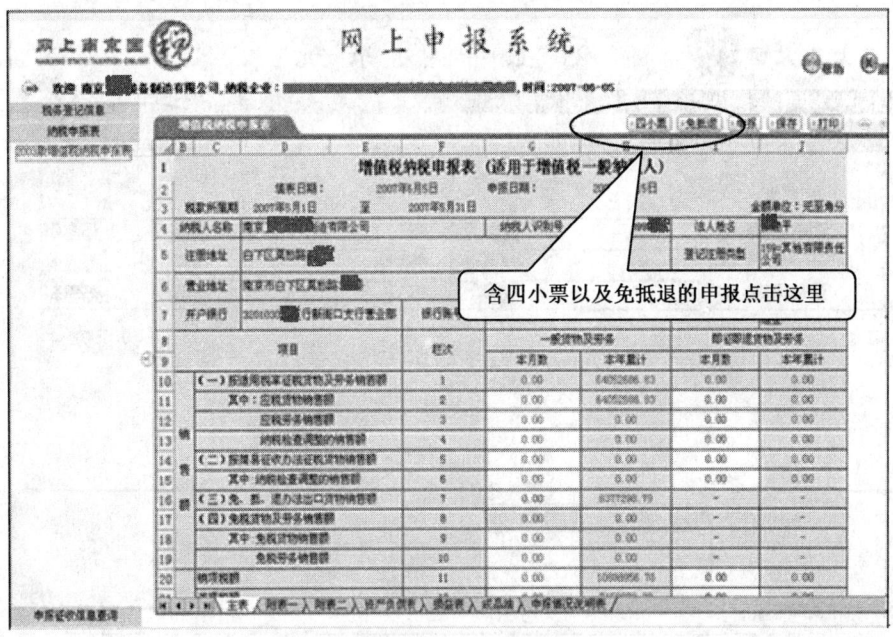

图6.6　进入四小票系统

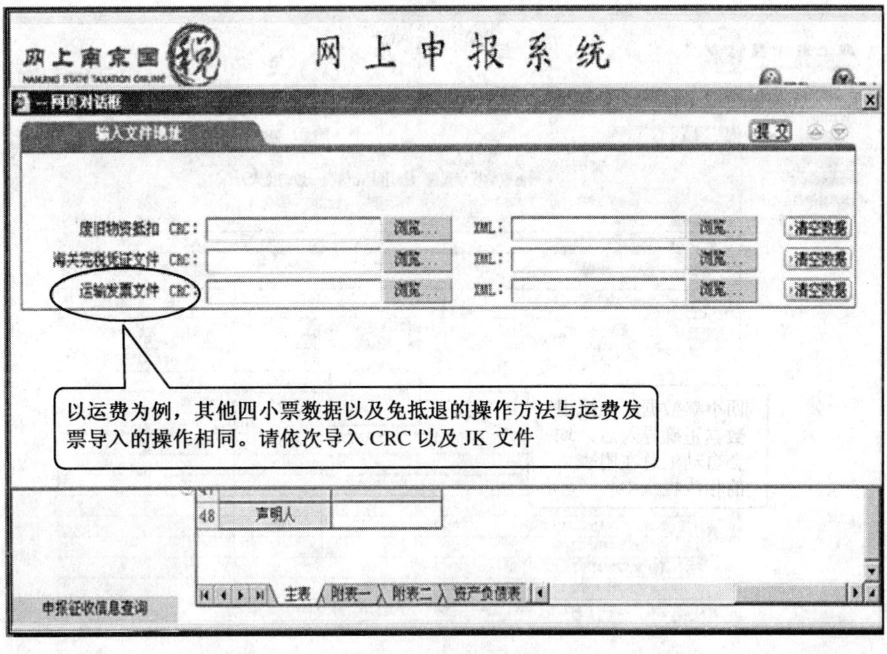

图6.7　四小票填写

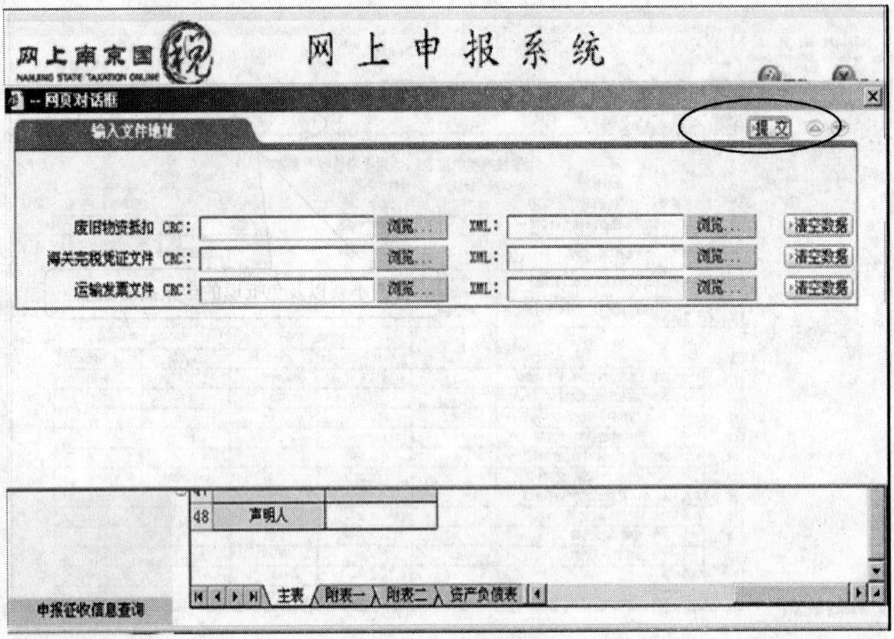

图 6.8 四小票提交

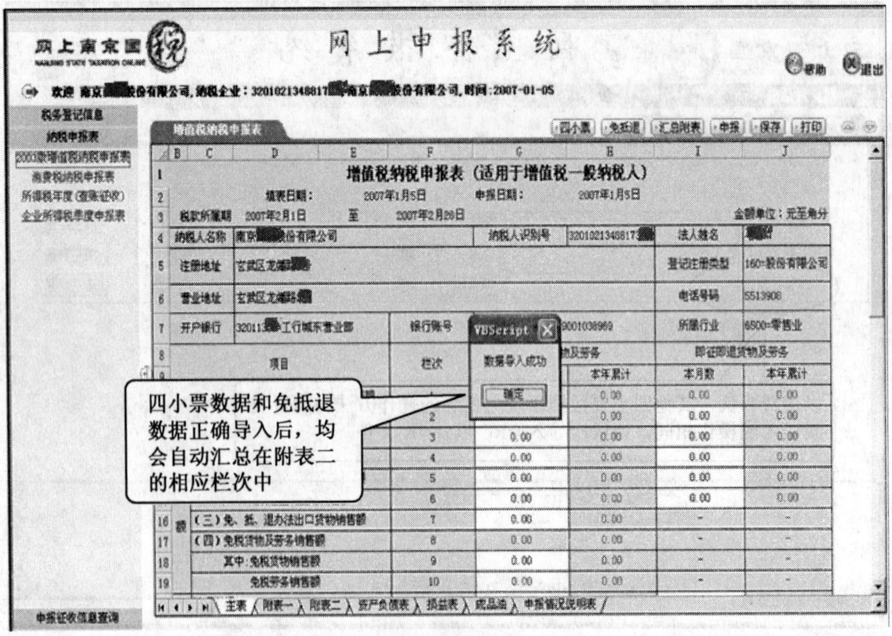

图 6.9 四小票提交成功

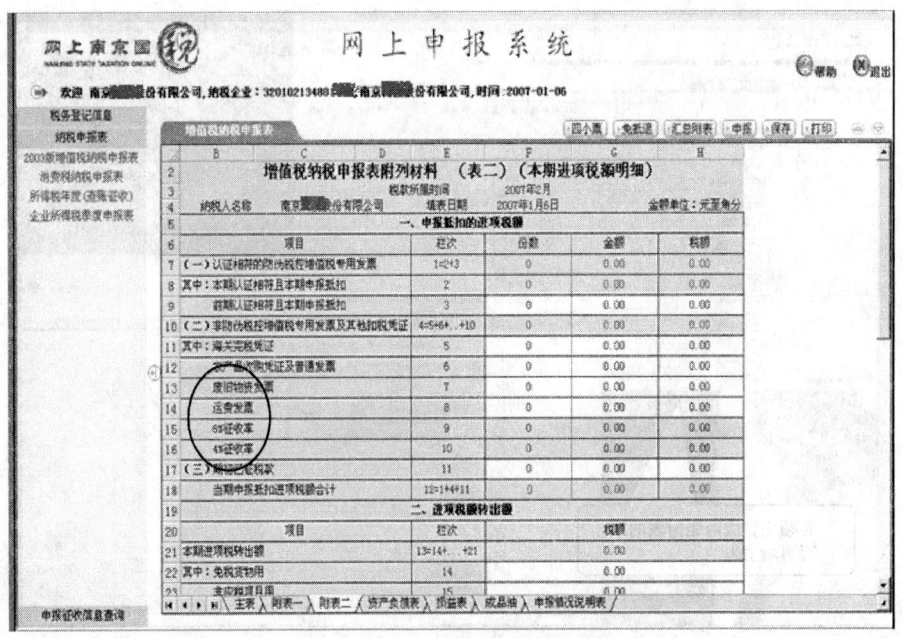

图 6.10 四小票自动汇总

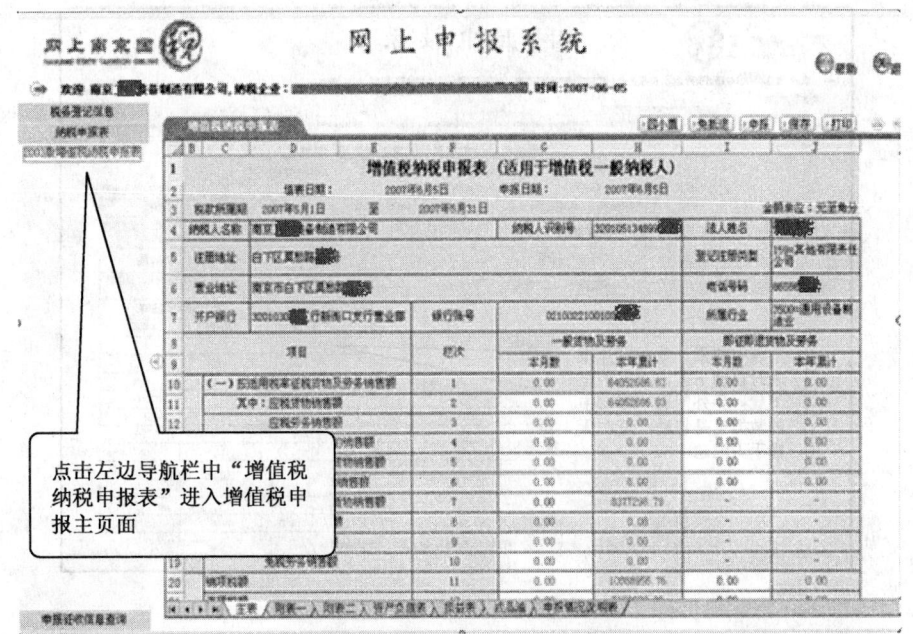

图 6.11 进入增值税纳税申报表

进入增值税申报表后,先填写附表,然后填写增值税申报表主表。
4) 财务报表填写与保存
财务报表填写如图 6.14 所示。
5) 保存和加载
(1) 保存 纳税人在填写报表时,如果想退出不申报的话,可以使用报表保存功能,先

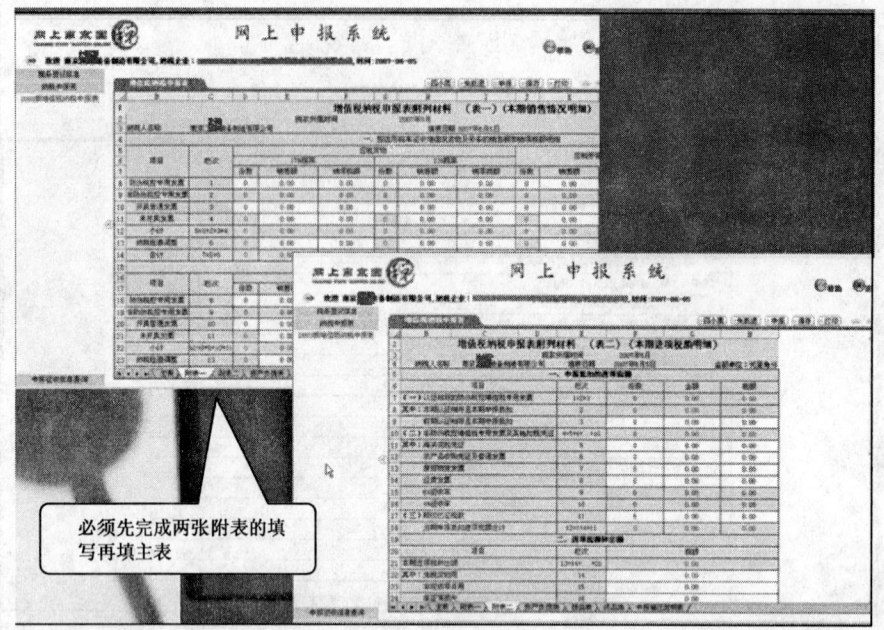

图 6.12 填写附表

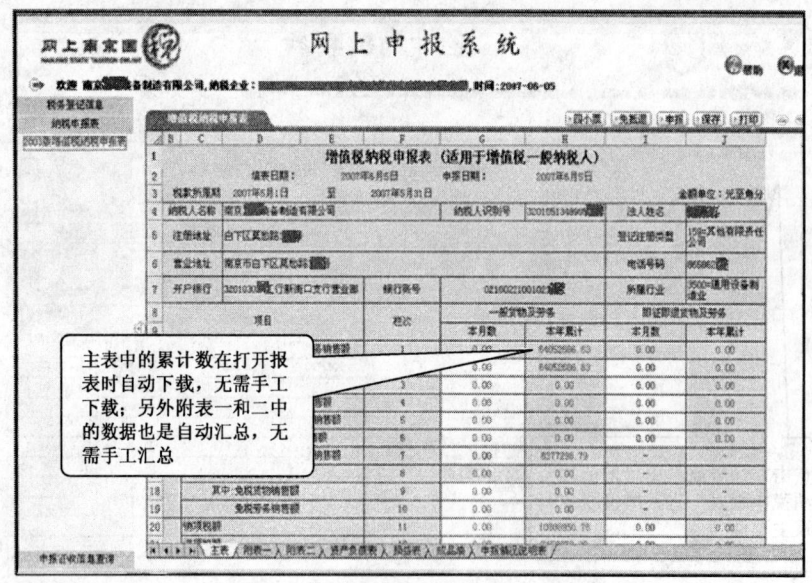

图 6.13 填写主表

保存报表等待下次填写。"保存"按钮位于报表的右上角,点击后,确定即可。

(2) 加载 报表保存后,当纳税人再次打开报表时,系统会自动检测本机有没有保存的还未申报的报表,从而提示是否加载报表。

提示:

① 每个税种均提供了报表保存功能,对于多张报表的税种,只要点击一次保存,无需每张表都保存。

② 报表是保存在纳税人本机,不是上传到税务局服务器,因此如果纳税人删除了本机

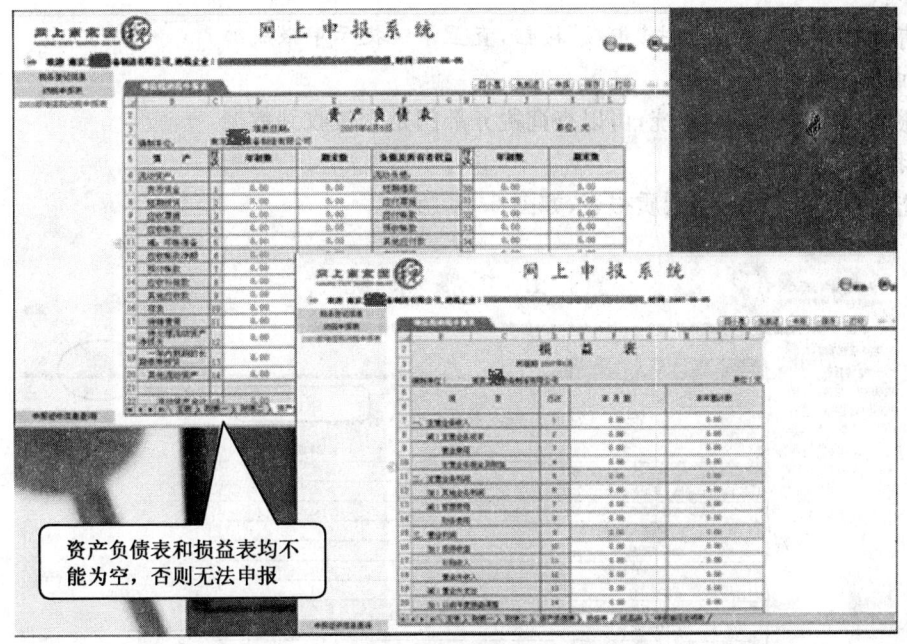

图 6.14 填写财务报表

保存的报表文件或者更换机器填表,系统将无法自动加载数据。

③ 在填写增值税报表、年报报表时,由于报表较多,推荐使用保存功能,及时保存申报数据,以免机器出现问题时数据丢失,需要重新填写。

6)申报数据上传

上传申报数据,如图 6.15 所示。

图 6.15 申报数据上传

提示：

所有报表审核无误后,点击"申报"按钮,直至系统提示申报成功。

7）申报情况查询

申报成功后进入查询系统,可以查询税务部门是否接收到数据。

8）打印纸质报表

点击"打印",即可打印纸质报表,如图 6.16 所示。

图 6.16　打印纸质报表

9）报送报表

报送纸质申报表和财务报表到税务机关。

6.2.4　国税申报系统注意事项及常见问题

1）注意事项

（1）纳税人必须先填写完整需要申报的报表,然后才能进行报表的报送。未报送的报表,纳税人可多次编辑；报送后的数据是不能进行修改的,所以报送时请您谨慎确认相关数据。

（2）申报期内,纳税人如果发现申报表清单不符,请及时和税务机关联系,以便及时调整纳税鉴定信息,确保纳税申报的正常进行。

（3）报送后发现申报数据有错,请及时和税务机关联系。

（4）实行网上申报的纳税人,其纳税申报日期以网上申报服务器实际接收到的电子申报信息的时间为准。纳税人逾期网上申报的,按照逾期申报的相关规定处理。

2）常见问题及其解决方法

（1）纳税人在填写、提交过程中发现金税、征管数据与实际情况不符的处理方法　对当月认证、报税数据不符的,当月留抵净额,上期结余等征管数据不符的与主管税务机关相关部门联系。

(2) 进入软件后,报表不能正常显示、填写、保存的处理方法 请首先检查当前窗口是不是最大化,然后点击 IE 浏览器的工具菜单中的 Internet 选项,然后选安全选项,再点自定义级别,把自定义级别中的有关 ActiveX 控件和插件的选项全部启用,再不行的话,找相关软件修复 IE,或升级 IE。

(3) 填写报表过程中发现小数点后两位不保存,不能四舍五入的处理方法 打开控制面板,点区域选项,然后点自定义,在数字选项中将小数位数调成 2 位。

6.3 地税网上纳税申报系统

地税网上纳税支持的税种有以下几种:

① 地方税(费):包括营业税、城建税、教育费附加、地方教育费附加、文化事业建设费、印花税、房产和土地使用税、土地增值税、资源税、车船税;

② 个人所得税;

③ 基金(费);

④ 企业所得税。

6.3.1 网上纳税申报办理程序

以当地税务部门规定为准,一般情况下有以下几步:

(1) 申请网上纳税申报服务 纳税人向主管地税机关申请网上纳税申报服务,由税务机关或其指定单位、部门对企业进行《网络申报纳税系统》软件的辅导。

(2) 报送纳税人基本资料 纳税人将基本资料报送至主管地税机关或其指定的单位、部门。

(3) 做网上纳税申报认定 主管地税机关根据纳税人的基本资料做网上纳税申报认定。

(4) 发放密钥 经主管地税机关认定纳税人基本资料后,由相关部门发放账号、密码,或纳税人根据地税机关规定的方法获取账号、密码。

(5) 纳税人正常网上申报。

6.3.2 完成网上报税的条件

(1) 熟悉 Windows 操作系统和互联网基本操作。

(2) 一套上网设备,一般要求 Win98(II)、Win2000(SP4)、XP;IE6.0 以上版本;内存 512M 以上,CPU Pentium(586)/133 以上,硬盘 8G 以上可用空间的电脑,还需要一台打印机。

(3) 到当地地税部门的联网银行开设账户并存入足额税款。

6.3.3 业务流程

主要业务流程为:登录地税网上申报系统→填写报表→保存→上传申报数据→财务报表填写及上传→查询→打印纸质报表→报送纸质申报表和财务报表到税务机关。

下面以镇江地税网上申报业务流程为例介绍地税网上纳税过程。

1）登录地税网上申报系统

连接互联网，打开镇江地税网站(http://www.zj12366.cn)，进入镇江市地方税务局主页面，点击"申报入口"，进入镇江地税网上电子申报系统入口页面，如图6.17所示。

图6.17 登录申报系统

点击"申报入口"按钮进入网上申报系统首页，显示本企业的概要信息，如图6.18所示。

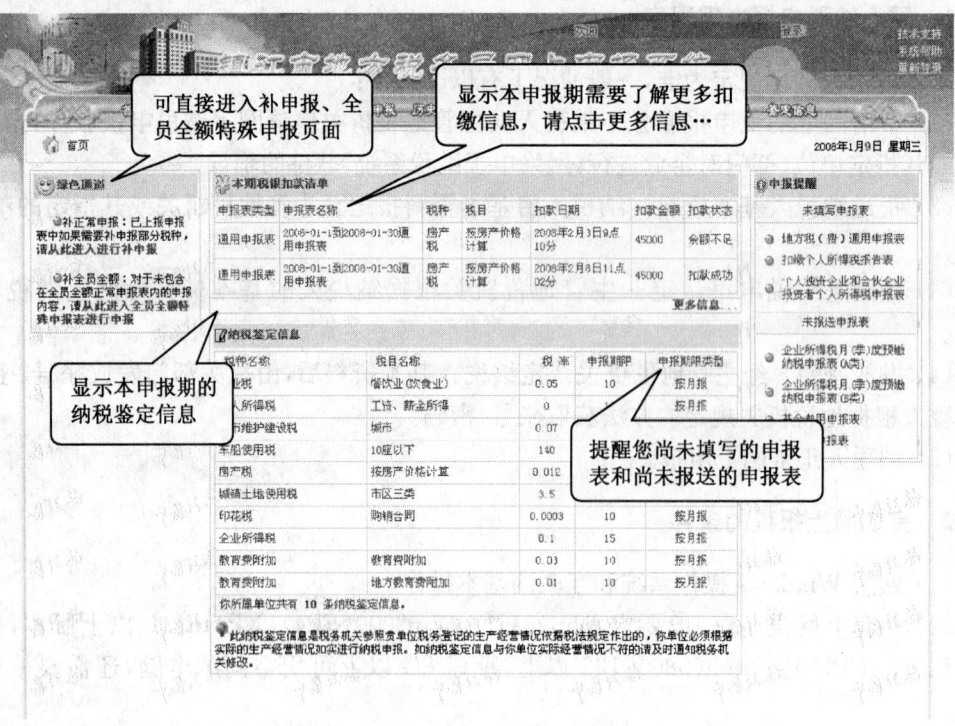

图6.18 企业信息

2）填写报表

以地方税通用申报表为例，其他报表的填写和报送流程都与之相似，特殊报表都有相关说明，如图6.19至图6.23所示。

图 6.19　进入网上申报系统

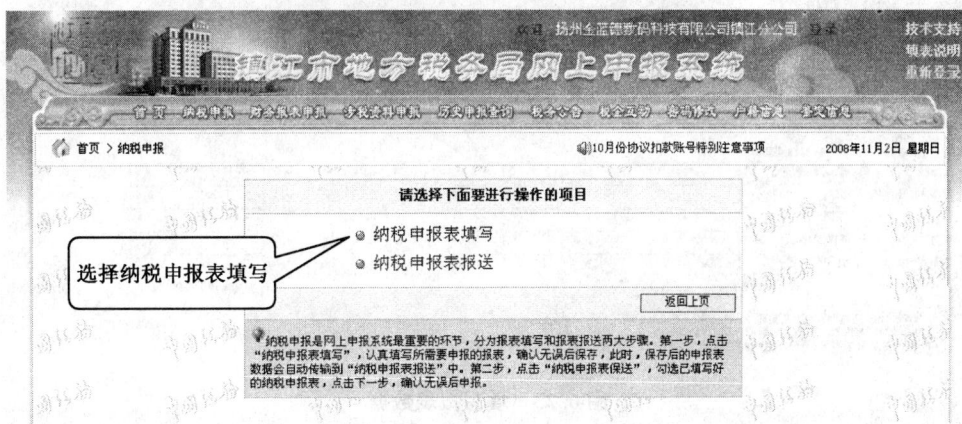

图 6.20　选择"纳税申报表填写"

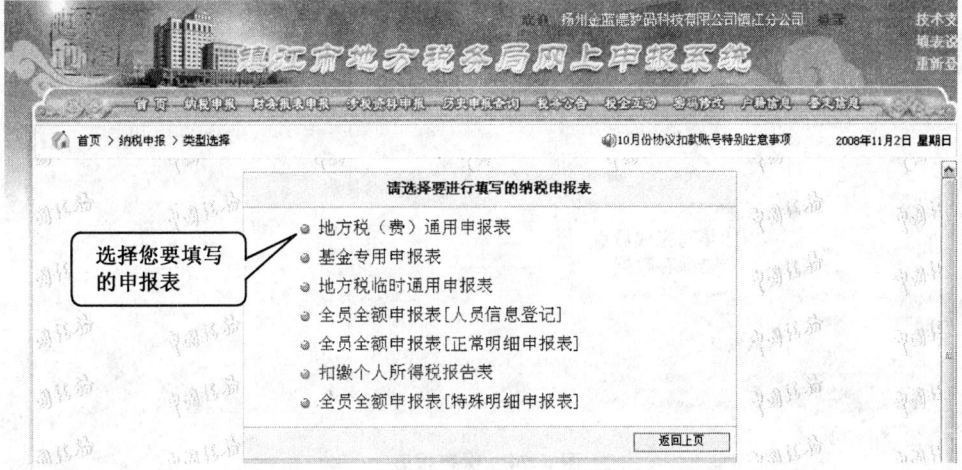

图 6.21　选择申报表

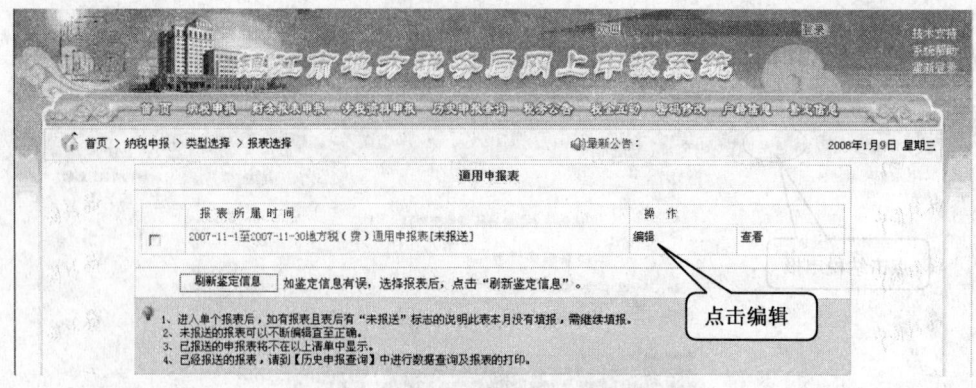

图 6.22 进入编辑报表

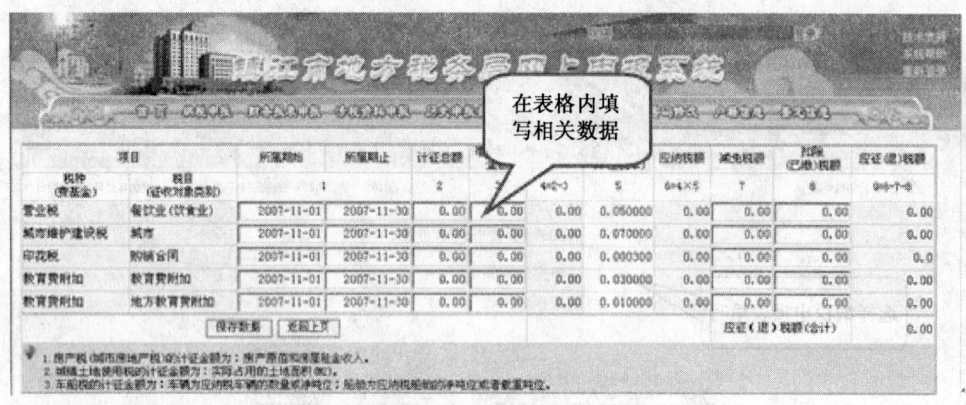

图 6.23 填写报表数据

3) 保存

报表填写完成后保存,如图 6.24 所示。

图 6.24 保存报表

如果申报表中鉴定税种与实际不一致,请返回至上一层报表选择页面,使用"刷新鉴定信息"按钮进行刷新,得到最新的数据,如图 6.25 所示。

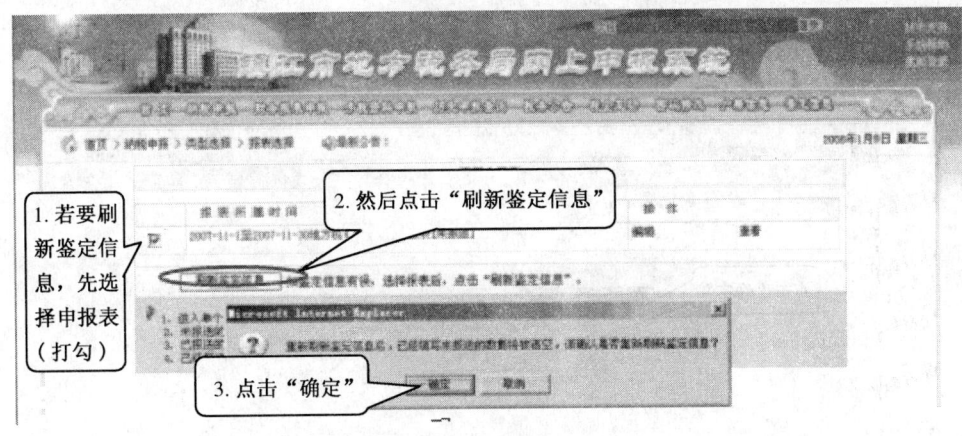

图 6.25 刷新鉴定信息

提示：

（1）如果您需要上报的税种税目不一致，请与税务机关联系或提交反馈信息。

（2）此功能将您所选的申报表数据清空并重新生成申报表。此申报表数据会被清空，请谨慎使用此按钮。

（3）只有被鉴定的税种税目才会在列表中显示，如缺少鉴定信息请与税务机关联系。

4）上传申报数据

（1）点击"纳税申报表报送"，进入报表类型选择页面，此页面显示您本申报期所有需要报送的纳税申报表清单，如图 6.26 所示。

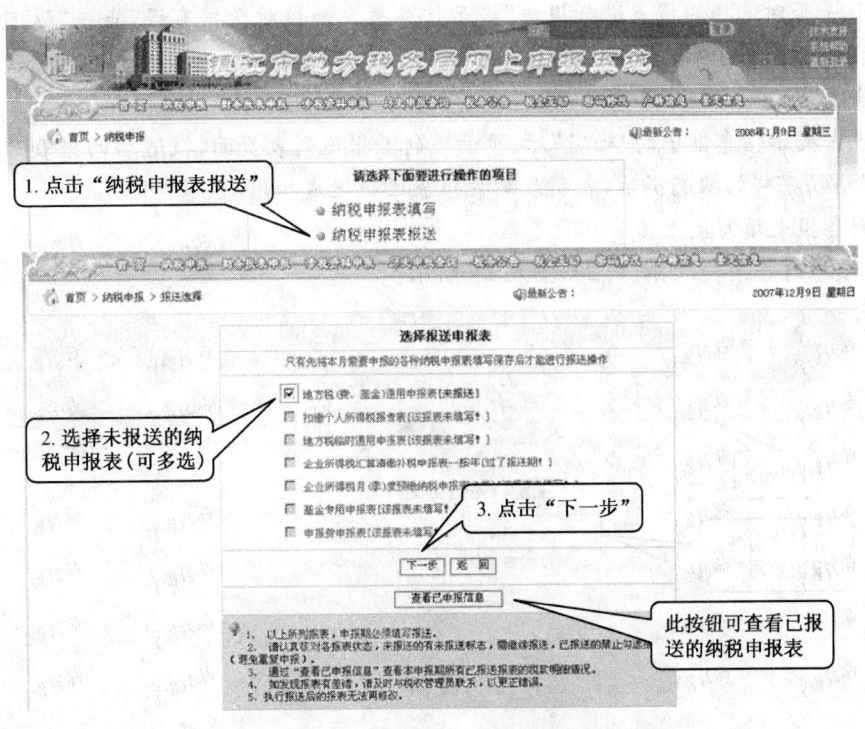

图 6.26 选择要报送的纳税申报表

（2）点击"下一步"按钮，进入您选择要报送的所有税款明细页面，如图 6.27 所示。

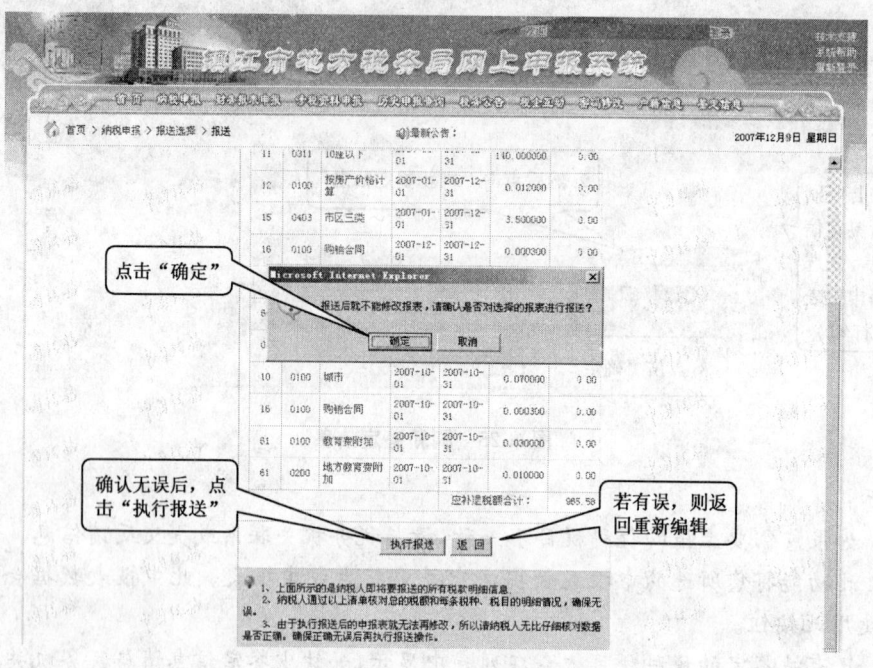

图 6.27　确认后上传

提示：

① 对生成的报送税款明细表进行核对后，点击"执行报送"，弹出"报送后就不能修改报表，请确认是否对选择的报表进行报送"提示信息框。如核对数据有误，点击"返回"则需重新编辑有错误的纳税申报表。

② 点击"确定"，弹出"恭喜你，报送成功"的提示信息框。

③ 点击提示信息框中的"确定"后，页面跳转至报送列表页面，报送后的报表后面有"该报表已报送！"字样的状态提示，表明此纳税报表已报送成功。

5) 财务报表填写及上传

(1) 填写财务报表，如图 6.28、图 6.29 所示。

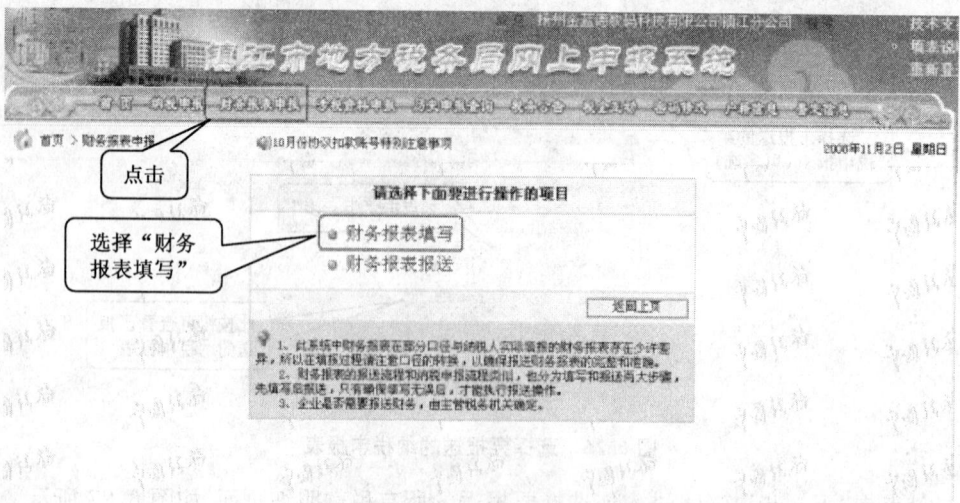

图 6.28　进入财务报表申报界面

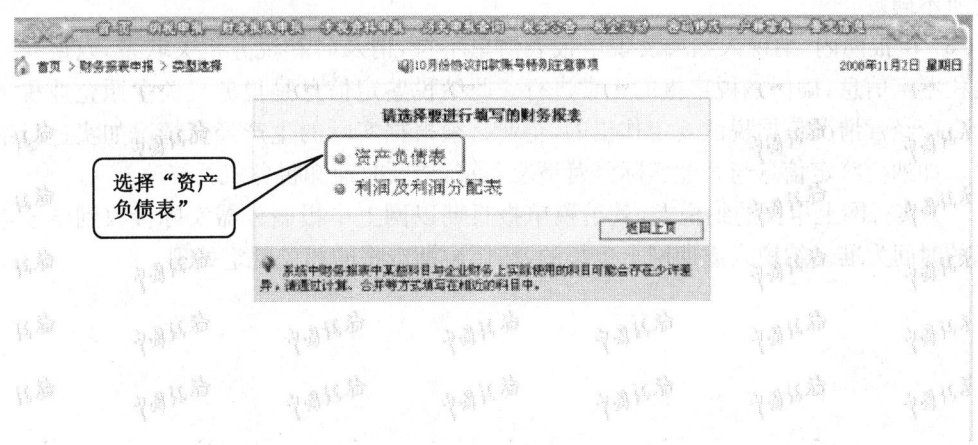

图 6.29 选择报表

(2) 申报,如图 6.30 所示。

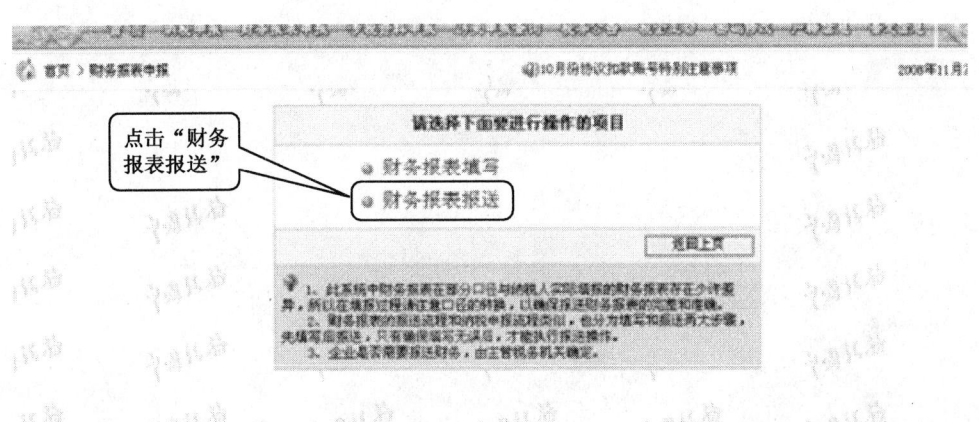

图 6.30 财务报表上传

6) 查询

系统提供历史申报查询,提供各类申报查询和税银扣款查询,在此页面可以进行各类申报表的查询和打印。

7) 打印纸质报表并报送

(1) 点击"打印",打印纸质报表。

(2) 报送纸质申报表和财务报表到税务机关。

6.3.4 注意事项

(1) 纳税人必须先填写完整需要申报的报表,然后才能进行报表的报送。未报送的报表,纳税人可多次编辑;报送后的数据是不能进行修改的,所以报送时请您谨慎确认相关数据,特别是您的纳税申报表。

(2) 列出申报表清单是系统根据纳税人当前的纳税鉴定信息自动生成的,列出的报表都是纳税人本申报期必须要填写报送的报表(不同申报期要求纳税人申报的报表类型可能会有所不同)。

(3) 申报期内,纳税人如果发现申报表清单不符,请及时和税务机关联系,以便及时调整纳税鉴定信息,确保纳税申报的正常进行。此纳税鉴定信息是税务机关参照企业税务登记的生产经营情况依据税法规定作出的,企业必须根据实际的生产经营情况如实进行纳税申报。如纳税鉴定信息与企业实际经营情况不符,请及时通知税务机关修改。

(4) 实行网上申报的纳税人,其纳税申报日期以网上申报服务器实际接收到电子申报信息的时间为准。纳税人逾期网上申报的,按照逾期申报的相关规定处理。

参考文献

1. 杨周南,赵纳晖,陈翔等. 会计信息系统. 大连:东北财经大学出版社,2004
2. 王新玲,房玲玲. 用友 ERP 财务管理系统实验教程. 北京:清华大学出版社,2005
3. 王新玲,汪刚. 会计信息系统实验教程. 北京:清华大学出版社,2005
4. 熊细银,李峻峰主编. 会计电算化. 北京:清华大学出版社,2004
5. 付得一主编. 会计信息系统. 北京:中央广播电视大学出版社,2003
6. 孙莲香. 财务软件实用教程. 北京:清华大学出版社,2004
7. 李亚利主编. 旅游会计基础. 北京:清华大学出版社,2007
8. 张瑞君,蒋砚章主编. 计算机会计学. 北京:中国人民大学出版社,2001